大夏书系·名家谈教育

做中国立德树人好教师

成尚荣 / 著

华东师范大学出版社
全国百佳图书出版单位
·上海·

图书在版编目（CIP）数据

做中国立德树人好教师 / 成尚荣著 . —上海：华东师范大学出版社，2020
 ISBN 978－7－5760－0766－4

Ⅰ.①做... Ⅱ.①成... Ⅲ.①师资培养—研究 Ⅳ.① G451.2

中国版本图书馆 CIP 数据核字（2020）第 152708 号

大夏书系·名家谈教育

做中国立德树人好教师

著　　者	成尚荣
策划编辑	李永梅
责任编辑	张思扬　韩贝多
责任校对	杨　坤
封面设计	奇文云海·设计顾问
出版发行	华东师范大学出版社
社　　址	上海市中山北路 3663 号　邮编　200062
网　　址	www.ecnupress.com.cn
电　　话	021－60821666　行政传真　021－62572105
客服电话	021－62865537
邮购电话	021－62869887　地址　上海市中山北路 3663 号华东师范大学校内先锋路口
网　　店	http：//hdsdcbs.tmall.com
印 刷 者	北京密兴印刷有限公司
开　　本	700×1000　16 开
插　　页	2
印　　张	20
字　　数	316 千字
版　　次	2021 年 1 月第一版
印　　次	2021 年 3 月第五次
印　　数	32 101-52 100
书　　号	ISBN 978－7－5760－0766－4
定　　价	59.80 元
出 版 人	王　焰

（如发现本版图书有印订质量问题，请寄回本社市场部调换或电话 021-62865537 联系）

目 录

写在前面　种子的理想与现实主义　/ 001

第一篇
做教师是一篇大文章

篇首语　教师：精神灿烂的人　/ 003
做教师是一篇大文章　/ 006
做中国立德树人的好教师　/ 014
教师发展在立德树人中走向新境界　/ 023
我们，首先做道德教师　/ 035
生命为祖国而澎湃　/ 044

第二篇
教育家的"青春性"

篇首语　教育家的"青春性"　/ 049
教育家与知识分子　/ 051
教育家与儿童　/ 054
教育家与好老师　/ 058

教育家的风骨、风度、风格 / 061
顾明远教育思想的精髓与表达风格 / 074
于漪：讲台前的生命歌唱 / 082
斯霞：童心母爱的育苗人 / 089
于永正：儿童的语文 / 095
实现教育过程的整体优化 / 099
新教育：未来教育的一面旗帜 / 107

第三篇
好教师的精神标识与标杆

篇首语　李吉林：当代中国好教师的标杆 / 123
花儿为什么这样红：李吉林的人生追求 / 128
爱与创造：李吉林的人性光辉 / 134
为儿童研究儿童：李吉林的人生写照 / 140
李吉林：情境教育的原创性 / 145
播种者：李吉林的审美品格与审美表达 / 155
中国儿童情境学习范式的美学特征 / 162
情境教育研究的一个重要命题："李吉林情境" / 169

第四篇
儿童：伟大史诗的草稿

篇首语　人类伟大史诗草稿的修改 / 179
儿童研究视角的坚守、调整与发展走向回到书桌 / 182
极高明而道中庸：儿童立场的完整性 / 198
解放儿童：指南针的轴心 / 209

用核心价值观照亮个性化教育 / 216
培养新时代好儿童 / 225

第五篇
教师发展新论域

篇首语　换一次呼吸 / 233
春天里的教师之歌 / 235
视野、格局与格调：教师发展的另一论域 / 244
论教师的非连续性发展 / 254
教师专业发展的新追求 / 264
让爱走在教育的前头 / 269

第六篇
做好教师：永远激荡的心愿

篇首语　做好教师：一个永远激荡的心愿 / 277
追随时代，写出自己的地平线报告 / 281
教育科研的出发与风格追求 / 289
斜坡上的起飞 / 296
建构中国特色的教育学 / 302

后　记 / 307

写在前面
种子的理想与现实主义

大概是上世纪 80 年代后半段，听到一个真实的故事，至今都记在心中，时时想起，也常常说起。

因为搬家，一位小朋友要转到另一所幼儿园去。第一天，小朋友在妈妈的陪伴下来到新幼儿园。园长对小朋友说，当然也是对妈妈说：我们有项特殊的作业，就是请小朋友自己每天去收集一颗种子，每天收集的种子要不同，坚持 15 天。15 天后，请小朋友把收集的种子带到班上来，展示给全班小朋友看，还要讲讲自己是怎么收集的，怎么保存的。

从此，那位小朋友根据老师的要求去做，第一天，第二天，第三天还算顺利，可是从第四天开始就比较难了，而且越往后越难。是啊，要寻找啊，要比较啊，要识别啊，还要细心地保存好啊……可以想见，那个小朋友要找多少地方，要看多少图片，要向多少大人请教……后来，终于完成了。老师说：你完成了一项最伟大的作业，要表扬你。

我给故事取了个名字：种子的力量。几十年过去了，不知当年收集的种子还在不在了，但相信那些种子早已播撒在孩子的心田里了，有的已长成好大一棵树了。几十年过去了，当年的小朋友已为人母了，不知道她有没有给自己的小孩延续这项特殊而伟大的作业，但相信她会做的。

是的，她做了；也相信她的小孩会继续做下去的，而且将来她小孩的小孩……也会的，因为，我们每个人，在任何时候都需要一颗种子。那项作业的伟大，是因为种子的伟大；而种子伟大的意义是教师赋予的，更是人自己充分建构起来的；种子的力量，说到底是人的力量，种子的伟大，说到底是人的伟大。

教师需要种子。这种子是理想、信念、抱负、志向，是核心价值观。这道理不言而喻,因为我们生活在价值世界之中,价值观包围着我们,不是这种价值观,就是那种价值观。价值观影响着甚至决定着人生的方向、意义、格局以及结局——决定着你将成为什么样的人。有多少问题摆在我们面前啊:教师的清贫与富有,爱学生与爱自己的孩子,紧张与休闲,好教师与名师,上好公开课与上好每一课,规范与自由,仁爱之心与严格要求,知识与智慧,连续性发展与非连续性发展……"问题说起来很简单:如何处理,在现在这个日渐复杂、瞬息万变和生活渐渐富裕的时代,却成了几乎向我们每个人提出挑战的问题……它的可怕力量在于:只要这一问题悬而未决,它就会使我们遭受严重的损害",这正是我们面临的"价值观之苦"。①解"价值观之苦"的秘诀,就在于我们必须进行价值澄清,并在这基础上进行正确的选择和引领。希波克拉底说"语言、药物、手术刀"是医生的三样"武器"。教师没有武器,可有种子——道德价值的种子、知识价值的种子、专业价值的种子,等等。当价值种子在自己心灵里萌发、长大的时候,心里就会明亮起来;理想会召唤你,信念会伴随你,志向就会让你致远,好教师这棵树就会长高、长大。于是,在理想的光照下,种子的现实主义就会实现。

儿童需要种子。与教师一样,他们也处在价值的包围之中,因为年龄、阅历,有时候会有更多的价值困惑,以致可能发生一些价值迷乱。其实,儿童研究已呈现了新的发展走向,学者们常常有这样的发现:儿童在学校和家里经常表现出来的问题,正在被看成因价值观,或更确切地说,是缺乏价值观而引起的。可见,对于儿童成长,价值观及其教育同样重要,甚至更重要——这是毋庸置疑的。上述的"种子的力量",实质说的是价值的力量,是价值观教育的问题。收集种子,以至于后来变成搜集种子,固然要有知识,固然要有能力,还要有耐力、韧性、思维力,还要有保存种子的技巧,向小朋友展示、表达的智慧,等等。而贯穿始终的是价值教育,尤其是价值体认。教育的问题从根本上来看,是价值教育的坚守与提升,也是教育价值的认知与阐释。价值观,犹如一颗颗种子悄然地沁入心灵,而这颗种子首先安静下来,它"不寄'希望'于光,就生不了根,然而希望并不那么容易,希望需要自觉、开放和许多失

---

① 路易斯·拉思斯.价值与教学[M].谭颂贤,译.杭州:浙江教育出版社,2016.

败。希望不是乐观者的毛病","种子只有接受地底下的黑暗才能长成树林"。这是很现实的,它接受了地底下的黑暗,再向着蓝天、向着太阳,才会真正长成树林。这位叫亚历山德罗·达维尼亚的文学家,相信这是种子的现实主义。起初,种子是脆弱的,但它最终是非常坚强的。这样的种子,有理想、有本领、有担当,阐释了种子的这三大要义,彰显了种子不可抗拒的巨大的生长力量。

教师不仅需要种子,教师本身就是颗种子。教师是个终生学习者,是个自我教育者,在专业发展中,锤炼的不只是能力、艺术,丰富的不只是知识、见识,更为重要的是自己的价值观。教师是价值观的践行者,在践行中培育自己的价值观,让自己成为价值观的种子,自己长成好大一棵树,然后播撒种子,才会长成好大一片森林,郁郁葱葱,欣欣以向荣。同样,儿童需要种子,儿童本身也是一颗种子,是人类希望的种子,未来的一切都聚集在种子里,静待春的信息,迸发生命的活力。当然,这颗种子为谁而存在,长成小树后,向着哪个方向,是要有太阳的引导的,而正确的价值观犹如耀眼的太阳。

无论是教师的,还是儿童的,种子有个共同的名字叫"中国",叫中华民族复兴的中国梦。这一伟大的中国梦,凝练在社会主义核心价值观上,因而这是社会主义核心价值观的种子,萌发的是价值观的绿芽,闪耀的是永恒的价值光芒。而培育、践行社会主义核心价值观的着眼点是培养担当民族复兴大任的时代新人。时代新人具有以爱国主义为重点的民族精神和以创新为重点的时代精神,有深沉的爱国情、远大的强国志、切实的报国行,从小学会做人,从小学会思考,从小学会创造。正是以爱国主义为重点的民族精神的种子,让孩子们有理想、有信念、有硬核的力量;正是以创造、创新为重点的时代精神的种子,让孩子们有胆量,有见识,有问题意识,有无限的想象力,有超越的精神和力量。民族精神、时代精神,让教师、学生内心的种子向着中华民族复兴的明天微笑。内心的种子总有一天长成参天大树,成为国家的栋梁之材。担当民族复兴大任的时代新人,将在世界百年未有之大局中,挺起中华民族的脊梁,踮起时代的脚跟,站在中国的大地上,向世界瞭望,写下中华民族复兴的诗章。

无论是教师的,还是学生的,心中的种子要深植在中华文化的土壤中。中华民族历经风雨,久经磨难,但风雨让中华民族的筋骨更加坚韧,磨难让中华民族的意志百折不挠。就是在丰厚的土壤里,早在春秋时期,中华民族种下了两颗种子：立德、树人。立德与树人两颗种子天然地融合在一起，长成一棵大树，这棵大树叫立德树人。如今，这棵大树，又萌发新的枝芽，长满绿叶，长成一片大森林，森林前一片更宏大开阔的田野，洒满阳光，而田野里百花争艳，春天的故事再次讲起，希望之声再次响亮。立德树人的种子是中华民族的初心，也是中华民族的文化基因，成为我们神圣的使命，成为我们坚定的理想与信念。

如今，这神圣的使命落实在教师身上，要求教师要做中国立德树人的好教师。立德树人这颗种子很素朴但很灿烂。中国立德树人的好教师，首先是做好教师。"好教师"三个字具有千钧之力，又具有无穷的可能，一切从做好教师开始，只有先做好教师，才有可能成为名师，只有大家都做好教师，才会有高素质、专业化、创新型的教师队伍。从这个意义上说，"好教师"也是一颗种子，她蕴藏着巨大的能量和无限的希望。假若我们舍弃了这颗种子，一心奔着名师，就会滋长功利，让人浮躁，也会让人浮华乃至浮夸，价值观就会发生扭曲，也有可能异化。若此，肯定成不了名师，也永远不会有所谓的名师；若此，种子的信念被泯灭，种子的希望被淡化，种子的理想也无法实现，那么，种子的现实主义只是一句口号。这样的言与行本身是有悖于种子的理想的。永葆种子青春的活力，就一定要永葆种子的初心、价值观，神圣的使命才会发出"再圣化"的光芒。

立德树人，这颗种子又是道德的种子。教育与道德，在中国悠长的文化传统中，原本是紧密联系在一起的。道德性是教育的本质属性，教育事业首先是道德事业。道德教师超越学科，所有教师都应该是、首先是道德教师。有了对教师这一身份的深刻认知，才有可能做立德树人的好教师；好教师之好，首先好在有道德，好在尚德，好在种德，好在育德，好在立德。道德教师，让道德这颗种子萌生更大的魅力，让立德树人的好教师的理想得以实现。

做中国立德树人的好教师，从课程改革开始，从课堂教学改革开始，好教师是从课堂里走出来的。立德树人的根本任务，是让课堂教学发生根本的转向，从育知识、育分数转向育人，课程育人、学科育人、教学育人、活动育人、管理育人成为课堂教学改革的方向盘与指南针。做中国立德树人的好教师，就是要寻找立德树人的切入口、核心领域、关键环节、重要载体、优先事项,探索立德树人的实现方式,在学生的心田里播撒理想的种子、信念的种子、爱国的种子、道德的种子、奋斗的种子、创新的种子。如于漪老师所说,做教师是篇大文章,而这篇大文章的核心部位,就是课程与教学,大文章的主旋律就是立德树人。正是因为此,种子的绿芽,闪亮在课程、课堂、校园,也闪亮在家庭与社会。当教师的种子、教育的种子在家庭、社会闪亮的时候,中华民族复兴的明天定会到来。

这就是种子的力量,也是种子的逻辑,是种子成长的节律。我相信,如今新时代阳光下的种子,被理想召唤着快快萌发、长大,让做中国立德树人的好教师在希望的田野里唱出新的希望之歌。

这是一颗种子的理想主义与现实主义。

这本《做中国立德树人好教师》,正是怀揣着立德树人这颗种子,和教师们一起,把它种植在自己的心田里,又把它播撒在孩子们的心灵里,而新田野中的希望,最终是这些孩子创作和唱响的。

第一篇

做教师是一篇大文章

篇首语

教师：精神灿烂的人

教师节自然想起教师的伟大。

教师伟大吗？用《教学勇气》一书中的观点来看，伟大是指"求知者永远聚焦其周围的主体"。教师正是永远的求知者，他们在求知—教育的过程中，培育着自己丰富的精神，具有丰富精神的主体一定是伟大的。

一位年近 40 岁的骨干教师曾告诉我她自己的真实故事。她常在师父面前说自己很忙、很累。说了多次以后，师父严肃地对她说："以后不要再对我说你忙和累，说忙和累，无非两种原因，一是身体不好，一是能力不强。"此后，她再也不说了，因为她知道师父比她更忙、更累、更苦，但师父从来不叫一声苦和累，因为他是一个有精神的人，是一个精神丰富的人。她也想做一个精神丰富的人。

的确，当下的教师很忙、很累，但一个精神丰富的教师却透过忙和累看到了另外的东西，而且，忙和累往往很可能变成别的东西。这别的东西究竟是什么呢？

看看远去的先生们吧。

杨绛先生说：我只是一滴清水，不是肥皂泡。清水，微小，但并不渺小，它可以折射出阳光，照亮周围的世界；肥皂泡，膨大，却会瞬间消逝，不复存在，五颜六色，却浮夸、浮华。杨绛很忙，但她总是从容地走到人生边上，又从容地坐在人生边上；她"和谁都不争，和谁争都不屑"。原来，她内心充盈，精神丰富，一切云淡风轻，而忙于争的人是累的、苦的，精神是干瘪的。

周小燕先生说自己是一个足球运动员，刚踢完了上半场，还要踢下半场，下半场还想再进两个球。说这话时，她已经 90 多岁了。这难道只是一种生活的情趣吗？当然是，又当然不只是，那是生活情趣里的精神光彩。踢上半场，再踢下半场，够累够苦的，其实她说的是人精神的旅程。

童庆炳先生常常感叹最后一课。他牢牢记住恩师黄药眠的最后一课："这最后一课，是他带着牺牲的精神，带着豁出命的精神，来给我们讲课的。"他也常常想象自己的最后一课："我正在讲课，讲得神采飞扬，讲得出神入化，而这时，我不行了，我像卡西尔、华罗庚一样倒在讲台旁或学生温暖的怀抱里。我不知道有没有这种福分。"这分明是一种神圣的"殉道"精神——在这节庆的日子里，谈论"殉道"并非不合时宜，因为节庆的日子更要培育奋斗、奉献精神。

先生们一个个远去了，给我们留下的是一个个背影，而一个个背影恰恰是精神的正面。他们何止是精神丰富，更是精神灿烂啊！精神丰富、精神灿烂，正是先生们给我们留下来的宝贵遗产。

精神丰富和灿烂，从哲学的角度来说，阐释的是人生的意义。人是意义的存在。人生的意义不是别人赋予我们的，是我们自己创造的。因此，人既可以是人生意义的创造者，又可以是人生意义的破坏者。创造人生的意义，定会创造教育的意义，在创造学生当下和未来意义的同时，又培育了自己的人格，让自己的精神灿烂起来。从伦理学的角度来说，精神丰富和灿烂阐释的是教育的道德意义。教育是科学，要求真；教育是艺术，要求美；教育是事业，要求奉献和创造。这三句话的背后，还深蕴着另一个重要判断：教育首先是道德事业，教师首先是道德教师。道德之光，让教师精神丰富起来，灿烂起来。从心理学的角度来说，精神丰富和灿烂阐释了青春的新内涵：青春绝不只是人生道路上的一个年龄阶段，更为重要的是人的心理状态、精神状态。精神灿烂，让教师永远青春美好。当然，还可以阐释精神丰富和精神灿烂的美学精神。精神丰富，精神灿烂，总让我们有诸多美好的联想。

值得注意的是，教师的精神、思想、理想、情怀正面临着新问题和严峻挑战。我们处在消费时代，享受和娱乐是绕不开的问题。如果我们一味去追求物质享受，那必定淡化精神的发育；如果我们追求娱乐化生存，那必定淡漠思想的力量；如果我们对幸福的认知发生偏差，那必定淡忘价值的澄清和引领；如果我们的专业发展为"专业"所限,那必定忘却教育的尊严和境界的超越。而这一切,只是"如果"。但是,"如果"也有可能成为现实。让这些"如果"不再发生,不会发生,只有让我们的精神站立起来,让自己的精神灿烂起来。

教师,应当是个精神丰富的人,精神灿烂的人——我们在坚信的同时,更有一份乐观的期待。

做教师是一篇大文章

于漪老师是从普通教师队伍里走出来的人民教育家。我们都敬佩她。

于老师对"教师"有自己的理解,并进行了自我定义。她说:"做教师是一篇大文章。"这是描述性的定义,用的是隐喻的方式,内涵很丰富,意蕴很美,寓意很深刻,给我们留下的想象空间很大。

"做教师是一篇大文章",是于老师为师之道的凝练,也是她长期以来对自己的要求,是她近70年为师境界的升华,几近成为她的誓言和座右铭。她一生践诺着,实现了自己的人生追求,为我们树立了榜样。同时,这一自我定义也在启发我们,对教师专业发展应有更深层次的思考,从事业的深处和人生深沉的精神意义去建构发展坐标,寻求发展的动力机制,写就自己为师的大文章。当每个教师都写成了大文章,那么,教育的大文章也就写成了,而民族复兴中国梦的实现也就在这些大文章里了。

一、在和于老师的接触中,我们读懂了她写就的大文章,大文章的题目是"做教师"

和于老师有好多次接触,每次见面,每次交谈,她都给我留下十分美好的印象:淡定,从容,亲和,大气。听她讲话,恰似在读她这篇大文章,读她这本大书,平实,但很有"嚼头",值得回味。

大概是2015年,镇江市召开教学改革座谈会,我提议邀请三位语文教育大家来指导,因为他们都是镇江人,都是从镇江走出去的著名特级教师。这三位大家是于漪、李吉林、洪宗礼。三位大家如约而至(李吉林因身体原因,派来了代表)。座谈会由我主持。我的主持词的主题是"先生回来"。是的,三位都是先生,今天都回来了。先生回来,何止是人回来了,是先生的为师之道回来了,是先生的为师之德回来了,先生之风,山高水长啊!今天,时代急切地呼唤先生回来,教师们期盼着先生回来。

于漪老师第一个发言。85岁了,仍坚持站着讲,她要向家乡的老师们致敬。她接着说:"我发言一般不事先打草稿,但我有腹稿,这是故乡母校老师教给我的传家宝,我一直带着、用着。"她说,教育就是要给学生带得走又能带着走的能力。接着她讲了几个故事。其中,她讲到抗日抗战时期,日本鬼子来扫荡,老百姓到乡下去逃难,在这紧张的时候,音乐老师给他们上了最后一堂课,教唱的是《苏武牧羊》。她说:"这一课让我永远记住,中华民族历经磨难,但不屈不挠,这最后一堂课是我人生最难忘的课;故乡的中小学在我的学生时代,不仅打造了我一颗爱国的赤子之心,同时塑造了我作为文化人的基本品质。母校镇江中学的校训'一切为民族',伴随了我的一生,这五个大字掷地铿锵,镌刻在我心中,成为我铸造师魂的基因。"这五个字,是她写就的大文章的灵魂,家国情怀,民族复兴,是她写就的大文章的主旋律。

2019年9月8日,为了庆祝共和国成立70周年,华东师范大学出版社在学校举办新时代基础教育改革访谈会,被邀访谈的有于漪老师、李政涛教授,我也忝列其中。遗憾的是,于老师还在医院里,医生不让外出,她不能亲自到会,但她发来视频。尽管由于身体原因,她讲话时略显气力不足,但一字一句,清清楚楚,每一句都是从心里流淌出来的,语重心长,走进你的心里,极有分量。她首先向大家致歉,然后表达了与大家讨论、分享自己心得的心情,真诚、自然。她说,"我一辈子做教师,一辈子学做教师","我坚守的是教师的本分。教师的本分就是我的责任、我的使命"。她说,深入到教师骨髓里去的东西,可以用四个字来表达:教书育人。育人需要育知识,但育知识不能等同于育人,育分数更不是育人。后来她又说:"立德树人是教师的第一基本功。"立德树人是教育改革发展的根本任务,教师要落实好,也就成了教师的基本功,而且是第一基本功,是最根本的。于漪老师写就的做教师的大文章,有个鲜明而坚定的主题:立德树人。

和于老师交谈,听她演讲,看她的著作,给我、给我们大家最为深刻的印象是:于漪,这位人民教育家,写了一篇大文章,题目是:做教师,做好教师。我们应该以她为师，写就属于自己做教师的一篇大文章。

二、"做教师是一篇大文章"的文眼，当是学生，教师的肩头要挑起学生的现在

文章总有自己的"文眼"。"文眼"，文章的眼睛，文章凝练并要凸显的主题，亦即文章所要追求的核心价值观。于老师说："'做教师是一篇大文章'的'文眼'，当是学生。"把学生比作文章的"文眼"，同样准确、深刻而又生动，涵义非常丰富。其一，于老师告诉我们，学生是教育的对象，教师所做的一切，都是为学生的成长服务，这是教师的天职。其二，于老师告诉我们，学生不仅是教育的对象，也是教育的主体，他们应该成为教育的主人，成为自己学习和发展的主人，他们是教育活动的发出者、参与者、创造者。其三，于老师告诉我们，学生还是教育者。在教室里只有两种人："教师学生"和"学生教师"。在后喻文化时代，教师应当向学生学习，师生互助，构建民主、和谐、合作的师生关系。总之，教师的核心理念应当是一切为了学生，为了一切学生；教师的根本任务，就是鼓励学生、支持学生、引领学生，帮助他们先成人再成才。如此，文章的"文眼"有了，文章灵魂的窗户就被打开了；文章的"文眼"亮了，文章就被照亮了。

怎么让"文眼"亮起来？于漪老师讲过两个故事，我一直记着。一个故事是，高中学生喜欢流行歌手、流行歌曲。于老师总在想，那些流行歌曲好吗？她没问学生，而是自己选择流行歌曲去听，还认真学唱起来，细心地体味。当她和学生一起唱流行歌曲的时候，学生向她敞开了心扉。于老师说，学生喜欢总有他们的道理，不能简单否定，只有和她们一起去喜欢，才能走进他们的世界，也才能相机融入教育，用正确的价值观来引领，才会有"月色被打捞起，晕开了结局"的教育效果和教育意境。第二个故事是，学校要把一个屡次逃学、偷窃、打群架的学生放到她带的班级，同学们都反对。此时，于老师说的是："生命本来没有名字，没有高低贵贱之分，坏习气不是娘胎里带出来的，而是社会上的污泥浊水侵蚀的结果，我做教师的责任是帮助他们洗刷污垢，要像对其他同学一样满腔热情满腔爱。"后来的故事是：每天早上同学伴他上学；

一次，这位学生回到自己家，与家人发生争执，离家出走，找到后，于老师带他住在自己家里。整个过程，于老师以心换心、以情激情，耐心地对他进行心理疏导，让他感受亲情，终于让他走上了正道。于老师说：对学生丹心一片，师爱要纯真，要不断清除杂质，就像眼睛一样，容不得半粒沙子。

于老师教好学生的故事还很多，她的这篇大文章里都是一个个育人的故事，从故事里生发出来育人的金句，朴实无华，恰如心灵的清泉。于老师告诉我们，文章的"文眼"要珍惜，要保护，不能掺进半粒沙子，有了沙子也要及时清除，这样，"文眼"永远是明亮的。"文眼"要明亮，师者的眼睛首先要纯真，要明亮，这样，心灵是纯洁的、高尚的，"师眼"和"文眼"才会明亮起来。而擦亮"文眼"的秘诀只有两个字：尊重。于老师说："要从思想上、感情上尊重学生的人格，尊重学生的个性，教师要练就敏锐的目光，善于发现每个学生身上的长处与潜力，长善救失，把隐藏的种种潜力变为发展的现实。"

于老师把学生当作"文眼"，让我想起她的另外一句话："在教室里，我一只肩膀挑着学生的现在，另一只肩膀挑着民族的未来。今天的教育质量就是明天的国民素质。"学生是民族的未来，有什么样的学生就会有什么样的民族，有什么样的学生现在，就会有什么样的民族未来；只有着眼于国民素质，教育质量才会是素质化的、科学的，才不会是试卷上一个个分数，而是国民的私德、公德和未来的职业道德，才会是一颗颗的爱国心，才是所践行的社会主义核心价值观。所以，于老师将学生当作"文眼"，是为中华民族塑造眼睛、塑造生命、塑造灵魂、塑造时代新人。这，才是"做教师是一篇大文章"的深刻、深远之意所在。于老师尊重学生的背后是大爱，尊重的深处是责任感、使命感。

三、"做教师是一篇大文章"的底色，当是中华传统文化，心中要亮起一盏中国灯

文章有"文眼"，有灵魂，文章也有底色，有底色的文章定会鲜亮、灿烂，且永恒。"做教师是一篇大文章"的底色是什么？先听一听，在镇江召开的教学改革座谈会上，于老师讲到的《苏武牧羊》："苏武留胡节不辱，雪地又

冰天，苦忍十九年，渴饮雪，饥吞毡，牧羊北海边……"于老师唱歌的声音不高，但字字清晰，撞击着我们的心灵，从她唱的歌词和旋律中，我们感受到了民族的血性，仿佛看到了民族挺起的脊梁。这些浸泡着民族之魂的中华文化，有着最深沉的精神追求。于老师说，她的成长有两个基因，一是血缘的，一是文化的。是中华传统文化培育了她的文化基因，铸就了她热爱祖国的信仰。中华传统文化是于漪老师"做教师是一篇大文章"的厚重底色。

中华文化源远流长、博大精深，但也有个本色，那就是伦理道德。"早在公元前10世纪，作为'礼仪之邦'和'文明古国'的中国，从西周开始，就重视人和人之间的道德规范的倡导，把遵守道德规范，作为做人、做事、持家和治国的一个重要方面。"① 并由此，中国的伦理精神的历史建构与价值生态建构得以实现。中华文化的伦理道德的血脉一直在于老师的脉管里流淌，也自然流淌在她的课堂里、她的学校管理中，铺就了大文章的精神底色。她的为师之德，是中华文化之美德，她的心中永远亮着一盏中国灯。

这盏灯照亮了于老师的理想与信念，让她增强了民族自豪与自信。她说，"树中华教师魂，立民族教育根"是自己终生奋斗的目标、忠贞不渝的信念、深刻的精神内核，最终让她在信仰中站得更高、立得更稳、看得更远。而这种信仰化成朴实的誓言和燃烧的激情："教育青少年成为祖国建设的有用之才，是极其伟大的事业。不热爱教育这多情的土地，就不能完成世界上的伟业"——朴实中的坚定。"一走上讲台，我的生命就开始歌唱"，把生命融入育人的伟业，把小我融入大我，生命为学生而歌唱，生命为祖国而歌唱，她高唱的是理想之歌、信仰之曲——激情中的深刻。无论是朴实的誓言，还是燃烧的激情，都是理想、信念的表达，是信仰生发的澎湃的力量。信仰之灯，照亮了她的心，照亮了她的课，照亮了她的学生，照亮了教育未来的前程。

这盏灯照亮了于老师的爱国情。爱国，是于老师朴素的良知，更是于老师的命脉。她忘不了战争年代的苦难，一家的颠沛流离，童年的害怕恐惧、破碎的祖国山河，让她从小就与祖国的命运连接在一起，"心中第一次闯进了'祖国''气节''亡国奴'这些大字眼，似乎一下子长大了许多"。在诸多的文章

---

① 罗国杰，夏伟东，等. 德治新论 [M]. 北京：研究出版社，2002.

和讲述中,她回忆自己童年的遭遇,深悟的道理就是:祖国必须强大,而每一个人,尤其是每一个教师要为祖国的强大作出自己的贡献。这盏灯要照亮我们的学生。她忘不了改革开放让祖国富起来的伟大历史进程,但她发现价值的多元,让少数教师产生价值困惑以至迷惑,娱乐、享受、追求时尚潮流,也正在侵蚀我们的青年教师。培养教师的爱国心、强国志、报国行是一个校长最根本的道德领导;让学生牢记自己是中国人,有浓浓的爱国情,有坚定的爱国志,有切实的爱国行动是教师最根本的教育职责。只要让这盏中国灯亮在学生的心里,"做教师的这篇大文章"才有永不消逝的底色,才会闪耀出中国的亮色。

这盏灯要亮在中国教育的自信上。于漪老师以辩证唯物主义和历史唯物主义看待中国的基础教育,"中国的基础教育质量是上乘的",要克服思想矮子的心态。她说:"教育不能光点洋烛,我们有独特的历史、独特的文化、独特的国情,中国教育必须有中国人自己的灯火,走中国人自己的路。"2014年于老师吐露了自己的夙愿:"我这名年已耄耋的教师,心中翻腾着一个强烈的愿望,那就是急切盼望能创建有中国特色的教育学。这部教育学有磅礴之气、和谐之美……这部教育学是中华优秀文化教育传统与时代精神的高度整合,投射出民族智慧的芳香,充满育人成人成才的活力。"底色,就是底气,是民族自信,是精神发育、专业发展永不衰竭的动力源泉。

四、"做教师这篇大文章"的主题,当是立德树人,让学生成为时代新人

于漪老师急切盼望当代能创建有中国特色的教育学,不是写在书斋里,也不只是少数专家、学者来撰写。这部教育学应当是写在学校里,写在课堂里,写在学生的发展过程中,由我们每一个教师来撰写。要写成这部教育学,每个教师首先要写好"做教师"这篇大文章。无论是教育学,还是大文章,主题就是立德树人。于老师提出,立德树人是教师最根本的基本功,有了第一基本功才能落实立德树人这一根本任务。

于老师曾经讲过自己亲身经历的两个故事。第一个故事,她刚开始改教语文的时候,一天在办公室里备语文课,坐在一旁的一位老教师突然对她说:

"于老师,你备课笔记上写错字了,写错字是会影响学生一辈子的。"于老师仔细一看,果真把"着"写错了——把"羊"字头写断头了。从此,她牢牢记住,写错字会影响学生一辈子,同样,说错一句话、做错一件事,抑或是一个错误的表情,都会影响学生一辈子。于老师更加坚信,"做教师"这篇大文章,绝不能有"错字",育人就在每一个细节中。

第二个故事,于老师曾经邀请一位老工人给高中生作报告,内容具体,事迹感人,她想,这次报告会效果一定非常好。散会后,和学生走在一起,她问一位男同学:今天劳模报告很生动,听了报告有什么收获?学生的回答竟然是:有什么好?说着,拿出一个小本子,上面写着许多"正"字,原来他边听边统计,老工人说了多少个"这个""那个",结果是有数十个,重复、啰嗦,内容被这些口头禅遮蔽了,也就谈不上什么收获了,更没有真正的感动了。于老师知道,教师的语言表达多么重要,"做教师"这篇大文章,绝不能有"病句"。育人就在教师所有的言行之中。

不仅如此,立德树人这一主题还要体现、落实在学科教学中。她教语文,语文究竟是什么性质的学科? 20世纪70年代末,有毕业生来看于老师,说:"老师,以后你还应多教《文天祥传》,让现在的小青年懂得什么叫中华民族的浩然正气,文天祥富贵不能淫,威武不能屈,可贫贱也不能移啊!"她听了,突然又一次想到,语文教的不仅是字词句篇、听说读写,而且是在字词句篇里,在听说读写中,透射出思想、精神、情操、品德,透射出核心价值观,让"富贵不能淫,贫贱不能移,威武不能屈"的"大丈夫精神"成为每一个学生必备的民族精神与品格;语文不仅是工具,而且是人文关怀。1979年,于老师发表《既教文,又教人》一文,首先提出语文教学的"人文说",将工具性和人文性统一起来。语文育人,早在上个世纪70年代末80年代初,于老师就提出来了,她为当下课程育人、学科育人、教学育人作了最有学术性的铺垫,并树立了践行的表率。"做教师"这篇大文章中,如果没有学科教学育人价值的落实,立德树人这一重大主题必定是虚空的。

于老师不仅注重细节育人、学科育人,还注重整体育人。于老师提出了育人整体学生观,因为学生是一个整体,即思想素质、人文素质、智能素质等是互相联系、互相渗透、互相促进、不可分割的,不是对立的,只有从整体入手,才能使学生得到全面发展。而全面发展,又与个性发展统一起来。她坚守这样的观念:在充分的德智体美劳全面发展的基础上,个性发展才会更充分。因此,需要各学科、各方面所有教师形成育人的合力。整体育人观,打开了学科边界,教师共同携手,从各自不同的角度,寻找育人的切入口和生长点,探索育人的实现方式,于是一篇大文章写成了,大文章上,"立德树人"四个大字闪耀着新时代的光彩。

老师们,让我们用一辈子来写这篇"大文章"吧!这是对"教师"最生动、最深刻也是最美好、最具体的诠释!

做中国立德树人的好教师

做教师这篇文章的主题是做中国立德树人的好教师。那么，何为好教师？好教师与名师是什么关系？怎样才能做中国立德树人的好教师？……这些问题我们必须深入探讨。

一、"做好教师"是教师专业发展永远的根本性追求

当下，教师专业发展有个重要命题：培养名师，做名师。这一命题已成为学校、教科研部门、行政部门的重要议题，而且日显急迫。其缘由并不难理解，也完全可以理解。

从宏观层面来看，这是一个呼唤名师的时代。教育改革发展，需要高素质创新型的教师，当然，包括名师。骨干教师、特级教师、教育专家，以至教育家，是一个时代教育改革发展的需求，是一个时代教育水平的标志，也是教育改革发展的动力之一，没有名师，教育会显得平庸。那些远去的名师、大师给我们留下了背影，似乎在召唤我们去追随。这是一个能出名师的时代，是名师辈出的时代。伟大的时代为名师的成长创造了越来越好的条件，越来越高的平台，越来越多的机会。事实证明，名师在新时代阳光的照耀下，茁壮成长，一批批涌现出来。我们大家都应感恩这个伟大的时代。

从学校层面看，名师可以支撑引领学校的发展。名师在学校的文化土壤上成长起来，又回馈这片深情的土壤。他们凝聚一批教师，潜心研究，深化实践，破解学校发展的难题；他们以自己的教学主张、教学风格影响一批教师，引领一批教师发展；他们以自己的人格，塑造学生的生命、灵魂，培养一批批好学生。名师，在很大程度上代表着学校教育教学的水平，彰显着学校的特

色。名师离不开学校，学校需要名师。

总之，培养名师，做名师，其重要性、紧迫性是不言而喻、毋庸置疑的。值得注意的是，有另一个命题同样不可忽略，同样应列入工作议题，那就是"做好教师"，而且从某种角度看，"做好教师"比做名师更重要，更急迫。当然我们也清楚，"做好教师"与"做名师"的划分，既不在同一个维度上，又不是非此即彼的，但是这一命题客观存在，讨论的价值同样毋庸置疑。

讨论可以从两个方面展开。一方面，名师与好教师之间存在着紧密的内在逻辑关联，表现为互动、对话的关系。这种关系可以用几个比喻来描述、阐释。一是合唱队与领唱者。名师好比领唱者，没有优秀的领唱者，合唱队不完整，也会趋于平淡，以至平庸。领唱者以自己鲜明的独特旋律，带领合唱队往高处跃升；领唱者也离不开合唱队，没有合唱队就无所谓领唱者，即便有，也无任何意义和价值。显然，名师好比领唱者，好教师恰似合唱队。二是队伍与领跑者。黎巴嫩诗人纪伯伦曾说，人是一支队伍。不过，人总得离开队伍，走到队伍前面去成为领跑者，领着队伍前行，走了一段时间后又回到队伍里来，然后再走到队伍前面去。队伍里，队伍前，归去来兮，生动地表现了领跑者与队伍的关系。三是高地与高峰。好教师好比高地，名师则是高地上耸起的高峰，这一比喻恰如其分。这些比喻生动地描述、显现了好教师与名师互动的关系、对话的关系、牵引的关系。

正是这种内在逻辑的关联性，这种互动、对话、牵引的关系，彰显了好教师的特性。概括起来，有以下几点。其一，"做好教师"具有基础性。只有先做好教师才能在此基础上努力做名师，名师要从做好教师开始，甚或可以认为，这一基础是做名师的前提。其二，"做好教师"具有涵盖性。所有名师，无论是特级教师还是教育专家，抑或是实践型的教育家，本质上都应该是好教师。再换个角度看，做好教师绝不是对少数名师而言的，而是适用于所有教师的，即所有教师都应努力"做好教师"。试想，当所有教师都是好教师时，教育将会呈现什么样的水平和景象？这一涵盖性，说明"做好教师"具有普遍性，是对所有教师的集体性要求。其三，"做好教师"具有恒久性。"做好教师"不是一时的要求，而是对教师永远的要求，所有名师应当永远是好教师，只有永远"做好教师"，才能促进名师可持续发展，名师才能永葆名师的青春与光彩。不妨把"做好教师"的恒久性看作教师发展的源泉。这是好教师与名师内在逻辑关联的第二个方面。

以上两方面的讨论可以作如下概括：好教师与名师相互依存、相互渗透、相互支撑、相互促进、相辅相成。不过在这种相辅相成的关系中，"做好教师"是基础，是前提，应当具有"在先性"。借用亚里士多德的"第一哲学"和达·芬奇的"第一工具"（达·芬奇称眼睛为人的第一工具）的概念，"做好教师"是教师发展的"第一命题"，是教师专业发展的永远的根本性追求，任何时候、任何情况下都不能忽略，连轻慢都不行。

其实"做好教师"更具现实意义。反观当下的教师发展、教师队伍建设，不难发现，在"做好教师"与培养名师的关联性上，是有失偏颇的。在认知上，不少地方和学校，更强调培养名师的重要性和急迫性，而对"做好教师"的战略意义认识不到位，强调还不够，意识显得薄弱。在举措上，为名师培养提供了更多的条件、机会、途径，而对"做好教师"还处于研究生涯发展规划与师父带徒弟上，举措不多，力度也不大。在政策制定、制度设计上，明显倾向于名师培养，而对"做好教师"方面的政策制定、制度设计明显不够。这样往往让更多教师处在观望、称羡、等待的状态，同时也会让名师培养对象处在紧张状态，常感压力过大，心有余而力不足。这些失衡不利于教师队伍的整体发展，必须引起足够的重视。

习近平总书记在好几个教师节连续发出"做好教师"的口号与要求，做"四有好教师"，做学生的"四个引路人"。在 2018 年全国教育大会上，习总书记又一次寄语全国教师："人民教师无上光荣，每个教师都要珍惜这份光荣，爱惜这份职业，严格要求自己，不断完善自己。""做好教师"的号召又一次响起。对此，我们必须高度重视，把"做好教师"的旗帜举得更高。

二、立德树人是中国好教师的根本任务和衡量的根本尺度

党的十九大，再次将立德树人作为教育改革发展的根本任务；全国教育大会上，习总书记强调，培养什么人，怎样培养人，为谁培养人是教育的根本问题、首要问题，要紧紧围绕立德树人根本任务，"形成更高水平的人才培养

体系"，要将立德树人融入教育的各个领域、各种体系、各个环节中，并要求"教师执着于教书育人"。无疑，立德树人是整个教育的根本任务，也是教师的根本任务，是衡量好教师的根本尺度。从这一根本任务出发，"四有好教师""四个引路人"是立德树人根本任务的具体要求和表现。无疑，"做好教师"就是要做立德树人的好教师。

（一）立德树人是中国传统文化的思想精髓，是好教师的精神象征和中国符号

立德树人来自中国文化的深处，是中华民族育人的初心。在中国传统文化中早就有"立德"的思想主张。据《左传》记载，春秋时期，叔孙豹和范宣子就何为"死而不朽"展开讨论。叔孙豹对范宣子认为的家世显赫、香火不绝为"不朽"，很不以为然。他认为"不朽"乃是"太上有立德，其次有立功，其次有立言"。"太上"的意思是最上、最高，最高的境界是树立德行，因此"三不朽"之首是"立德"。"大学之道在明明德，在亲民，在止于至善"，《大学》又一次从道德角度阐释了明德、立德对人生、对教育根本价值的召唤。同样，"树人"亦是中华文化的思想精髓，早就存活于中华传统文化中。《管子》里说："一年之计，莫如树谷；十年之计，莫如树木；百年之计，莫如树人。"把"树人"与"树谷""树木"作比较，凸显了"树人"的根本性、长期性、艰巨性。

如今"立德"与"树人"这两个精髓思想，披着历史的风云，从文化的深处走来，在新时代的光照下进行整合，融通在一起，坚定了一个概念——立德树人，成了新时代教育的根本任务，成了中国教育的文化符号。这一文化符号其实是今天教育改革发展的根芽，具有根源性、现实性和生成性。扎根中国大地办教育，要义之一就是扎根中国优秀传统文化办教育。如于漪老师所言，中国特色的教育学，便是立德树人的教育学。如今，这任务落在我们身上，这部教育学应是中国教师在实践中写成的。

（二）立德树人是好教师的根本任务，凝聚在"教书育人"这一中国表达中

立德树人有三大命义：培养什么样的人，怎么培养人，为谁培养人。在这三大命义之后，还应有第四个，即谁来培养。教育、教师应毫不迟疑地回答：

我们！一如于漪老师所讲，在课堂里，一个肩头担负着学生终身发展的重任，另一个肩头担负着民族未来的重任。有担当的教师应当都这么去回答。唯此，才是好教师。这一应答，又凝结在"教书育人"四个字中。

教书育人是在深刻认识、准确把握教学本质的基础上，对教师职业使命的高度概括和提炼，精辟深刻，内涵极为丰厚。其一，教书是手段，育人是目的。通过教书，达到育人的目的。其二，教书是过程，育人是结果，是目标，育人就在教书过程中。其三，教书是教师的本职与本分，育人是教师的使命与境界，教师通过教书育人完成自己的职业使命，使自己的专业发展达到一个更高境界。其四，教书育人是融为一体的，你中有我，我中有你，水乳交融，无痕也无边，教育艺术在其中臻于审美化；教育如春风化雨，沁入学生心田，教育智慧臻于如庄子所云的"大知闲闲"的状态。这一中国表达用朴素的语言折射着中华文化的思想精髓，透射出无限的意蕴，几成万千气象。我以为，教书育人，是中国特色的课程论、教学论；同时，我还以为，教书育人正是立德树人根本任务在教学中切入、落实的科学方式，通过教书育人实现立德树人的根本任务。

（三）立德树人是衡量中国好教师的根本尺度，凝聚在"四有好教师""四个引路人"中

好教师要有具体的标准，具体的标准也有不同的表达，而所有的具体标准都要扎根在立德树人上，不同的表述都要以立德树人为准绳。习总书记已经对好教师的标准作了指示：有理想信念，有道德情操，有扎实学识，有仁爱之心，要做学生的引路人。完全可以认定，"四有好教师""四个引路人"是做立德树人好教师的具体要求和表现，也是落实立德树人根本任务的实现途径与重要保障。习总书记在主持召开的学校思想政治理论课教师座谈会上，对思政课教师提出六点要求："政治要强，情怀要深，思维要新，视野要广，自律要严，人格要正"，"要给学生心灵埋下真善美的种子，引导学生扣好人生第一粒扣子"。尽管这是专门对思政课老师提出的，具有鲜明的学科特点，却适合其他所有学科老师，也应是中国好教师的具体标准和要求。

用立德树人这一准绳去衡量中国好教师，也具有极强的针对性。如前所

述，衡量好教师也有标准，包括中小学、幼儿教师专业标准，这些专业标准，较之前都有长足的进步，方向明确，设计科学，结构合理，要求恰当。此外，各地和学校也有本土化的、校本化的标准或要求。但从总的方面看，这些标准或要求，还是不够突出立德树人，尤其是本土化、校本化的标准或要求，存在的问题比较突出。主要表现为：过多，缺失总的主题；过细，遮蔽了大方向和大目标；过急，要求教师在较短的时间内就能达到，难免有功利色彩。我们应以立德树人为根本尺度，把具体标准汇聚到立德树人、教书育人上来，加以调整修订。若此，立德树人根本任务才能通过中国好教师得以落实，而中国好教师也才能真正成为"中国立德树人的好教师"。

三、做中国立德树人好教师的行动框架

做中国立德树人好教师是中国教师发展的方向和准则，既是核心理念更是实践，既是根本尺度更是行动，只有落实在教师发展的过程中，用实践来诠释，用行动来支撑，理念、准则、要求才能真正实现，方向才能更鲜明更坚定。这就需要建构一个做中国立德树人好教师的行动框架，有目的、有步骤地去实施。

这一行动框架的建构可以有不同的视角和方式，形成不同的特点和优势。从总体上来看，行动框架应有以下要素。

（一）明晰主题：首先做道德教师

教育是科学，在于求真；教育是艺术，在于创造；教育是事业，在于奉献。这样的表述具有概括性和准确性。不过，我想追问的是，教育究竟是什么事业？习近平总书记指出，"国无德不兴，人无德不立"。又说，社会主义核心价值观就是德，既是个人之小德，又是社会民族之大德。教育家们对道德的地位和价值也有不少精辟的论述。杜威说："道德是教育的最高和最终的目的。"苏霍姆林斯基则说："道德是照亮人的全面发展的一切方面的总源。"因此，我深以为，教育首先是道德事业，是道德之光照亮科学与艺术。由此，我又深以为，教师首先是道德教师。其实，后来我在阅读中，也读到了这样的论述：

"人们常说,不管你是不是愿意,每一位教师都是道德教师。"[①] 只有树立起道德教师的概念并成为教师的"第一身份",作为落实立德树人根本任务的主题时,才能对立德树人有更深刻的认知和更自觉的行动。

道德教师是超越学科的,覆盖所有学科。其基本内涵是:教师首先有道德;以道德的方式展开教育;结合学科特质、任务和功能有机进行道德教育。这样,道德教育渗透在所有学科教学和活动以及管理中,所有教师都担当起道德教育的任务,责任感、使命感更强。更为重要的是,道德成了教师的人格特征,以人格塑造人格,以灵魂塑造灵魂。同时,从不同的学科特点与要求出发,道德教育与学科教育融为一体,更显立德树人的学科特色,形成生动活泼的多彩气象。道德教师这一主题,是做中国立德树人好教师行动的前提和保障。

(二)开阔视野:从世界百年之大变局,明晰做中国立德树人好教师面临着的新挑战

立德树人在中华传统文化的土壤中长出来,又闪耀着时代的色彩。它不仅回首历史,又前瞻着未来,就在历史与未来的交织中,现实凸现出来。立德树人要面对伟大时代国家发展战略全局和百年未有之变局的事实,做立德树人好教师必须站在中国大地上,瞭望世界,在世界风云变幻与激荡中不忘初心,担当使命。这是一种大视野,具有开放性与超越性。开放性、超越性让好教师更有自信、更有气魄,以更宽广的胸怀创造既具有中国特色又具有国际先进水平的优质教育。

世界在改变,是从未有过的百年之大变局。一是信息技术的百年大变局。互联网、人工智能改变人的生活态度与方式,如何让人永远有想象力、创造力,永远讲道德与有道德,成为人工智能的主人,这一变化将对立德树人提出新的命题。二是经济全球化的大变局。面对经济全球化的潮流,教育如何在构建人类命运共同体的全球化使命中,培养有大胸怀、大担当的人,为立德树人注入新的内涵。三是世界多极化的大变局。如何对待世界的新秩序,将全球

---

① 彼得斯.道德发展与道德教育[M].邬冬星,译.杭州:浙江教育出版社,2000:155.

化与本土化结合起来，自然让立德树人之德之人的视野更宽、认识更深。还有多元文化激荡等百年之大变局，都是对立德树人根本任务的新挑战。中国好教师必须放开眼界，敞开胸怀，迎接挑战。因此，我们就会有更深刻的认知和自信：做立德树人好教师是应该而且是可以走向世界的。

（三）放大格局：建构更大的价值坐标

中国文化语境中的"局"是个很有意蕴的概念，它不只是个范围或范畴的概念，即不只是一个空间概念，"格局"更是如此。"格局"主要指结构或格式，时间已进入空间，因而彰显了文化的意义。格局，关乎事物的内在结构、现状，预示着发展的态势，当然也关乎人的发展。可以说，格局是人发展的时空结构，它显现人发展的现状和未来发展的可能性程度。的确，人的发展有什么样的格局，就有什么样的前景和结果。事实已不止一次地告诉我们，人的格局有多大，他的发展就有什么样的前景。人的发展格局要大，格局大了才会有更大的发展、更好的未来。教师发展同样如此。当下教师专业发展有很大进展，但还缺少突破和超越，其中一个重要原因就是缺少大视野，发展格局还不够大。教师发展格局应当更大。

立德树人是教育改革发展的根本任务，也是教育的核心价值观。教师发展扎根于立德树人的根本任务，一定要建构起以立德树人为核心的价值坐标。这一坐标的轴心是做立德树人好教师，培养能担当民族复兴大任的时代新人。这一坐标的横坐标可以是教师发展的要素，由学科知识、学科教学知识、条件性知识、文化性知识等构成。所谓知识，包括能力、情感、态度等。纵坐标可以是教师发展的水平层级，向上提升，不断跃高。这一坐标的上空，是理想、信念的照耀，折射出社会主义核心价值观。这一坐标体系是核心价值的凝练，具有引领性、宏大性、超越性、开放性，指向教师发展的未来。正是超越与开放，打开了格局，也正是打开的格局，才具有宏观的视野，引领教师走向诗和远方。

（四）提升格调：文化品位与理性品质

教师发展不仅要开阔视野、扩大格局，还应提升格调。格调意味着价值立意、文化品位、理性深度与审美境界的提升。教师的日常工作是繁重的，甚至是琐碎的，往往遮蔽了意义，也很难有更高的追求；教师生活在世俗中，不能不食人间烟火，但教师又必须超越世俗用理想与抱负去提升自己；教师的工作特点，极富感性，感性是灿烂的，还需要理论的支撑、理性的思考和深刻的表达。格调的提升，有利于让立德树人好教师站得更高，并逐步进入审美境界。

提升格调主要是加强三大修养：文化修养、理论修养、审美修养。这就要求教师加强阅读，深入思考，逐步形成自己的教学主张，丰富自己的心灵，追求教学风格。这是一个过程，这一过程让做中国立德树人好教师，有着丰盈的审美体验和理性的深度愉悦感。

（五）核心任务：课程育人、学科育人、教学育人、活动育人、管理育人

立德树人应落实在教育教学中，日复一日、年复一年的课程学习，是育人的主要载体和途径，育人就在教育教学之中。这样的教育教学是一大转向，即从育知转向育人，这样的转向在教师心中亮起了一盏灯，犹如指南针，引领着教学行走在育人之路上。

课程育人、学科育人、教学育人、活动育人、管理育人是个深刻的命题，有许多复杂的问题和关键环节需要研究、解决，其中一个导向性的问题，即学生发展核心素养。核心素养导向下的教育教学是育人这一核心任务完成的重要保证，教师们正在探索实现的方式，将会诞生多种途径、方式和模式，而教师在探索中也将成为优秀的中国立德树人好教师。

教师发展在立德树人中走向新境界

一、教师要坚定回答立德树人根本任务中内隐的"第四个问题":谁来培养人

习近平总书记在党的十九大再次强调,教育改革发展的根本任务是立德树人。他在全国教育大会上又一次指出,"党的十八大以来,我们围绕培养什么人、怎样培养人、为谁培养人这一根本问题,全面加强党对教育工作的领导,坚持立德树人"。任务重大,要解决的问题非常明确,即培养什么样的人、怎样培养人、为谁培养人。这三个问题有个主语,一言以蔽之:谁来培养人?不妨将它叫作"第四个问题",而答案一定是:"我们"。不言而喻,这一主语及其命题已内含在这三个问题之中了,之所以将它单列出来,是为了凸显教师立德树人的使命和责任担当,以使立德树人根本任务真正得以落实。

无疑,立德树人是教育的根本任务,理所当然由教育来担当,但是,与此同时,更需要各级党委、政府,以及社会的各个方面,加强统筹,形成合力,关心教育、领导教育、支持教育,他们承担的责任更重大,发挥的作用也更重要。同样,无需多讨论,立德树人的根本任务应该由学校去落实,由广大教师承担起具体责任来。因此,教师面对"第四个问题"要作出响亮的回答:立德树人是我们教师的根本任务,是我们的崇高使命与义不容辞的责任。这样的回答本身就是一种使命和责任担当的具体表现。进入新时代,我们一定要高高举起立德树人的大旗,努力做中国立德树人的好教师。

做中国立德树人的好教师要担起"谁来培养人"的重任,首先要提升对立德树人价值的认知深度与高度,为此要从以下几个维度去提升认识。

（一）历史维度：立德树人是中华优秀传统文化的思想精髓，具有深刻的哲理性

"立德""树人"早就存活在中华文化之中。如前文所述，据《左传》记载，春秋时期，叔孙豹和范宣子就何为"死而不朽"展开讨论。叔孙豹认为"不朽"乃是"太上有立德，其次有立功，其次有立言"。"三不朽"之首是"立德"。孟子所提出的"四心"，生出"四端"，亦是讲立德的意义和内涵：恻隐之心、羞恶之心、辞让之心、是非之心，分别生出了仁、义、礼、智四种品端，培植了"大丈夫精神"——"富贵不能淫，贫贱不能移，威武不能屈"。这是由"立德"思想构筑起来的令人向往的民族精神。后来《大学》又一次从道德角度阐明："大学之道在明明德，在亲民，在止于至善。"立德、明德也成为民间的共识与追求。福建的土楼里还有"锄经种德"的对联，这源自儒家文化：春风种德，秋雨锄经。一般理解为耕种田地时，不要忘了读书读经，我以为要像播下种子一样播下道德。"立德"是中华文化的本色与底色，是中华民族的核心价值追求。同样，"树人"亦是中华文化的思想精髓，早就深入人心，成为教育的宗旨与目标，并由此以臻于教育的境界。亦如前文所述，《管子》里说："一年之计，莫如树谷；十年之计，莫如树木；百年之计，莫如树人。"树人像树谷、树木那样，但是比树谷、树木漫长多了，也艰巨多了。后来，以"树人"命名的学校与人，都是对"树人"思想的认同、追求与践行，这几乎成了中国人的普遍的价值追求。

值得注意的是，在中国文化中，"立德"与"树人"不是孤立存在的，而是紧密联系在一起的。"立德"与"树人"的整合、融通，形成了一个新概念："立德树人"。其主要内涵是：通过立德来树人，"立德"既是目的又是途径，"树人"是目的是境界，立德树人是中华民族育人的初心，是民族的使命。"立德"与"树人"相互依存、相互渗透、相互支撑、相互促进、相辅相成。其主题应是"学以成人"。第24届世界哲学大会就是以"学以成人"为主题，体现了中国哲学思想，这一主题被大会所认同。"学以成人"之"学"，即儒家学说中的"古之学者为己，今之学者为人"的释义，学习首先是"学习是为谁"的问题，因而学习是个道德生长的过程。同时，学习包括道德学习，甚至首先是、主要是道德学习。正是学习，尤其是道德学习让人真正成为人。如今，

"立德"与"树人"进一步牵起手来,从历史的深处走进了新时代。立德树人具有历史纵深感与厚重感,其哲理性极为深刻。

(二)时代维度:立德树人面对着百年未有之大变局,具有严峻的挑战性

今日世界面临百年未有之大变局时代,核心在于"变",既在于世界之变化,又在于中国之发展。变化与发展同步交织、相互激荡,构成了中国发展新的历史方位,形塑了伟大斗争的时空背景。新的历史方位、新的时空背景,让中国经济社会发展处于特殊的历史机遇期,必然也让教育改革发展进入新的时空,面对新的挑战与考验。毋庸置疑,立德树人也面临着新形势,必须研究新问题,在百年未有之大变局、大发展中发出时代的色彩来。

有人将百年未有之大变局,作了如下概括:"一是科学技术之变","二是经济全球化之变","三是国际政治格局之变","四是全球治理秩序之变","五是文明多元激荡之变"。① 这些大变局,教育必须看到、看清,抓住、抓准,主动把握机遇,作出积极的应答,既要学会坚守,又要学会改变,在坚守中改变,在改变中坚守。但是,我们应当确立一个信念,无论怎样变,立德树人根本任务不能变,也不会变。无论社会进步到什么阶段,无论世界变化到什么程度,也无论我国发展到什么水平,教育的根本任务仍然是立德树人,立德树人是历史的命题、时代的命题,是永恒的命题,因为它直抵教育的本质,又极具中国文化的特质,坚守本质,凸显特质,才是对百年未有之大变局的教育回应,是教育改革的根本对策,是我们坚定的理想信念。

不能忽略的是,当我们把住命脉、坚守的同时,还应看到时代的进步,百年未有之大变局,也会真真切切地促使教育有大变局,形成新的格局。坚守绝不是保守。比如,科学技术之变,信息技术的突飞猛进,推动新一轮科技革命和产业革命,互联网、云计算、大数据、人工智能等风起云涌,第四次工业革命方兴未艾,正在全方位改变人类的生产方式、生活方式和交往方式。教育处在这样的工业革命时代,对现代科学技术之变,应当张开双臂拥抱,让它们进入学校,进入学生的生活,改变长期以来所形成的生活方式、交往方式,也改

---

① 徐伟新、李志勇. 以伟大斗争应对百年变局[N]. 光明日报, 2019-06-19.

变教与学的方式，这是必然的，不可回避的。但是现代科学技术是人创造的，是为人类服务的，人应当是技术的主人，而不是技术的奴仆。在使用技术的过程中，必定有情感的伴随，也必定是道德价值被检验、生长及发挥导向作用的过程。现代科学技术仍是一把双刃剑，什么样的创造，发明什么样的技术，技术为谁服务，其方向感、价值性、道德伦理始终贯穿其中。立德树人就是要引导学生在技术变革中把握好方向，坚持做一个有道德的现代人。同样地，多元文化、多元文明的激荡，立德树人引领我们秉持"各美其美，美人之美"的理念，让多姿多彩的文化多元并存，进行文明对话和文明互鉴，而反对、摒弃"文明优越""文明冲突"等错误观点，为人类文明进步服务。

（三）现实维度：面对现实中的困惑和问题，立德树人具有针对性

习总书记在党的十九大报告中明确指出，要发展素质教育，让每个孩子享有公平而有质量的教育，办人民满意的教育。在全国教育大会上，他又提出三个"要"："要树立健康第一的教育理念"，"要全面加强和改进学校美育"，"要在学生中弘扬劳动精神"；同时强调落实立德树人根本任务要在六个方面下功夫。这些指示，极具前瞻性，又极具针对性，对推动教育教学改革深化指明了方向。事实上，当下的教育现状发生了重要的改变，态势是可喜的，但又不容持续乐观，一些顽瘴痼疾很难解决，要从根本上改变还有很大的难度。正因为此，落实立德树人根本任务，要从问题出发，在扎扎实实的行动上花大力气，下大功夫。

如果将现实中的问题作个概括，我以为可以聚焦在"发展素质教育"上。习总书记曾经非常明确地指出："素质教育是教育的核心。"无疑，不发展素质教育，就是背离了教育的核心，教育就不是真正的教育，教育走上了以应试为主的轨道，就必定被异化了。异化了教育，学生就不可能生动活泼主动地发展，不可能成为德智体美劳全面发展的社会主义建设者和接班人。改革的实践已告诉我们，发展素质教育，要着力于学生发展核心素养。中共中央、国务院印发的《新时代公民道德建设实施纲要》中，明确了"核心素养"这一概念："坚持育人为本、德育为先，把思想品德作为学生核心素养"。由此，我们要坚信不疑、坚定不移地发展学生核心素养，推动素质教育发展，将立德树人根本任务真正落实到教育教学的过程中。

历史维度、时代维度、现实维度，让我们用立体的视角，建构时空结构，从整体上更有深度地认识与把握立德树人的重大意义，回答"第四个问题"，落实立德树人根本任务的使命与责任，做中国立德树人的好教师。这样，我们才真正不忘初心、牢记使命，我们才会更自觉、更坚定。

二、教师要站在立德树人的高度，用大智慧促进专业的深度发展

（一）要从立德树人的高度，明确专业发展的方向，成为专业发展的自我审视者

立德树人为我们重新认识教育、认识自己的专业提供了一个新的视角，让我们站在更高的历史方位上，理解教育，进入教师发展的内核，进入专业发展的开阔地带，成为专业发展的自我审视者。

立德树人是教育改革发展的根本任务，也是教育改革发展的根本方向。教师应当确立起坚定的理想信念。立德树人这一中华民族的思想精髓指明了教育改革的方向，并且坚定我们的理想信念：扎根中国大地，办具有中国特色的教育。中国文化源远流长、博大精深，有着丰富的教育思想、教育理论和教育经验，有中国自己的学术性标识。将这些思想、理论与经验加以整合，对这些学术性标识加以提炼和进行时代转换，我以为这就是一部具有中国特色的教育学，而这部教育学应是以立德树人为核心主题的，抑或叫作中国立德树人教育学。它源于中华优秀文化传统，不仅写在书斋里，更重要的是写在教育大地上；不仅由学者专家写就，更由广大教师共同写成。我们每天的教育教学就是在落实立德树人根本任务，用自己的践行来撰写、演绎中国立德树人教育学。这样的理想信念产生巨大的力量。

立德树人是教育改革发展的根本任务，也是教育改革的核心价值观。培养什么样的人、怎样培养人、为谁培养人，是对教育本质深刻认知、价值澄清后的价值取向，是在取向坚定后所形成的价值定位，成为中国教育的核心价值观，也是中国教师的核心价值观，进而对教育改革发展进行价值引领。这一价值定位，让我们对党的教育方针，对培养德智体美劳全面发展的社会主义建设

者和接班人有更深的理解和更准的把握。这一宏大问题，不仅关乎教育改革发展的大局，也关乎教师的发展，应该成为教师的根本遵循和核心追求。广大教师要寻找教育的最大公约数，也要寻找自己发展的最大公约数，要为学生扣好人生的第一粒扣子，首先要为自己扣好人生的扣子，而这粒扣子是在教育教学中扣紧的、扣好的。

立德树人是教育改革发展的根本任务，也是教师发展的最高的专业。教师要建构自己的专业境界。教师有自己的学科专业，有儿童研究这一具有"在先性"的专业，无论是学科专业，还是儿童研究专业，都有一个育人价值元素的深度开发，都要在立德树人这一教育改革核心价值观的照耀之下攀登发展的境界。显然，这一切是在立德树人根本任务引领下进行的，教师专业发展要服从于也要服务于立德树人这一根本任务。习总书记指出，"学科体系、教学体系、教材体系、管理体系要围绕这个目标来设计，教师要围绕这个目标来教，学生要围绕这个目标来学"。我们应该确认，立德树人应是教师最根本的专业，确立这一根本专业必定使学科专业，包括儿童研究这一专业有了灵魂和导向，教师也在落实立德树人根本任务下，专业发展有了更强大的内生力，站到更高的平台上，有更深的情怀、更宽的视野、更大的格局、更高的格调、更美的境界。

立德树人是教育改革的根本任务，也是教师最根本的基本功。教师要锻造、提升教书育人的基本功。立德树人是教师最根本的基本功。上好每堂课，设计好每一个教育活动，需要具体的策略、途径、方法和技术，一个基本功好的老师才有可能成为好教师。但是，教师的任务不仅是教书，更重要的是育人，教书需要扎实的基本功，育人更需要精湛的基本功，而且教书与育人不可分离，是相融相通的，教书是为了育人，育人就在教书中。这一基本功不是单一的，是整体的、复杂的；这一基本功，不仅具有科学性，还需要艺术性；这一基本功是形而上的道与形而下的器的结合、统一。教书育人是教师最根本的基本功，最根本的基本功才能完成教书育人的根本任务；在教书育人中优化、丰富、提升这一根本的基本功，探索、形成立德树人根本任务落实的方式。

（二）要从立德树人的高度，进一步发掘教育教学的育人内涵，教师要成为教书育人的智者

立德树人彰显了中国的文化理念，体现了教育的中国力量和中国智慧；立德树人是为了培养智慧的学生，让学生有理想、有本领、有担当；立德树人是个智慧生长的过程，在真实、丰富的情境中探究、体验、解决具体问题。因而，立德树人需要智慧，中国立德树人的好教师应当是个智慧的教师，以智慧的方式，有效地落实立德树人根本任务。

智慧有大小之分。庄子在《齐物篇》里说："大知闲闲，小知间间。大言炎炎，小言詹詹。"这不仅是对智者状态的描述，而且是对智慧大小实质性内涵的区分。闲，空也；空者，无限大也。大智慧总是关注宏大的事情，有开阔的视野，有战略性思维，善于从宏观上把握，这样的人是大智者。间，隔也；隔者，小也。小智慧总是关注和纠缠于细小、琐碎的事，视野褊狭，格局窄小，囿于有限的经验，极易走进技术化的胡同。同样地，大智者的言谈，有气势，有激情；而"小智者"的言谈则显得啰嗦、重复、拖沓。立德树人需要教师情怀要深，思维要新，视野要广，对立德树人的要义把握要准，落实要细，表达要精炼，做个有智慧的教师。

智慧与道德密不可分。孔子曰："知者乐水，仁者乐山。知者动，仁者静。知者乐，仁者寿。"在儒家学说视野中，人格的健全、完美，一是在仁，一是在智，而且智与仁总是紧密相连的，智离不开仁，当聪明牵起道德之手，才会成为智慧；道德支撑智慧前行，智慧才能行稳致远。立德树人根本任务的提出，将道德提升到一个更高的地位，凸显了道德育人的重大价值，德育在先可以进一步得到落实。同时，立德树人将道德与智慧统一、融通起来，智慧教育首先是道德事业，智慧课程首先是道德课堂，培养智慧学生，首先要培养他们良好的道德品质，智慧教师当然首先是道德教师。做立德树人教师，首先要立德，有坚定的理想信念，有满满的家国情怀，有高尚的道德品质，以人格塑造人，以灵魂塑造灵魂。我们应该不断明晰，立德树人要以道德引领智慧，要将智慧融入道德之中，其中又将立德树人的智慧推进到一个新的境界。

智慧具有美感性。钱学森晚年提出了"大成智慧"。他认为人的智慧有两

部分：量智与性智。缺一不成智慧，此为"大成智慧学"。他又指出，量智主要指自然科学，是现代科学技术活动；性智主要是社会科学，尤其是文学艺术活动。量智与性智的结合，便是大成智慧。他还指出，现代科学技术体系中的数学科学、系统科学等十大科学技术知识是性智与量智的结合。钱学森的观点很明确，集大成而大智，智慧，特别是大智，源于知识、经验的整合，综合成了智慧的重要特征和标志。这是一种综合之美、跨界之美。智慧离不开情感，情感催生了智慧，情感伴随着智慧。李泽厚将"情本体"当作是一个美的历程，体现的是中国文脉中的"乐感文化"，而快乐是智慧特有的表情，"知者乐"正是智慧表情最准确、精炼的概括。从本质上讲，智慧是人的潜能的开发，是对人的解放，美具有令人解放的感觉。就在情绪的沸腾中，美得以升腾，智慧得以生成。审美，让立德树人具有温度，让学生充满愉悦。

（三）要从立德树人的高度重新认识和发现儿童，教师要成为优秀的儿童研究者

立德树人，以人为目的，以人为核心，以人为前提，重在人的发展。为此，立德树人要关注人、研究人，尤其要研究儿童，重新认识儿童、重新发现儿童。缺失研究，教育便缺失了人的存在和儿童发展，立德树人便无法落实，育人价值也无法实现。

立德树人，教师要站在儿童立场上。儿童既是教育的对象，更是教育的主体，儿童是教育活动的发出者、参与者、创造者。站在儿童立场上，就是让儿童成为教育的核心与主体，让儿童站立在课程、课堂的正中央。

儿童立场是个完整的概念，呈现开放的结构。其一，儿童立场要与国家立场、国家利益相互映射，即要用社会主义核心价值观照耀儿童立场，儿童立场要透射国家立场、国家利益。这样，从儿童立场站立起来的、出发的儿童，才会有爱国情、强国志、报国行，成长为担当民族复兴大任的时代新人。其二，儿童个人发展要与社会发展相结合、相统一。要促进学生个性健康发展，培养创新精神和创新能力，但心中一定要有他人、有集体、有人民，为了集体利益、为了社会利益，担当社会责任。当前，有的学生以个人为中心的现象比较突出，必须加强集体主义教育，发扬奋斗精神。儿童个性发展与社会发展相统一,儿童立场才是完整的。其三,要将解放儿童与规范儿童统一起来。儿童需要解放,让心灵自由起来,发展批判性思维。同时,儿童也需要严格要求,遵守规则,提高规范水平。值得注意的是,有的教师对儿童立场的理解不够全面,对二者的结合关注不够,有所偏废,应当准确把握平衡点,用智慧的方式处理好关系,促进儿童健康发展。立德树人的好教师,应该是优秀的儿童研究者,是儿童研究的智者。

三、教师要以育人为核心旨归,将立德树人根本任务落实在教育教学中

立德树人不只是一个理念,更不是一句口号,而是实实在在的根本任务,要落实在教育教学的核心领域、关键环节,贯穿教育教学全过程,建构起更高水平的育人体系。教师在其中责任重大,要发挥积极作用。

(一)铸魂育人:办有灵魂的卓越的教育

更高水平的育人体系,是让每个孩子享有公平而有质量的教育,是真正的素质教育,是人民满意的教育,是追求卓越的教育。

美国哈佛大学教授哈瑞·刘易斯写了一本书《失去灵魂的卓越》。书的扉页上引用了两段话:"建立文明社会的斗争不仅发生在战场上,也发生在讨论会、课堂、实验室、图书馆里……建设文明社会最关键的,是把青年培养成为能造福世界的人——他们不仅需要创造富庶的物质世界,更需要成为精神世界的楷模,需要通过教育让他们达到至真至善的境界。"[1] 要办"有灵魂的教育",而"有灵魂的教育",包括"国家责任感","恪守教书育人的本分","独立于社会流行观念的判断力","对学生严爱相济、情理相融"[2]等等,而且"真正福祉从来都是与我们国家的命运休戚与共的"[3]。教育的卓越,不能失去灵魂,失

---

① 哈瑞·刘易斯.失去灵魂的卓越[M].侯定凯,等,译.上海:华东师范大学出版社,2012.
② 同上。
③ 同上。

去灵魂的教育肯定不是卓越的教育，真正的卓越教育应当有灵魂。不难得出这样的结论：大凡教育都要有灵魂，有灵魂的教育是超越地域和国界的，而扎根中国大地，办中国特色的教育，以立德树人为根本任务，更要铸魂育人，办有灵魂的教育，上有灵魂的课。

中国教育的灵魂是什么呢？习总书记说，中国教育要扎根中华优秀文化传统，弘扬中华民族的精神，培养德智体美劳全面发展的社会主义建设者、接班人，培养能担当民族复兴的时代新人。社会主义建设者、接班人，要从小学会做人，学会立志，学会创造。这就是中国教育的灵魂，怀着这样的灵魂可以走向世界，走向未来。而铸魂育人要落实在各科教学中，落实在各种活动中，"育人"价值要高悬于学校上空，其光芒要照耀整个校园，照亮课程、照亮教材、照亮课堂。立德树人、铸魂育人犹如指南针，指引着、统帅着教师的教育教学工作。

（二）铸魂育人：使命下的生命歌唱

铸魂育人，教师首先铸自己的魂，育人首先育己。人民教育家于漪为我们树立了榜样。于漪用几句话对立德树人落实在教育教学活动中作了生动而深刻的阐释。于老师说，教学就是担起一副担子，一头挑着学生的当下，另一头挑着民族的未来。这是沉甸甸的责任感、使命感。挑着学生的现在，就是要让学生学会学习、学会合作、学会做事、学会创造、学会改变、学会生活，具有关键能力、必备品格和正确的价值观，德智体美劳全面发展，打下为人民服务、为中华民族复兴服务的基础；挑着民族的未来，就是现在的学生要面向未来，为民族复兴打好基础；挑着学生的现在就是挑着民族的未来，用民族的未来审视、观照学生的现在。于老师说："一走上讲台，我的生命就开始歌唱。"教学要有丰沛的激情，激情感染着学生、激活学生，让学生充满求知欲，对未来有憧憬；教学是生命对生命的呼唤，灵魂对灵魂的对话，教学是生命在歌唱，歌唱的是生命之歌；生命为学生而歌唱，生命为祖国而歌唱，"小我"要融入"大我"。总之，生命的歌唱，歌唱的是育人之歌、立德树人之歌。于老师说："生命本没有名字，只要是生长在这片热土上的孩子，都要真心真实、全心全意地爱他们，培养他们。"爱学生，才会有教育，爱学生也才会有教师；而爱学生必须真心真实，必须全心全意；教师育人的品质就在真心真实、全心全意，育人了，教师的生命才会发光发亮，教师才会真正拥有生命。

（三）铸魂育人：落实在课程、学科、教学实践中，并以综合的方式来育人

铸魂育人要落实在教育教学的核心领域、关键环节和优先事项中。无疑，课程、学科、教学是育人的核心领域，而教学则是其中的关键环节，课程的综合是尤要关注的优先事项。

课程育人。课程是育人的蓝图，构筑了学生走向社会、走向世界、走向人生的立交桥，课程着眼于人的素质，育人是课程的核心价值，课程结构影响着甚至决定着学生的素质结构，课程水平影响着甚至决定着学生的素质水平。课程为育人而设计，课程资源为育人而开放。各学科要协同创新，指向育人这一共同目标。我们要十分重视国家课程，确立国家课程的主体地位，发挥国家课程的主导作用。我们要十分重视思政、语文、历史三科统编教材，确立学生正确的价值观，把握意识形态话语权。劳动与综合实践活动是国家课程重要的有机组成部分，要以活动育人、实践育人、综合育人为价值取向，把育人的旗帜高高举起。

学科育人。学科是专业知识的基础和载体，学科的核心是育人。学科育人要凝练学科核心素养，通过学科核心素养去培养人。学科核心素养基于学科特质，将知识与技能、过程与方法、情感态度价值观整合起来，在真实、丰富的情境中，通过学习活动，形成并落实在学生的文化心理结构中，积累沉淀后，提升了学生素质，实现了学科育人的目的。

教书育人。教书育人是个具有中国特色的概念，教书育人是教学育人的另一种表达，其内涵是明晰的：教书是过程、手段，育人是目的、宗旨；教书是为了育人，育人要落实在教书中；教书与育人密不可分，相互融通、相互渗透、相互支撑、相互促进、相辅相成。教书育人是学科教学的指南针和准绳，犹如教学的"第一命令"。教师应是教书育人的行家里手，既有科学性，又有艺术性；既把握共同的要求和规格，又有自己独特的风格。正是育人让教师教学风格有了思想和灵魂。

教学育人。教学育人与学科育人是一个问题的两个方面，学科育人是通过教学来实现的，教学育人离不开学科。但是，教学育人更侧重于教学过程，更侧重于教学活动，变革教的方式和学的方式。因此，教学育人要注重教学中育人元素的开发，将育人落实到教学的各个环节和细节中，使教学过程成为育人的过程。我们要研究教学过程，研究教学的基本关系，抽象出基本问题，探索基本规律，教学将会闪烁育人的光彩。

综合育人。综合不仅是课程形态，也是理念、过程与方式；综合育人，不仅是综合实践活动，也包括学科内外的整合。综合引导学生开阔眼界，扩大胸怀，增长见识，在跨界学习中培养创新思维、创新精神和创新能力。综合重在综合，而综合要注重必要性、科学性、适宜性和可行性。同时要形成合力，围绕育人目标，协同发力。综合育人有各种学习活动，我们要积极探索，当下的"主题教学""项目学习""大单元整合教学""STEM 教学"等，正在试验中，相信复合型学习方式将会使学习真正发生，综合育人的目的将得以实现。

立德树人是教师发展的根本宗旨与根本任务，教师也必将在立德树人的平台上有更大的发展，立德树人的好教师也必将在立德树人中站立起来，回望过去，把握现在，瞭望世界。

我们，首先做道德教师

当下我们正面对着一道必答的考题：立德树人根本任务下，我们该成为什么样的教师？这是一道大考题，每个教师都应作出回答。

答案肯定有很多个，其中一个回答更具针对性和普遍意义：我们，首先做一个道德教师。这样的回答十分简洁、朴实，也颇深刻。"做道德教师"与"立德树人"具有鲜明的对接性，其深层的原因，是由教育的性质和使命决定的，也是一个被理论和实践所反复证明过的结论。过去，我们常将这一结论包孕在自己的内心，只是用行动来表达。如今，应当让它更响亮更坚定地表达出来，因为它具有时代的意义，也更显紧迫性。而这个回答，正是做中国立德树人好教师行动框架中的一个核心命题。

为什么要首先做道德教师呢？又究竟该怎么理解与践行呢？我们可以从以下三个方面去讨论，以增强作为道德教师的责任心和使命感，进而形成我们共同的信念，在行动上我们会更自觉、更积极。

一、教育首先是道德事业，教师应当首先成为道德教师

对教育的理解，我们已有了这样的共识：教育是科学，在于求真；教育是艺术，在于创造；教育是事业，在于奉献。这三句话，堪称经典，我们都很信奉，也都很喜欢，应当作为教师的誓言和座右铭。细读、深思，这三句话是从真、善、美三个向度来阐释教育的本质和核心要求的。这虽是中国化的表达，却又具有世界普遍意义。其实，这样的表达还是给我们留下阐释的空间的，我们还可以从不同的视角来对这三句话作进一步阐释和理解，其中，最为重要的是从道德的视角来深思和阐发。深思、阐发的结果会得出这样的观点：教育首

先是道德事业。

这一观点源自对教育与道德关系的理性思考，不少学者为此作了深入的考证。华东师范大学黄向阳教授的考证很周严，他认为："古代教育以伦理为本，几乎以道德为唯一目的。因此，古代教育的实质就是德育。"① 即使到了现代，"'教育'作为一肯定性评价词和规范词具有道德的含义，它指称的是通过道德上可以接受的方式以有价值的内容影响学生的活动"。② 他又进一步论证："从逻辑上说，教育是一个道德概念；从事实上说，教育是一种道德实践。"③ 值得注意的是，他指出"古代教育的实质就是德育"，而现在呢？无论是"德育即教育的目的"，还是"教育的概念是道德概念"，抑或是"教育实践属于道德实质"，都告诉我们虽不能将整个教育当作德育，但教育的道德性是永远存在的，因而这一判断仍然具有时代特征和意义。在进行论证后，我们可以得出这么一个结论：道德，揭示了教育的本质属性——道德性。教育首先是道德事业，体现了教育的原义、真义与永远的价值追求。

国外学者也论述了教育与道德的关系。德国教育家赫尔巴特的基本观点毫不含糊、直截了当："我们可以将教育唯一的任务和全部的任务概括为这样一个概念：道德"。④ 他还进一步指出："道德，普遍地被认为是人类的最高目标，因此也是教育的最高目标。"⑤ 杜威在此基础上，又将"最高目标"提升到"最高目的"⑥ 并将道德与教学联系起来："道德的目的应当普遍存在于一切教学之中，并在一切教学中居于主导地位——不论是什么问题的教学，如果不能做到这一点，一切教育的最终目的在于形成品德这句尽人皆知的话就成了伪善的托词"。⑦ 苏霍姆林斯基以他一贯的风格，用隐喻的方式，把道德比作照亮人一

---

① 黄向阳.德育原理[M].上海：华东师范大学出版社，2000：31.
② 同上：29.
③ 同上：30.
④ 赫尔巴特.赫尔巴特文集1[M].李其龙，郭官义，等，译.杭州：浙江教育出版社，2002：前言27.
⑤ 赫尔巴特.赫尔巴特文集4[M].李其龙，郭官义，等，译.杭州：浙江教育出版社，2002：177.
⑥ 同①：34.
⑦ 同上：33.

生发展的光源。他还说:"进行道德教育,造就真正的人——就是在号召做一个美的人。"①"最高目标""最高目的""最终目的""主导地位""光源",等等,都在反复阐明一个问题,那就是对"伪善托辞"的最好回击是:教育的本质属性、最高使命必须回到道德上去,站在道德高地透视教育,以揭示教育的本质,而"教育首先是道德的事业"正是我们的真诚的回答。

我们再换个角度讨论,从中华传统文化看。众所周知,中华文化源远流长、博大精深,但始终有个底色、本色和亮色,那就是伦理道德。这样的底色、本色和亮色,促进了中国伦理体系建构和发展。"孔子的'修己以敬',孟子的'四端说',都表明了伦理发自于内在的生命根源。中国伦理体系的建立是中华民族作为一个民族社会逐步糅合、凝聚、演化出来的一个成果……表现了一个民族和一个文化的凝聚力和扩展力。"②这样的伦理精神和文化特性必然有其延伸性、发展性,必然会影响教育的内在品性。习近平总书记用中华文化的格言作了最为精炼的概括:"国无德不兴,人无德不立",希冀我们用核心价值观帮助学生扣好人生第一粒扣子。不言而喻,立德树人的根本任务就是建基于中华优秀传统文化之上的,这正是中华优秀传统文化的伦理道德在教育中的生动体现和深刻概括,正是对教育的道德本质属性的准确提炼,也正是中华优秀传统文化在教师的文化心理结构中不断沉淀的过程。

以上一些简要梳理,明确无误地告诉我们,教育首先是道德事业。所以,我深以为,"教育首先是道德事业"是对"教育是科学""教育是艺术""教育是事业"的道德价值的进一步判断与强调,也是教育主旨的进一步阐释与凸显。

教育首先是道德事业,这一教育的本质属性与使命,当然合乎逻辑地落在教师身上,即规定了教师身份的本质属性和使命:教师首先要做道德教师。纵览教育的过去和现在,放眼中外教师,无论是普通教师,还是名师名校长,还是教育家,他们都以自己的亲身经历和深切体悟告诉我们:教师首先是道德教师。当然,"首先"做道德教师,并不排斥教师教育工作的科学性、艺术性和求真精神、创造精神、奉献精神,并不排斥教师其他身份的表达。因为"首

---

① 孙孔懿.苏霍姆林斯基教育学说[M].北京:人民教育出版社,2018:148.
② 樊浩.中国伦理精神的历史建构[M].南京:江苏人民出版社,1992:序10.

先"是在价值排序中置于前列,"首先"绝不是唯一,也不意味着全部。

二、基于立德树人根本任务,道德教师的特质与内涵

给道德教师下一个判断并不复杂,但也并非易事。我们都知道,从一般性来看,对一个教师的身份、角色作出判断,必须具备必需的先决条件,而这个先决条件就是他的学科性。反之,不具备学科性这个必需的条件作前提,就不可能对这位教师的意义进行充分的建构,也就不可能确定其身份。问题在于,道德既是一门学科,又不仅仅是一门学科,并不具备完全意义上的学科性,那必需的先决条件是什么呢?那就要看教师的文化心理结构。在任何教室里,"在其结构方面,唯一的专家是道德哲学家",所以,"人们也常说,不管你是不是愿意,每一位教师都是道德教师。因此,不管道德教育计划是否被比较明确地引进课堂,都有理由更清楚地认识有关的成就以及多种学习经验"。[①] 所有的成就、所有的学习经验都与道德学习有关。显然,对道德教师的认知与判断,必需的先决条件不是他的学科性,也不在于道德教育计划是否被比较明确地引进课堂,而在他自身的道德性,准确地说,是在于他自身的道德意义的充分建构。由此,我们不难得出道德教师的两个基本特征:一是超学科性。道德教师不是指某一学科的教师,不是专指上思政课的教师,而是指所有学科教师都应该是且必须是道德教师。二是超部门性。道德教师不是指负责德育工作、负责学生工作的教师,学校所有部门、所有岗位的教师都是道德教师。所以道德教师具有极大的涵盖性。

由此,我们也不难理解道德教师的内涵。道德教师的内涵看似很简单,因为"道德教师"的命名已告诉我们,一定不能离开"道德"这个核心词。其实不然,这种简单中有着特殊的深刻。

其一,在认知层面:道德教师对道德的价值意义,对德育的重要性、紧迫性、深远性有深刻的理解和准确的把握。认知层面的内涵也极其丰富,如果进行聚焦的话,那就是要从对立德树人根本任务的深度关切的角度去认识。立德

---

① 彼得斯. 道德发展与道德教育 [M]. 邬冬星,译. 杭州:浙江教育出版社,2000:154-155.

树人是极具中华文化印记的，背负着中华民族伟大复兴的使命。只有将立德树人置于历史的、现实的、未来的宏大背景之下，才会掂量出道德的分量，掂量出"立德"的深刻意涵。中华民族是伟大的，在走向复兴的路上要经历多少磨难，要面对多种多样的、一次又一次的大考，在纷繁复杂的世界里，学生要经历多少次的价值挑战与价值选择，在挑战与选择中，培育起核心价值观。正是在这样的背景下，培养什么样的人、怎样培养人、为谁培养人的三大根本问题，才如此严峻地凸显在我们面前。这三大问题，所有教育工作者和全社会都要作出回答，其中，道德教师的回答，无疑显得尤为重要。如果说，道德这一最高目标、最高目的、最终目的，以往还是更多地写在理论书籍和文章中，那么，今天就应写在校园里，写在学校教育教学和管理的方方面面；如果说，"国无德不兴，人无德不立"，以往还是出现在文件里和报告中，那么，今天就应该镌刻在我们的心里，把握在我们的手里，落实在我们的行动里；如果说，立德树人以往更多地还是出现在规划、计划中，那么，今天更要写在课程里、写在教材中、写在课堂里。同样地，今天我们要重视教师的专业发展，万万不可低估专业的不可替代的力量，要在更尊重专业的同时，对专业作出道德判断，在道德光源的照耀下，用专业去铺展前行的道路。这些都是立德树人视野下，作为道德教师对道德、对德育为先的必备认知，含糊不得，马虎不得，唯此，道德教师才会建立起自己践行的前提。

其二，在能力层面：道德教师能结合自己所教学科的性质、任务和特点，有机融入道德教育。任何教学都有教育性，"道德的目的应当普遍存在于一切教学之中，并在一切教学中占主导地位"。显然，这是各科教师所要担负、落实的任务要求，是道德教师之名的应有之义。道德要在教学中居于主导地位，必然要求将道德落实在学生学习中，学以成人，因而，课程育人、学科育人、教学育人、活动育人、管理育人就必然地成为道德教师的使命。这一使命是对道德教师的考验，既是对理念的检验，也是对能力的检验，同时，也在这一过程中，生长起育人智慧。对广大教师而言，学科育人、教学育人更直接、更具体，也更复杂。所谓学科育人、教学育人，就是要基于学科性质，围绕学科学习的"独当之任"，根据具体的内容，从学生的实际出发，寻找道德教育的闪光点、融入点，把握育人的切入点，充分开发学科的育人价值，让教学过程成为学生培养、发展学科素养的过程。道德教师的这一能力概括起来，就是让育人成为教学改革的方向盘、指南针，努力探索学科教学育人的策略、途径、方法，逐步建构起立德树人的学科教学的实现方式。特别值得关注的是，这一切是有机融入的过程，亟须道德教师的心灵的丰盈、智慧的生长和研究、改革能力的提升。

其三，在方法层面：道德教师能以道德的方式来展开教育教学。"道德的方式"已是教育定义中规定的要义，同样也是道德教师的内涵要义。之所以提出"道德的方式"这一要求，其中一个原因是，在以往的教育教学中，不是所有的方式都是道德的方式，有的还可能是不道德的，有的甚至可能是反道德的，致使有的教育不是真正的教育，有的教学不是真正的教学，这从反面提醒了"道德的方式"之于道德教师的重要性，"道德的方式"应成为道德教师的必然要求，也应成为道德教师的优势所在。究竟什么是"道德的方式"，我们需要深入研究。一般来说，道德的方式是尊重的方式。尊重是人性的起点，当然也是道德的起点；尊重是教育的前提与原则，其本身就是一种教育。尊重的是人，在尊重理念、原则的深处是人。文化哲学已告诉我们，任何研究，只有先研究人、着眼于人，才能真正解开自然的、社会的一切现象规律的密码，而要研究人，首先要尊重人、信任人。因此，尊重人是文化的方式，是人与人之间的对话方式，平等、和谐，互相发现，共生共长，最终带来的是人的文化行为模式。这种文化行为模式，必定打开道德之门，帮助我们登上道德的山峰，走进立德树人的灿烂世界。

其四，在人格层面：道德教师追求高尚，是有道德的人。无需解释，道德教师当然是讲道德、有道德的人。这是不言而喻的，但仍需深入讨论，尤其是要将其置于立德树人根本任务之下。回答应该是两个方面：立德先立师之德，树人先育育人者，具有道德的教师才能真正懂得立德树人的深意，才能真正落实好立德树人的光荣使命。循着上面的思路，同样的提问是：何为有道德？有道德，用得上王阳明的"致良知"。王阳明学派有四句话为"王门四句教"："无善无恶心之体，有善有恶意之动，知善知恶是良知，为善去恶是格物。"从一般意义上来理解，致良知即是有良心、有道德，而良知是可以通过教育来唤醒的。由"致良知"再往上追溯，孟子的"四心"生出人的"四端"：恻隐之心、羞恶之心、辞让之心、是非之心，生出了仁、义、礼、智四种品端，再由此，想到孟子的"大丈夫精神"，"大丈夫精神"乃是中华民族的精神，毫无疑问是道德教师的精神，因为道德教师是知识分子。无论是私德还是公德，还是职业道德，还是新时代的道德教育提倡的美德都应在道德教师身上闪光，以塑造道德教师高尚的人格。立德教师从根本上来说，无论是课程育人，还是学科育人、教学育人，还是活动育人、管理育人，是道德教师以自己的人格来塑造学生的人格，塑造学生的灵魂。

以上四个层面，都涉及情感层面。道德教师是懂道德的，讲道德的，有道德的，讲求道德方式的，也一定是情感丰富的人，情感伴随着教育教学的全过程，教师随时触摸到学生情感脉搏的跳动。所有的情感都汇聚在"大爱"两个字上，大爱又激发了道德教师的道德意义。

三、在文化中进行道德意义的充分建构

道德教师的发展是一个道德意义充分建构的过程。道德意义在很大程度上是价值意义，价值、价值观是文化的核心，因此，在文化中进行道德意义的充分建构，是道德教师自我形塑、自主发展的重要途径。

我们生活在一个价值的世界中，各种价值观包围着我们，裹挟着我们，不是这种价值观，就是那种价值观。价值观决定着人生的意义，最终让自己成为什么样的人，并形成什么样的人生格局，因为价值关乎着理想与信念。不难理解，任何一个人在价值世界中要学会价值观察，进行价值澄清，在澄清的基础上学会价值选择，用价值引领自己的成长。道德教师更应该如此，更应该做得好。

有人提出"价值大原"[①]的概念，其基本含义是，讨论价值、追求价值不能脱离国家民族文化哲学的本体、本源，一定要回到文化的本体、本源上去。中华文化的本体、本源是"道"，假若失去了道，亦即失去了文化的本体与本源，结果是"变得小知而不能大决，小能而不能大成，顾于小物而不知大论"，最

---

① 司马云杰. 文化价值论 [M]. 西安：陕西人民出版社，2003：序言.

终"失去了大美与崇高及至真至善的追求"。①"价值大原"实质是指核心价值观。可见，道德教师必须践行社会主义核心价值观，必须在社会主义核心价值观的引领下，进行道德价值意义的充分建构。

道德价值意义的充分建构往往是在价值冲突中展开的。对价值冲突进行澄清，继而进行价值选择，而道德价值意义就在其中得以充分展开和建构。当下，主要澄清以下价值冲突。

一是道德与幸福。教育是引导学生追求幸福、过上幸福生活的活动与过程。幸福的教育与教育的幸福意义就在此。于是，需要同样的提问：究竟什么是幸福？当下对幸福的关注和讨论总是注重从心理学角度切入，这无可非议，因为幸福与人的心理体验、感悟分不开。但是，对幸福的认知与感受又并非那么简单，心理体验、感悟不是孤立的，总是与价值观紧密关联的。当下，恰恰常常把心理体验、感悟与价值观相分离，以心理感受代替价值判断，结果，误把金钱、财富等同于幸福，还进行物质享受层面的幸福攀比，以致幸福变形乃至异化。从价值观上去看，幸福离不开道德价值的支撑与引领。苏霍姆林斯基真诚地告诉我们，"从道德上培育对爱情、婚姻、生儿育女、当母亲、做父亲的准备，这是学校对人对个人幸福的关怀"，"道德美才是幸福"。② 道德教师的道德意义的充分建构，就是要在价值观上去认知幸福、追求幸福、创造幸福。我们需要金钱，我们需要积累财富，但这一切都是奋斗得来的，因此要引导学生用勤劳的双手去获得幸福，反对好逸恶劳、不劳而获，这样，道德教师的幸福就在价值体现上展开了。

二是道德与智慧。教育追求智慧，教育旨在让学生生长智慧，教育本身就是智慧的代名词。孔子论述过智与仁的关系。"孔子言'智及仁守'，并以为'智'就是对'仁'的选择，对善之固执。故'仁'之德的自觉实践就是'智'的开始"，而"经过反省，'智'就能引发为更大的'仁'，而'仁'也就能促进更多的'智'"。③ 在中国儒家学说中，"仁"与"智"紧密关联，而且相互

---

① 司马云杰.文化价值论［M］.西安：陕西人民出版社，2003：2.
② 苏霍姆林斯基.苏霍姆林斯基教育箴言［M］.朱永新，编.北京：教育科学出版社，2016：139，137.
③ 樊浩.中国伦理精神的历史建构［M］.南京：江苏人民出版社，1992：8，15.

转换、相互促进，"智及仁守"，同时也可以延伸为"仁及"才能智生。怀特海在《教育的目的》中专门论述智慧，他认为智慧是伟大的也是模糊的，只有"对价值的认可会给生命难以置疑的力量，没有它，生活将回复到较低层次的被动状态中"。① 他所说的"对价值的认可"，其中包括了重要的道德价值体认。道德教师应当是智慧教师，但必须让智慧与道德牵起手来，形成共同体，在这个共同体里必须"守仁""及智"。在实践中，道德与智慧也常处于分离的状态，为智慧而智慧，在教学中也常将智慧孤立起来，追求所谓的智，结果，智也许有了，但灵魂却失去了。如何在道德与智慧的冲突中，把握好平衡，才能让道德意义得以充分建构。

　　三是道德与审美。追求美是人的天性，审美是种境界。道德教师应当追求美，做美的教师。中华文化的"中庸"思想也影响着审美与道德的关系。审美与道德，始终认为审美是道德的津梁与助手，即审美是实现道德的途径、方法，是对道德的辅助手段；继而，在美学中认为，道德是审美的基石，而审美是道德的象征，道德与审美是互相召唤的；进而，大家认为，从伦理上看，美即是善，从美学上看，善既是美。不难理解，做道德教师与做智慧教师，应当相互结合起来，而且让道德教育走向审美境界，其间，有个过程，即是在道德教育中，让学生有审美愉悦的体验。但是，事实告诉我们，当下有些人审美观的异化，与道德价值的缺失有很大的关系。让道德进入审美过程，用道德价值支撑审美观，那么审美永远行走在明亮的路上，道德教师则在这个过程中，道德意义在审美的伴随与激发下得以更加充分地建构。

　　以上三个方面只是价值冲突、选择的例举。其实，价值冲突时时刻刻检验着我们，要求我们提升自我价值澄清与选择的能力。这就要求道德教师一定要培育、践行社会主义核心价值观，让自己成为有道德灵魂的卓越教师。与此同时，把新时代爱国主义教育的重点聚焦到三个重要方面：爱国情、强国志、报国行，形成爱国主义的硬核力量，让自己挺起腰杆，让学生挺起民族的脊梁。在立德树人根本任务的落实中，让道德意义迎着新时代的阳光，充分建构起来。这是道德教师成长的核心与关键。

---

① 怀特海.教育的目的[M].庄莲平，王立中，译注.上海：文汇出版社，2012：54.

生命为祖国而澎湃

中国有一句熟语，叫作"人生在世"：人怎样生活在这个世界上？应抱着什么样的态度和方式面对这个世界？这是人生最大的、最根本的问题，是关于人生的伦理追问，所有人都要作出自己的回答。回答可能是多种多样的，著名的地球物理学家黄大年的回答是："我是有祖国的人。""振兴中华，乃我辈之责！""一定要有出息，出息了一定要报国。"就在梦想出发的地方，他把最宝贵的生命献给了祖国。对此教育部长陈宝生作了生动而深刻的概括："让小我融入大我，让生命为祖国而澎湃。"

人生在世的追问，是为了建构起人生的"在世结构"。这一结构的实质是人与世界结合的关系和方式，在诸多的关系中最为深沉的问题是人与祖国的关系，是一个人的爱国情、报国志，是一个人的民族精神。习近平总书记明确指出，爱国主义是中华民族精神的核心。生命为祖国而澎湃，这一表达既是诗意的，又具有历史与现实的理性。当千千万万的生命都为祖国而澎湃时，中国梦才会澎湃起来，民族复兴才会澎湃起来，中华民族才能再一次在世界先进民族之林中强大起来。与此同时，每个人的生命也才会真正澎湃起来，闪亮起来，精彩起来。

我们需要向传统追问。在追问与应答中，让"在世结构"寻找到自己深厚的历史根源。中华民族早就以自己的文化实践，在中华民族的心理和精神结构中，沉淀了爱国主义的精神基因。从"人生自古谁无死，留取丹心照汗青"到"鞠躬尽瘁，死而后已"，从"位卑未敢忘忧国"到"苟利国家生死以，岂因祸福避趋之"……爱国情操、报国志向、献身精神，无不在中华民族的精神心理结构中，急切地等待着再一次勃发起来；爱国如家、家国情怀、浩然正气，无不似一朵朵浪花撞击着梦想的礁石，又似火热的熔岩冲出地壳，奔涌着燃烧着。

我们还需要向现实追问。在追问与应答中，让"在世结构"闪耀时代的色彩。中华民族正在融入世界，正在追赶并引领世界，也正在被世界所追赶。无论时代的风云如何变幻，也无论岁月的江河怎样激流匆匆，为祖国而澎湃的生命将永远不会停歇，哪怕只是片刻；永远为民族复兴负重前行，哪怕是风雨险阻。不过，一个值得深切关注和思考的问题摆在我们面前：在全球化、市场化的背景、条件下，少数人执着于个人利益、个人权利的诉求，在"微生活"中扩张个人的自我表现，价值的多元带来价值困惑，有的甚至产生价值迷茫，生命为祖国而澎湃的重大命题遇到了挑战。正因为此，我们更要扎根中国大地，不忘初心，砥砺青春，把激昂的生命融入伟大的中国梦，用生命谱写无愧于时代、无愧于祖国的华彩篇章。

以上追问，其实也都是关于教育的伦理和价值的追问。如果再聚焦于教育，那么，在追问与应答中，我们应当于教师的人生"在世结构"中凸显教育的独特价值立意，那就是斯霞老师所回答的：爱教育、爱孩子就是爱祖国的具体体现。斯霞，一位普通的小学教师，把自己的一生献给了孩子，她以真挚的童心母爱、深切的敬业精神、无私的奉献精神，还有精湛的专业，印证并诠释了教师全部的伦理和价值意义：生命为学生而澎湃，就是为祖国而澎湃。

教师，伟大的教书育人者。在民族复兴的征程中，那默默奉献的，在中国梦追逐的长河里，那永远奔腾的，就是我——人民教师。不需要你知道我，不需要你记住我，但未来永远铭记着我，因为我的生命为祖国而澎湃！

第二篇

教育家的"青春性"

篇首语

教育家的"青春性"

当代教育家应当有自己的青春。

教育家的青春是怎样的青春？又应当写在哪里？我们应当重读王蒙先生的"青春万岁"。

记得《青春万岁》里写道：所有的日子所有的日子都来吧，让我编织你们，用青春的金线，和幸福的璎珞，编织你们……所有的日子都去吧，都去吧，在生活中我快乐地向前，多沉重的担子我不会发软，多严峻的战斗我不会丢脸；有一天，擦完了枪，擦完了机器，擦完了汗，我想念你们，招呼你们，并且怀着骄傲，注视你们。

看到了吗？青春是一幅热烈的画面，壮烈中的理想，枪、机器、汗珠编织成的勇气、忠诚、刻苦，以及那勇往直前的姿态。听到了吗？青春是一声自豪的呼唤，一声声的鼓舞，一声又一声的责任、使命、担当的誓言，还有无比的信心。这就是"青春性"。想到了吗？我们，当今的人民教师，迈向未来的名师，正在成长着的教育家，假若没有这样的"青春性"，就不会回应伟大的时代，也不能为时代作出贡献。教育家的"青春性"，就是时代的抱负、民族的理想，就是青春的活力、生命的创造力，就是当下的行动和不断奔涌的思想力量。看不到，听不到，想不到，亦即不会深刻认知青春的使命，也就称不上名师，更称不上教育家，当然也算不上一个好教师。当代教育家永远把"青春性"记在心里，扛在自己的肩头，写在一个又一个的行动中。

王蒙先生重读李大钊的《青春》，写下这样的心得："重读李大钊之《青春》……热泪盈眶。……先知先觉的中国知识分子,高举起青春的大旗,颂少年之中国,歌青春之伟大,办《新青年》之杂志,为古老中国再造重生,吹响了理想的冲锋号。"这是从历史、先辈的角度对"青春性"的解读与阐释。王蒙还非常明确地说:"面对李大钊的青春论青春义青春血青春旗帜,在这个给了中国更多机会的时代,面对新的使命,我们该怎样选择,怎样行动呢?"显然,历史的角度,又是现实的角度。

是的,古老的中国从历史的深处走来,走到今天,一路的青春义青春心青春血,一路的青春旗帜飞扬。当今,世界给了中国更多的机会,从中国看世界,世界也在看中国,时代和世界赋予"青春性"更多的内涵,"青春性"也面对着严峻的挑战,那就是实现两个一百年的目标,实现中华民族的再次复兴,实现中国梦,并与世界一起共同构建人类命运共同体。世界给中国更多的机会,获得更多机会的祖国也给青春更多的机会,这是时代的嘱托,是未来对青春的期待。"青春性"中又增加了世界进步的责任。青春当然不会让祖国、让当今世界失望。

教育家也应当重读李大钊之《青春》。这时,教育家的"青春性"一定会是"天将降大任于斯人也"的自诩,也会有西谚所言的"世有三岁之翁,亦有百岁之童"之哲理。"百岁之童"是对名师、教育家的又一称呼,"童心"总是与"青春性"自然、紧密地联系在一起。童心让名师、教育家永远有想象力,永远有好奇心,永远有创新的冲动和行动。

于漪老师就是具有鲜明而充盈的"青春性"的教育家。"一辈子做教师,一辈子学做教师",两句直白的话,却道出了"一辈子"的努力追求。她还说:"教学就是担起一副担子,一头挑着学生的当下,另一头挑着民族的未来。"正因为此,于漪老师的一辈子,正是洋溢着"青春性"的一辈子。于老师,这位全国名师、教育家,永远把青春写在事业中,写在课堂教学中,写在生命的歌唱中。

不用担心青春逝去,因为只要"青春性"在,青春就不老;向青春致敬,就是向"青春性"致敬,向"百岁之童"致敬。"青春性"说到底就是理想、抱负,就是革命性、思想性和创造性。当代教育家,依凭"青春性"飞扬吧!

教育家与知识分子

几年前,在北京958展览会上,放映了《先生回来》的纪录片,片中选取了民国时期著名的校长、教授,有蔡元培、梅贻琦、胡适、陈寅恪、梁漱溟、陶行知等。记得有人说过这样的话:那些背影让我们发现了民族的正面。

评说得真好。其实,那些背影,并没有远去,而民族的正面永远向着未来。他们是真正的教育家,无论是背影,还是正面,都在宣告:教育家首先是知识分子,教育家首先要做真正的知识分子。是知识分子的风骨,让他们挺起了民族的脊梁;是知识分子的风骨,让他们展现了民族的正面。于是,一个话题摆在我们面前:教育家与知识分子。

何为知识分子?在我的阅读视野中,捕捉到这样的信息:当年,俄国一批有知识的人,茶余饭后在酒吧、咖啡馆聊天,聊的不是私事,而是当前的社会和民生,是俄罗斯的今天与明天,后来这批人被称为知识分子。此外,在法国,左拉、卢梭他们为一个普通的小战士辩护,因为政府判小战士犯了叛国罪。这是天大的冤屈,可谁敢和强大的政府对抗?有,就是左拉、卢梭这批有知识的人。小战士被无罪释放的时候,一些政府官员酸溜溜地说,左拉、卢梭他们是知识分子。这两个故事告诉我们,是不是知识分子,不是看他有没有知识,以及知识有多少,而是有比知识更重要的尺度。

这尺度是什么呢?有学者对知识分子的本性与品性作了分析。比如,《知识分子都到哪里去了》的作者弗兰克·富里迪说:"定义知识分子的,不是他们做什么工作,而是他们的行为方式、他们看待自己的方式,以及他们所维护的价值。"可见,知识分子是超越职业的。依我看,所谓知识分子,第一,要有强烈的社会责任感,有社会的良知,家国情怀、民族认同永远在心中;第二,关注真理、正义和时代趣味这些全球性问题;第三,追求独立和自由的生活;第四,"为思想而活,而不是靠思想生活",为思想而活,是为了思想,为了理想,诞生新思想,捍卫新思想;第五,保持批评的态度,有批判的勇气和能力;第六,总是处在紧张的、积极的、创造的状态;等等。

知识分子的这些精神、思想、情怀、品质,还有方式,教育家都应该具备,知识分子与教育家在本质上应是一致的。看看那些教育家吧。马相伯,这位在孩童时代就喜欢和太阳对话的少年,后来,他这么说:"我是一只狗,只会叫,叫了一百年,还没有把中国叫醒。"叫醒中国,是他纯真的良知与崇高的社会责任感,他愿做一只狗,但他的人格却无比伟大。蔡元培,毕生倡导教育救国、学术救国、科学救国,推动中国的思想启蒙和文化复兴。他说:"只要培养一大批学者,国家就有希望。"后人评价道:"他是新文化运动之父,他通过改变一所大学进而改变了一个民族。"梁漱溟呢,他的信念是:通过乡村建设工作重新建立中国新秩序。他曾大声呐喊:"国性不存,我生何用?"他不认为自己是国学大师、哲学家或者教育家,用"三军可以夺帅也,匹夫不可夺志也"来评价他,是最合适的。还有梅贻琦,还有陈寅恪,还有陶行知……面对他们,我们从心底里呼唤:他们是先生,是真正的知识分子,是伟大的教育家。

如今,我们需要教育家,呼唤教育家办学,其实是需要知识分子,呼唤知识分子回来。教育正处在转型期,教育综合改革正在推进,立德树人的根本任务要落实,学生发展核心素养要研究,课程改革要深化……透过教育,我们还应看到党中央"四个全面"的战略目标、"五个发展"理念,看到社会主义核心价值观,看到法治,看到"一带一路"等等,古老的中国正在走向世界,中国梦正在催发我们的斗志和行为。名师们、未来教育家们,该怎么办?我们要管好自己的"一亩三分田",但又不能只管"一亩三分田",抑或要把"一亩三分田"与偌大的中国梦、中华民族复兴联系起来;我们决不能只盯着那知识,更不能只盯着那几个升学率,"只要学不死,就往死里学","掉泪掉肉不掉分",这哪里是一个有社会良知的人说出来的话?面对着应试教育越来越公开化,我们该怎么办?我们急切地呼唤:知识分子,你到哪里去了?也许,这时候,比呼唤"教育家,你在哪里"更急切、更紧迫。我们应该响亮地回答:知识分子在这里,我们是知识分子。

教育家只能是少数,而知识分子应是绝大多数;教育家可能是单数,而知识分子一定是复数。知识分子可以走向教育家，也不一定非走向教育家不可；但教育家一定要成为知识分子，而且教育家应当引领知识分子。遗憾的是，当下，讨论教育家的热度很高，而讨论知识分子的声音却是那么小。应该倒过来吧，这样，教育改革和发展才有真正的希望。当然，也许是话语方式不一样，知识分子这一概念使用得还不够。不过，我想，知识分子的声音，关于知识分子的声音，关于教育家与知识分子的声音会越来越大。

教育家与儿童

有一首歌一直在我们教师之间流传、吟唱,名字叫《教师歌》。内容是这样的:"来!来!来!来到小孩子的队伍里,发现你的小孩。你不能教导小孩,除非是发现了你的小孩。来!来!来!来到小孩子的队伍里,了解你的小孩。你不能教导小孩,除非是了解了你的小孩。来!来!来!来到小孩子的队伍里,解放你的小孩。你不能教导小孩,除非是解放了你的小孩。来!来!来!来到小孩子的队伍里,信仰你的小孩。你不能教导小孩,除非是信仰了你的小孩。来!来!来!来到小孩子的队伍里,变成一个小孩。你不能教导小孩,除非是变成了一个小孩。"

这是中华儿童教育社的创始人陈鹤琴先生邀老朋友陶行知为该社同仁谱写的社歌。陈鹤琴先生是儿童教育家,是教育家。"来!来!来!"成了他发自内心的呼唤,真诚、急切;"发现你的小孩"成了他研究教育的重大主题,平实、深刻;"了解""解放""信仰"成了发现儿童的必要前提,而且是大前提,坚决、无可置疑;而"变成了一个小孩"则成了一种境界,崇高、伟大。这首《教师歌》,诠释了陈鹤琴先生的儿童观。所谓儿童观,就是如何看待儿童,如何对待儿童。陈先生就是这么看待和对待儿童的。

一个伟大的教育竟然以"发现儿童"为主题,而且如此真诚,如此强烈,如此坚定。这是一种精神、一种品质、一种情怀、一种责任。陈先生从心底里发出这样的声音:教育是关于儿童的教育,离开儿童就没有真正的教育,更没有良好的教育。从中,我们深切地领悟到:教育家离不开儿童,离开儿童无所谓有什么教育家,无所谓有什么儿童教育家。从本质上讲,教育家是儿童教育家,是儿童研究的最优秀、最杰出的人。于是,教育家的研究和成长,应有一个共同的、永恒的话题:教育家与儿童;有一个共同的核心理念:教育家在儿童研究与教育中成长起来。

历史证实了这一点。《教师歌》又让我们自然想起了陶行知。陶行知先生也是一位教育诗人。他写过《小孩不小歌》:"人人都说小孩小,谁知人小心不小。你若小看小孩子,便比小孩还要小。"这首小诗略带一点俏皮,还有一点调侃,甚至还有一点讥笑,似乎陶行知微笑地盯着我们看。他以诗诠释:小孩不小,小孩很大,小孩有人的最伟大之处,小孩应当是成人之父。道理说得十分简明:小与不小,不在年纪,而在他是不是内心丰富,是不是内心有无比强大的创造潜能。大教育家写出了儿童诗,陶行知先生从另一个角度诠释并演绎自己的名字:永远了解儿童、知晓我们的孩子;永远伴随着儿童前行,永远行进在发现儿童的旅程中。对儿童的热爱、认识与发现,应当是教育家最具本质性的属性和根本任务,也应当是教育家发展的动力与成长的最高境界。

不只是教育家,古代的学者们也这样去论述儿童。明代的李贽论述过童心:夫童心者,真心也;……若失却童心,便失却真心;失却真心,便失却真人。而老子这样判断:圣人的精神状态,最后要复归于婴孩。婴孩,与圣人在精神上是一致的、相通的。难怪世界上有几部关于"复归生命"的电影,比如《返老还童》。美国著名导演伍迪·艾伦曾说过:"下辈子,我想倒着活一回。"这个戴眼镜的怪老头设计了实现"倒着活一回"的步骤:第一阶段就是死亡。第二阶段是他在敬老院睁开眼,一天比一天感觉更好,直到因为太健康被踢出敬老院,领上养老金,然后开始工作。第一天就得到一块金表,还有庆祝派对。第三个阶段是40年后,够年轻了,可以去享受退休生活了。狂欢,喝酒,准备上高中了。接着上小学,然后变成了孩子,无忧无虑地玩耍。不久,成了婴儿,直到出生……这是一种想象,想象回到婴孩的复归过程,在学术上叫作"生命复现"。写《回归种子》的古巴作家阿莱霍·卡彭铁尔这样说:"人在孩提时期和耄耋之年这两个极端的相似性,从某种意义上说生命是可以复现的。"因此,教育儿童,其实质是在引导他们,并且自己也在经历"生命复现"的过程——教育与生命紧密地、自然地联系在一起,教育是何等神圣。教育,其实是"回归种子",教育家其实是培育"回归种子"的人。

我们应该成为一个儿童,尤其是教育家。陈鹤琴先生说:"让我们重温一下儿童的生活吧。"陶行知先生说:"等到您重新身为一个小孩子,您会发现别的小孩子是和从前所想的小孩子不同了。"他还这么想象，假如重新做一个小孩，"我要立志做事，立志做大事""我要多玩""我要亲近万物、大自然、大社会，云游公园、山林"。教育家李吉林老师说，自己是一个"长大的儿童"。教育家蒙台梭利称自己是一个"作为教师的儿童"……他们说的都是同一个意思：教育家在本质上应当是一个儿童，教育家应当首先做一个儿童。用陈鹤琴先生的话来说，"除非"这样，你才可能真正成长为教育家。也只有这样，教育家才能真正建构自己的教育立场——儿童立场。儿童立场是教育的根本立场，是教育的出发点与归宿；站在儿童立场上的人，才能回望历史，也才能瞭望未来。未来也将证实这一点。

是的，教育家是永远站在儿童立场上的人。比如斯霞，"童心母爱"是这位教育家对儿童立场最生动、最丰富、最精彩的概括。"文革"结束后，学校里来了不少外国客人，斯老师指导三年级学生以此为内容练习作文。一位小朋友这么写："今天学校来了许多外国客人，其中一位法国女阿姨特别漂亮……"办公室里的老师一听，说"法国女阿姨"是个病句。斯老师说："是的，这句子有毛病，但我暂时不想改，因为这是小孩子的视角，是小孩子的表达方式。"随课文识字，是斯霞老师倡导的识字教学法和阅读教学法，这不只是个技术问题，更重要的是顺应儿童学习、发展的应有节奏问题。尽管有不少识字教学法，还有不少阅读教学法，但是这所有的教学法最终都是作用于儿童的。而儿童是个整体，他不会去和你的教学法一一对应，他有自己内心的渴求和内在的发展节律。因此，一切的一切，都要基于儿童已有的经验，从儿童的需求出发，采用适合他们的方法去施教，才会有良好的教育效果。无疑，斯霞老师是最懂儿童的，是有鲜明儿童立场的，她不愧是教育家，不愧是儿童教育家。

值得注意的是，教育家与儿童的关系认识，还不能止于以上层面，因为时代在发展，社会在进步，儿童也在改变发展中。"新童年社会学"的研究在深入展开，对儿童的认识也随之而深化。与过去的童年研究不同，"新童年社会学"的研究既不将童年理解为一种普遍存在的生物学现象，也不将儿童视作社会化过程中未完成的消极个体。"新童年社会学在认识论上有两个新的突破：首先，它认为儿童不是消极的、接受建构的对象，而是积极的社会行动者，是建构自身现实存在的参与者。"① 这些研究的新成果，为当下的儿童研究开辟了新领域，提出了新课题。无疑，名师们、正在成长着的未来教育家们，如何提升自己的研究视角，如何对儿童的研究从"类"的研究转向个体研究，如何对童年经验和意义有新的文化解释，如何突显儿童发展中的主体性、积极参与性……都迫切地期待着我们去研究。

陈鹤琴、陶行知、斯霞、李吉林等教育家对儿童的认识和发现并未过时，仍然是我们宝贵的财富，毫无疑问，我们要继承、要弘扬，同时也要有新的发展。教育家永远与儿童在一起，儿童永远在教育家的心灵里，教育家与儿童的互动、对话、推动，教育的发展，也必然推动教育家站在教育的制高点上。

---

① 艾莉森·詹姆斯，克里斯·简克斯，艾伦普劳特. 童年论[M]. 何芳, 译. 上海：上海社会科学院出版社，2014：译者序.

教育家与好老师

常常想起两位教育家：钱穆先生、叶圣陶先生。他们都曾经做过小学老师。钱穆先生在上大学讲台之前，多年在无锡一带的小学当老师，还做过小学校长。晚年他最怀念的就是那段当小学老师的岁月。他说，当年争取到了编排课程的自由，所以音乐课、体操课与国语课同为全校师生每天的必修课。92岁时，钱穆先生在台湾素书楼上最后一课，那时他已目盲力衰，课快结束时，钱先生忽然慷慨激昂地呼喊："你是中国人，不要忘了中国！……做人要从历史里探求本源，要在时代的变迁中肩负起维护中国历史文化的责任。"

叶圣陶先生，1917年春，到苏州水乡古镇甪直小学任教。他和老师们一起自编各种课本，创办生生农场、利群书店、博览室，造礼堂，建戏台，开同乐会、恳亲会，辅导学生自编自演话剧，组织学生远足旅行。他说，那几年充满了快乐、希望。"教是为了不教"，"学了还要学"，"学生是教师的伙伴"……这些真知灼见，无不与他当小学教师的经历有关。

走过了一个时代，但历史的镜头总在我们的眼前闪现，钱穆先生的"你是中国人，不要忘了中国"总在心里回响；叶圣陶先生的"教是为了不教"，总在今天的课堂里实践着、实现着。在以往的著作、报刊中，以上的一些描述，大多是作为教育家、国学大师的思想、理论、学术出现的，而很少见作为教师的思想出现。我想说的是，钱穆先生、叶圣陶先生是教育家、大师，但请不要忘了他们曾经是个老师，是个好老师，而且在大家的心目中，他们永远是个好老师。因此，一条逻辑主线在我们面前清晰起来：教育家首先应该是个好老师，要从好老师开始，走向教育家。钱穆先生、叶圣陶先生，还有许多教育家，为今天正在成长中的教育家树立了好榜样：努力做个好老师，永远做个好老师。

毋庸置疑，中华民族需要教育家，伟大的时代需要教育家；也毋庸置疑，中华民族能够出教育家，伟大的时代能够诞生教育家。如果把当今的中国教育当作一片高地的话，那么，教育家就是高地上耸立起来的高峰，没有高峰的高地，必然是平庸的；如果把教师们比作优秀合唱队的话，那么，教育家就是合唱队里杰出的领唱者，没有领唱者，合唱队也优秀不到哪里去。历史的经验，教育改革的历程，已证明了这一论断：我们需要教育家。但是，转换一个角度看，没有高地，怎么可能有高峰？没有合唱队，领唱者还有什么价值？所以，历史的经验，教育改革的历程也不止一次地证明另一个论断：我们需要大批的教育家，而且，更需要一大批好老师。

把目光投向世界吧。联合国教科文等四个组织，共同提出一个口号："复兴始于教师"。教育的复兴，始于教师；国家的复兴，始于教师；中华民族的复兴，始于教师；复兴教师，才能复兴教育，只有复兴教育，才能复兴民族。当然，教育家也是教师，不过，"复兴始于教师"这一口号，其核心思想是，要建设好教师队伍，把复兴的希望寄托在广大教师身上。习近平总书记在教师节号召全国教师做个好老师。他并没有忽略教育家，也没有轻慢名师、大师。在文艺工作座谈会上，习总书记提出文学艺术的高地与高峰，我想，其中内含着教育的高地与高峰。但是，一再提倡、鼓励大家做个好老师，却有着十分重要的意义。对此，我们必须深入领会，准确把握。所以，当下在推行教育家工程、项目、工作室的时候，千万别忘了广大教师做个好老师这一更宏大的工程，也千万别忘了教育家工程、项目、工作室，重点应放在首先做个好老师上。

什么是好老师？又想起三位当今的教育家：于漪、李吉林、洪宗礼。他们至今都还在学校，仍然是老师，而且是好老师。于漪老师说："我做了一辈子教师，我一辈子学做教师。"一辈子做教师，表达的是忠诚与执着，一辈子学做教师，表达的不只是谦逊，更重要的是对专业的永远追求与深度的修炼，让自己更专业、更智慧。这样的老师肯定是个好老师。李吉林老师说："我是一个竞走运动员，又是一个跳高运动员。"竞走运动员，表达的是永不停歇、永远前行、永远不离开大地的精神和情怀；跳高运动员表达的则是目标、意义不断提升的境界，让自己永远在研究、实验、改革的路上攀登。这样的老师肯定是个好老师。洪宗礼老师说："我把工作当作学问来做，我要站在讲台上，又要站在书架上。"把工作当作学问来做，表达的是，教学即研究、教师即研究者的理念，站到书架上去，表达的则是读书、钻研的愿望，其实，他本身已变成了一本书。这样的老师肯定是个好老师。他们都用自己切身的体会、感悟演绎着习总书记关于好老师的要求——"理想信念、道德情操、扎实学识、仁爱之心"。好老师自有标准，更重要的是自有扎实的行动。好老师之好不在他的口号，而在他教书育人的行动中。我们坚信，好老师的要求、标准不低，但经过努力是可以逐步实现的。

好老师不等于就是教育家，教育家的标准、要求更高，更有深度、更有厚度、更有宽度，因此也更有难度。但是，如果不以好老师为基础，不从做好老师开始，一步步向前走，是诞生不了教育家的。当然，我们做好老师的时候，心里想的不应是做教育家，而是内心呼唤着：为了我们的孩子们，为了我们伟大的中华民族而做好老师。

教育家的风骨、风度、风格

一、教育家的风骨

先生之风,山高水长。先生之风,首先当是他的风骨。

教育家最看重风骨,教育家最具风骨;风骨,教育家最伟大、最可贵之处。风骨,人之气概、气节、品格也。崇高的人格,不屈的气节,宽广的胸怀,刚毅的性格,爱憎分明之情感,独立自由之精神与思想等,构成了教育家的风骨气象。向教育家学习,首先是学习他们的风骨。

马相伯,乾坤朗朗、风骨清奇,尽显"国家之光,人类之瑞"。华东师范大学教授黄书光的这一评述实在恰当。1840 年 4 月生于天主教世家的马相伯,把一生献给了教育事业。1879 年,他做了一生中最惊人的一件事:将自己继承的三千亩田产献给耶稣会,作为创办后来被称为震旦学校的"中西大学堂"的基金。他还立下字据:"自献之后,永不反悔"。在他 63 岁时,他为学校规定了三条原则:崇尚科学、注重文艺、不谈教理。叫醒中国的赤子之心,怎能不让人钦佩、崇敬?马相伯告诉我们,教育家心中应有对祖国的赤诚,有民族振兴的责任、使命,应有忘掉自己、牺牲自己的气概和精神。这叫什么?这叫风骨。

唐文治,无锡国专的创始人。面对国难,他风骨铮铮,教学生做人,教学生做有民族气节的人。他从《尚书》中提取"作新民"三字定为校训。他又亲自撰词创作校歌:"俭以养德,静以养心,建功立业,博古通今。为生民立命,为万世开太平。"何等的气概! 1931 年"九一八"事变以后,日寇侵华的枪炮声震醒国人,抗日救国的情绪在无锡国专师生中沸腾,唐文治校长以他特有的方式激发、鼓励学生的爱国感情,他同意并支持学生停课三天,让学生去城里作抗日宣传。他还在膳堂里悬挂大字书写的《膳堂铭》："世界龙战,我惧沦亡;生聚教训,尝胆越王;允文允武,阳明继光;明耻教战,每饭不忘。"何等感人!当年12月24日,无锡上千名学生赴南京请愿,要求政府出兵抗日,双目失明的唐文治亲自送请愿的学生至校门口,一直"凝望"着学生远去……这情景至今都使人难以忘怀。1932年1月,上海发生"一·二八"事变,日军烧杀焚掠,惨无人道。学校经费严重困难。为了学校,为了学生,为了让学生面对外侮永远有民族的气节,从4月起,作为校长的唐文治带头减薪,带动全校教员集体减薪三至四成。这件事让学生刻骨铭心,永志不忘。唐文治告诉我们,在国家、民族危难之际,当有民族的脊梁、民族的血性,同仇敌忾,奋勇抗争。这叫什么?这叫风骨。

　　自然想起陶行知。他有民族之魂,永揣理想,执着于实验研究,为了民众,奉献自己,永远在行知路上前行。他人格崇高,风骨峻峭。芝加哥大学历史系教授曾评说陶行知等人有可能成为甘地,但他们最终没能成为,其中一个重要原因便是政治权力的产生压迫着他们,理想无法实现。陶行知绝不是为了成为英雄,而是为了民众,为了教育,因此,面对权力的重压而无所畏惧。当晓庄学校被查封,陶行知被通缉,流亡日本,一年以后回国,仍然坚持办学校,搞教育实验。当"普及教育""义务教育"无法实施时,抗战时期他提出"大众教育"。抗战胜利后,他又提出"民主教育",向师生宣告"学习民主,帮助创造民主的新中国";还高呼"大家都来上民主第一课"。陶行知告诉我们,一个有良知的教育人,心中永远有人民,永远为大众,永远怀抱教育的理想,而理想又化为一个个教育信念和教育实验,永不退缩,越战越强。正是在"行知"中,陶行知成了人民教育家。这叫什么?这叫风骨。

　　教育家一个个远去了,给我们留下了一个个背影。从他们的背影,我们看到了教育家的风骨;虽是背影,却又看到了一个民族的正面。这是先生之风啊,先生之风,山高水长啊!

　　进入21世纪,时代变了,社会进步了,技术先进了,生活方式变了,世界变得越来越丰富多彩,价值观变得越来越多元复杂,教育面对着越来越多的问题,将会接受越来越严峻的挑战……我们需要追问的是,有什么是不能变的?有什么不仅不能变,而且越发要坚守?教育家告诉我们,这仍是风骨。

永远记着斯霞。她以庄重的口号说：我是普通的小学教师，我为自己是小学教师而自豪。组织上曾请她担任南京市教育局副局长。做了一个多月，她回来了，回到她所熟悉所钟爱的小学，回到她喜欢的课堂，和可爱的孩子们在一起。教学改革越来越深入、具体，各种实验模型不断涌现时，斯霞说，不管什么改革、什么研究、什么模式，有一条原则是不能变的：不能加重孩子们的负担。这就是爱，是童心母爱。她清楚地知道，教师只有母爱是不够的，但是，她很认真地说，教师应当有母爱——最高尚最无私的爱。当然，斯霞的母爱已成了教育爱、教师爱的代名词，既是母爱，又超越母爱。教一年级语文时，课文中有"我们爱祖国"的句子，斯老师让小朋友说说什么叫祖国。孩子们说，祖国就是南京。她说，南京是城市的名字，是祖国的一座城市。孩子们又说，祖国就是国家。她说，是的，祖国是国家，可是世界上还有美国、英国……好多国家呀。孩子们终于明白了：祖国就是自己的国家。斯老师非常肯定地说：是的，祖国就是我们自己的国家，我们爱自己的祖国。于是，教室里回荡着稚嫩却坚定的声音："我们爱祖国。"这声音永远回荡在孩子们的心里。斯霞告诉我们，童心母爱是温柔中的坚定，是坚守中确立起的信念，是教育的情怀，这就是教育家的风骨。教育家的风骨是具有美学精神的，正是这样的美学精神，引领着教师发展走向崇高境界。

至此，我们可以回答：当今社会，作为教育家什么不能变？何为风骨不能变？那就是永远的民族精神，永远的家国情怀，永远的教育理想，永远的人格尊严，对学生永远不变的爱，对学术追求永远不变的品格。这些都是金钱买不到的东西。完全可以说，在任何时候，金钱买不到的东西就是风骨。我们坚信，只要风骨在，精神就在；只要风骨在，人格尊严就在；只要风骨在，教育家就在；而教育家在，教育的希望就在。"教育是未来的定义"，这一判断的另一层意思是，教育家可以定义未来，因为他们有风骨。

行文到这里，本该结束了，又总觉得还有什么没说完。是什么呢？哦，那就是"为天地立心，为生民立命，为往圣继绝学，为万世开太平"；哦，还有那"厚德载物，自强不息"；当然还有"嚼得草根，做得大事"。也许这些"中国梦"铸就了教育家的风骨，铸就了所有教师的风骨——我们应当有这份自信，这是中国教师的自信，中国教育的自信。

二、教育家的风度

教育家既要有风骨,也应该有风度。

风骨与风度总是紧密相连,有时候,风骨显现与表达的就是风度,而风度则是风骨的折射。不过二者还是有些微差异的,不准确地说,风骨是教育家的可贵、可敬之处,而风度则是教育家的可亲、可爱之处。无论可贵、可敬,还是可亲、可爱,都是伟大之处,二者的联系与和谐统一,形成了教育家的整体风貌。

需要说明的是,正因为这些微的差异,才显现了教育家的不同个性。讨论风度,我们知道,教育家伟大,但他是人而不是神:虽崇高,却可亲近;虽风骨铮铮,却有着无声的温情。关注教育家的风骨,不能不关注教育家的风度。

风度常常表现为一种独特的姿态。季羡林先生的姿态大概就是在路上从容前行。有这样一个故事:一位新来的大学生为了去报到、注册,请这位看起来像是校工的老者代为看管行李。这位老者老老实实,忠于职守,在行李旁看管了一个多小时。第二天开学典礼,这个新生看到了那位老者坐在主席台上,他满脸惊奇,老者竟然就是著名学者季羡林。在北大校园里,只要看到这位长者穿着布鞋,慢慢地走着,在他后面所有的人都会放慢脚步,也慢慢地走着;骑自行车的人立马跳下车,推着车跟着前行。因为他们知道,前面慢慢走着的那位长者就是季羡林。慢慢走,从从容容,不急不躁,但从来没有停下前行的脚步。这就是一位教育家的姿态,是教育家的风貌,也是教育家的风度。

风度常常表现为一种独特的状态。"文质彬彬,然后君子",大概就是教育家的状态。想起辜鸿铭先生,当他被聘为教授时,他把那根"文明棍"交给那位外国人助手,气宇轩昂地走上主席台去致词。潇洒、超脱中带着一种中国人挺直腰杆的姿态,一种精神状态——自信、自尊与自豪。当然,这既是一种风度,也是一种风骨。想起陈寅恪,当他双目失明时,第一件事不是去医院,而是叫他女儿立即通知学生,今天的课不能上了,请假。后来,他家的阳台成了教室,他坐在书桌前,静静地等待。上课铃声响起来,他会换上长衫,挂着拐杖,迈着步子,走向阳台,坐在椅子上,开始上课。讲到某处,或者听到学生回答到某处,他总是眯着双眼,凝视着远方。不管身体如何,也不管境遇怎样，教育家总是意气风发，风华正茂。这是教育家的状态，仪式感里有着神圣感，是外在的，更是内在的。这是教育家的风度。

　　风度常常表现为一种独特的才情。小学语文特级教师、情境教育的创立者李吉林是一位才情满溢的儿童教育家。她会朗诵，那些诗篇在她吟诵中像是一幅幅鲜活的图景；她会当主持人，那是"文革"刚结束，她要报幕，翩翩从台后走到台前，风采照人；她会拉手风琴，在悠悠的琴声伴随下，孩子们跳起了舞蹈；她会游泳，雨中拉着女教师一起跳下学校的荷花池，自由自在地游了起来；她会书法，为专著题写书名，俊逸、遒劲；她是省女排队员，曾是跳伞运动员；她可以演话剧，可以作画……多才多艺，有才情有才趣，而这一切又都自然地体现在情境教育里。教育家的风度当是一种风华与风采。

　　姿态、状态、才情、风貌、风华、风采说到底是一种风范与操守。而风范操守会带来一种风气，积极向上，快乐自由，真诚认真，文明和谐，这是受文化的影响，彰显的是文化的力量。风度的意义、价值的确不在其本身，而在于文化的吸引力和影响力。

　　再说说张伯苓当校长的故事吧。张伯苓一生的事业在教育，先后创办了南开中学、南开大学、南开女中、南开小学和重庆南开中学，等等。南开者，"难开"也。办学艰难，张伯苓走武训的路子，今日乞东家，明日丐西家，以自家面子来换银子。向人讨钱，这是什么感觉？还有什么风度可言？可张伯苓愿意。员工工资一涨再涨，最高月工资升至300元，而他自己呢？原地踏足，一直在100元。一天去一个豪华会局，别人都开着豪车，而张伯苓，这位大学校长，粗布陋裳。门卫拦着他，问："你是什么人？"他坦然答道："校长。"门卫立正，问："张校长，您的车呢？车号是多少？"张伯苓又是坦然一笑："11号。"对于张伯苓来说，所谓风度，就是为了学校，为了教师，其他一切都是无所谓的，坦然、发自内心的遵从，这是最美的风度。

　　史上流传着"只有一位学生的老师"的故事，故事的主人公是金岳霖。这位刚从哥伦比亚大学获得博士学位回国，在清华大学教书的教授，要开办哲学系。他想招收学生，可报名的寥寥无几，要求又很高，招不到理想的学生，大半年过去了，只招到一名学生。这名学生叫沈有鼎。沈有鼎在大家眼里是怪人：外表邋里邋遢，一件蓝布长衫，不穿破穿烂就不会脱下；一边走路一边思索，眼睛里总是很迷蒙、茫然；匆匆地走，想他自己的事，从来不和别人打招呼。可金岳霖说："我的门下终于有人了，这个学生我要了！一心做学问的是不注意生活细节的。"有时上课，沈有鼎会直截了当地说金教授："你讲错了！"有次说到美国数学家、逻辑学家、哲学家哥德尔的著作时，金岳霖想借来看一看，沈有鼎对他说："老实说，你不懂的。"可金岳霖先是"哦哦"两声，然后说："那就算了。"金岳霖没感到下不了台，没感到学生冒犯了他，而是对学生宽容，甚至是尊重。有教师说，金岳霖太宽容了，太过度了，可金岳霖却不这么认为。金岳霖没风度吗？他风度扫地了吗？答案当然是否定的。所谓风度，不是表演，更不是炫技，其核心是为了学生、爱学生、尊重学生，引领学生发展，舍此，还有什么风度可言呢？即使有了一些为人称道的风度，又有什么存在的价值意义呢？风度是有温度的，而且是有方向的。风度绝不在表面，不在形式，而是在其内核和实质。

我们可以对教育家的风度作一个梳理。

教育家的风度当是君子风度。君子风度表达的是君子之道，君子之道是"君子怀德""君子之德风""君子成人之美""君子坦荡荡""君子中庸""君子有礼""君子知耻"。

教育家的风度当是知识分子风度。知识分子表达的社会责任感、批判的勇气，以及坚持真理、正义，不是靠思想而活，而是为思想而活。知识分子风度代表着人类的良心。

教育家的风度当是学者风度。学者的风度表达的是科学的态度、严谨的治学品质、研究的品位追求。梁启超将此称作"为学与做人"。他演讲时说："'你为什么要求学问？''你想学什么？'恐怕各人的答案就很不相同，或者竟自答不出来了。诸君啊！我替你们回答一句罢：'为的是学做人。'"做一个真正的人，学问才会表现出一种风度。

教育家的风度从不离弃教师的风度。教师的风度表达的是为人师表，学高为师，身正为范。这是教育家永远的风度。教育家的风度，映射着"先生之风"，而"先生之风，山高水长"，像是汩汩的清水，流进我们的心里，流进学生的心田。教育家的风度，本身就是教育，本身就是一种文化。

三、教育家的风格

在我国,风格最早是用来指一个人的风度、品格,是对人之品貌的全面评价。在西方,风格一词的语意也是不断延伸和拓展的。法国博物学家、文学家布封在《论风格》的演说中说:"风格为人的思想的一种秩序的安排和运转的方式",认为作品所含的知识、事实都是身外物,而"风格却是本人"。江苏省教育科学研究院资深研究员孙孔懿认为:"风格是特殊的人格。"歌德在《自然的单纯模仿·作风·风格》一文中说:"在我看来,唯一重要的是给予风格这个词以最高地位,以便有一个用语可以随手用来表明艺术已经达到和能够达到的最高境界。"我理解,"随手用来表明",意思是风格能最简洁、最准确,也能最方便用来描述和全面评价一个人的整体风貌及其独特性。为此,我们也应该"随手"用风格来描述和评价教育家。

确实,风格不只是外在的东西,它关乎思想,关乎艺术,关乎人格,风格追求与形成的过程,正是人格的塑造和完善的过程,正是思想的锻造和提升的过程,也正是艺术不断臻于最高境界的过程。不难作出这样的结论:风格是教育家的显著特征,是未来教育家的必然追求和重要条件,甚至还可以这么论断,风格是造就教育家的重要途径和突破口。讨论教育家的成长,风格是一个绕不开的问题。

(一)教育家当有鲜明的个性和独特的风格

丰子恺先生曾经写过一篇随笔《李叔同先生的教育精神》,文中比较了李叔同与夏丏尊的不同风格。夏丏尊先生曾经指出李叔同做人的一个特点:做一样,像一样。李先生一做教师,就把洋装脱下,换上一身布衣,灰色长布衫,黑布马褂,金边眼镜换成钢丝边眼镜。他对学生和蔼可亲,从来不骂人。学生犯了过失,他当时不说,过后特地叫这学生到房间里,和颜悦色,甚至低声下气地开导他,态度谦逊、真诚、郑重,使学生感动不已。这是李叔同的风格。夏丏尊则不同。夏先生心直口快,学生生活上大大小小的事情他都要管,像母亲一样爱护学生,学生也像对待母亲一般爱他,都知道他的骂是爱。因为他的头像木瓜,学生给他取个绰号叫"夏木瓜"。其实这不是绰号,而是爱称。

李叔同与夏丏尊有着共同的特点：爱学生。所以，丰子恺称"李先生和夏先生好像我们的父亲和母亲"。相同的爱，却有不同的态度和方法，不同的态度和方法表现的是不同的风格。丰子恺的这段回忆，让我们对教育家及教育家的风格有了许多新的认识。其一，教育家有着真实的人性。在学生面前，他首先是一个真实的人，不同的态度和方法是从心底里流淌出来的，学生感受到的是发自心灵深处的爱，因而学生能接纳、会感动。风格，确实是人格的特殊表现形态。其二，教育家既具有共同的人格特征，又具有不同的个性，教育家是具体的，是"这一个"，是"那一个"，教育家是一个丰富多彩的人的世界，而不是抽象的、笼统的。学生面对这一丰富多彩的世界，才觉得教育生活完整、多彩、有趣，才觉得教育家不仅值得敬重，而且可爱，是可亲可学的。其三，风格有着一些重要的特征，但其本质特征应当是独特性。所谓独特，有人用比喻来诗意地描述：风格是众多合唱声中领唱者的旋律。领唱的旋律与合唱声浑然一体，又与众不同。教育家应当是合唱队中优秀的、独特的领唱者。教育需要领唱者，需要有与众不同的旋律——风格。

　　用这样的故事以及观点来观察当下对教育家的宣传和解读，不难发现，我们在对教育家的认识上有失偏颇。主要问题是没有去关注和研究教育家的个性，亦即没有认真探讨教育家的风格。讨论与宣传教育家的精神思想，尤其是宣扬教育家的事业心、爱心，固然是对的，而且是必需的，但只解读这一方面而不关注个性风格又是很不够的，其结果往往会造成一些假象，误以为教育家是"神"，可望而不可即，深不可测，高不可攀。倘若如此，风格被遮蔽了，个性被淹没了，说到底，朴实而崇高的人性，可能被神秘化了。这是其一。风格的"缺席"，往往使教育家失去了鲜活个性，失去了活力，从某种意义上来说，这样的教育家是不完整的，也是不真实的。讨论与研究教育家的风格，让教育家回归真正的生活世界，让大家真切地触摸到教育家完整内心世界的这一面与那一面，这一种与那一种，从而倾听到真实的心灵的声音，感受到教育家就在我们身边。这是其二。如前文所述，风格的追求与形成可以作为教育家成长的重要途径和突破口。教育家的成长有多个核心要素，也有多个发端，多个切入口和突破口，但因风格是特殊的人格，所以风格可视作教育家成长的核心要素。从追求与形成风格入手，可达牵一发而动全身之效，推动教育家核心成长要素的实现，让未来教育家在成长之路上可以走得更好更高。这是其三。正因为此，在教育家成长的实践和研究中，应当将风格的讨论置于十分重要的位置。让风格永远在场，就是让真实的、完整的、鲜活的教育家永远在场，就是让我们广大教师、学生永远和教育家在一起。同时，让优秀、杰出教师有这样的追求：也许我成不了教育家，但我永远有教育家的情怀，永远有着自己的主张和风格，永远努力像教育家那样去教书育人。我认为，这才是"教育家办学"的崇高境界，也才是教育家培养工程或奠基工程的最高使命与旨归。

（二）教育家风格的核心是爱的真诚与无私

1979年春天，南京大学校长匡亚明收到一封奇怪的告状信。告状信没有原告的姓名，只注"一名教师"，也没有被告。更奇怪的是连申诉的理由也被"匿"了，被告有什么不当之处，也只字不提。匿名信的大意是：匡校长，我不想把我向您反映的意见写出来，只是希望您能在晚上11时后，到教职工宿舍前站一站，看一看，就可以晓得我的意见是什么，知道我批评的是谁了。如果您第一天看了没有悟出来，第二天再去就一定会全然明白我告状的主要内容。匡校长接到匿名告状信以后，按匿名信所述于夜里11时赶到了教职工宿舍楼前。那时的楼不高，只有四层，他一看，一层、四层灯火通明，可是二层、三层一片漆黑。他一看就明白了：开灯的在开夜工，关灯的已经入睡，而开夜工的是教师，早眠的是行政人员，行政人员住的楼层好，教师住的楼层差。他知晓了：行政人员"欺负"教师。这怎么行！大学里不能容忍行政化倾向，匡校长立即要求给教师调换房子。这一举措，提升了知识分子的地位。

这就是教育家，这就是教育家的精神。匡亚明这位教育家以他的亲自行动告诉我们，"教育家应当有精神，教育家的精神不虚空，因而也算不上伟大"，它具体、实在。我们常说，教育家的精神是挚爱教育事业，而匡亚明则用行动诠释了热爱教育事业必须落实在热爱教师和学生身上。我想，真心实意地爱教师、爱学生是热爱教育事业的核心。一个不真心实意爱教师、不把自己的心灵献给学生的人，怎么可能是教育家呢？匡亚明的事迹还告诉我们，真正付出爱是需要勇气的。匡亚明心底无私天地宽，不怕得罪学校行政人员，没有瞻前顾后，没有纠结，而是当机立断，毫不犹豫地作出决策，立即采取了行动。这让我想起了一个重要概念：知识分子。知识分子敢于坚持真理，敢于追求光明，敢于发表自己出自道德良知的独立见解，这才是真正的勇气，这样的人才是真正的知识分子。教育家首先应当是这样的知识分子。

说到爱学生，不得不提胡适。胡适是教育家，他爱学生，一心一意，真真切切，又把爱隐藏起来，让学生不知觉，表现了一种大爱的情怀。林语堂是他的学生，出国留美留德的费用，名义上是向北大借的钱，其实是胡适个人资助的 2000 美元，当然是无需归还的。没有这笔留学款，林语堂可能就不是今天的林语堂了。青年陈之藩不是胡适的学生，比胡适小了好多岁，后来成了忘年交。出于对青年才俊的爱惜，胡适同样资助 400 美元作为保证金，让陈之藩出国留学，使之完成了学业，当然也无需他归还。胡适说："我借出的钱从来不盼望收回，因为我知道，我借出的钱总是'一本万利'，永远有利息在人间。"确实，胡适用自己无私的品格铸就了最重要的利金。"永远有利息在人间"，就是他的爱，他的帮助，永远在他所热爱的学生中，而学生又去帮助其他人，"利生利""息生息"，越滚越大。为着未来，为着民族，他的爱永远生发着巨大的效益。

教育家对学生的爱，因为是无私的，所以是悄悄的，从不张扬，也从不炫耀，反之如果爱的行为轰轰烈烈，倒可能不是真正的爱，他很可能成不了教育家。有教师常常这样追问自己：今天我爱学生了吗？学生感受到了爱吗？第一句，固然重要，但第二句更重要，缺少爱的艺术，爱可能会变异，学生感受不到爱，爱的价值也就失去了。英国哲学家罗洛·梅有部著作的名字叫《爱与意志》，他认为爱与意志是教育中的两个因素，应当相提并论，缺一不可，没有爱的意志只是一种操纵，缺乏意志的爱，必然只是一种无谓的伤害。爱的意志是什么？爱的意志在哪里？教育家告诉我们：在对学生爱得真诚，对学生爱得无私。

（三）教育家的风格是思想的血液

风格的深处是思想。福楼拜说："风格是思想的血液。"别林斯基则说，风格是"思想的浮雕"。血液也好，浮雕也罢，是思想铸就了风格的力度和厚度。可以说风格是思想的另一种表现方式，思想常常融化在风格中。所谓风格的独特性，主要是思想的独特性，独特的风格表达的正是独特的思想。我把独特的思想称为教育主张。教育主张是教育思想的个性化，教育主张较之一般意义上的教育思想或教育理念，更具稳定性，也更具体，教育主张也是教育思想学科化的表达，教育思想或理念化为教学见解，体现了教育思想与学科特征的融合。

我们可以先举一些其他的例子，因为"家"是相通的。张季鸾是民国时期最具声望的报人。1926 年，张季鸾郑重其事地提出了独立办报的方针，即"四不"方针："不党、不卖、不私、不盲"。"不党"主要是防范编辑工作受到政治理念的干扰；"不卖"则力图排挤金钱对报纸的腐蚀；"不私"主要从报纸功能上明确为公服务的原则；"不盲"则主要是从编辑主体角度阐明实践中应规避的行为。这是张季鸾的办报宗旨。办报主张，形成了办报的风格，独立、鲜明、坚定。正是由于这样的主张，在他主持笔政的 30 余年间，办出了最好的报纸。夺得国际建筑界最高奖"普利兹克奖"的王澍，尽管他反对别人用风格来总结，但他确实有着自己独特的个性，因为他有自己的主张："我作为一个建筑师之前，是一个知识分子，一个文人"，"造房子就是造一个世界"，"我的建筑会呼吸"，"尊重过去，而不要只是把它抹掉"。王澍不是教育家，但这些主张用之于教育（何况他是大学教授）不也道出了教育的真义与真谛吗？如此看来，无论是报人，还是建筑师，还是其他什么"家"，有没有自己的主张，风格是不一样的。

尽管"家"是相通的，还是要回到教育家上来。叶圣陶，著名教育家，他有自己的教育主张。他讲过这样的话："小学教育的价值，就在于奠定小学生一辈子有真实明确的人生观的根基"，"学校教育的目的就在于使学生养成正确的人生观，因而不能不注意教育与人生的关系"。在这一核心主张与引领下，他又提出了"七大观"："学校教育应当使教育者一辈子受用"的教育本质观，"教育就是要养成良好习惯"的素质教育观，"就是为了达到不需要教"的教育哲学观，"受教育的人的确跟种子一样"的学生主体观，国文是"发展儿童心灵的学科""应付生活的工具"的语文教育观……历史走过了这么多年，至今我们都沐浴在"养成习惯""教是为了不教"以及"学生跟种子一样"等主张的阳光下，感受着永远的温暖。读着他的话，我们眼前浮现的就是叶圣陶那和蔼的面容、扬起的寿眉、智慧的眼神，那人格，那风格，一直抚慰着我们的心灵，撞击着我们的思想。

教育主张是教育家风格的灵魂，它让教育家站在一块高地上，俯瞰教育田野，瞭望教育的未来世界。教育主张让教育家的风格中满含学术的色彩和研究的含量，因而有厚度、有深度、有力度。用这样的观点来观察一下当今未来教育家的成长，不难发现，有些人虽努力、刻苦、勤奋，但缺少自己独立的人格、自由的精神，缺少独特的见解、鲜明的主张、深刻的思想，因而往往面面俱到而略显"平面"。当然这也是一种风格，"风格"一词源于希腊文，原义为雕刻刀，但原义用歌德关于"风格是艺术所能企及的最高境界"等论述来考量，这样的"风格"偏离了风格的深刻意蕴，缺失了思想的血液，因而它一定是平庸的，而且算不上教育家的风格，至少不是大家所认可、所称道、所仰慕的风格。

（四）教育家的身份与风格以及必须谨防的"官风"

教育家的风格与他自己的身份认同和追求紧密联系在一起。教育家自己认同什么身份，追求什么，就会在实践中形成什么样的风格。从这层意思来说，风格的确是特殊的人格。当代画家吴冠中认为，风格是人的背影，其含义是，风格是人格的投射，而且风格应当任别人去评说。

教育家应当有什么身份？应该形成什么样的风格？又应当警惕和谨防什么样的不良作风？

教育家首先是知识分子，应当有知识分子的人格和风格。季羡林曾被评选为"感动中国人物"，组委会给他的颁奖词是：心有良知璞玉，笔下道德文章。一介布衣，言有物，行有格，贫贱不移，宠辱不惊……我认为，这是对季羡林最朴实然而又是最高的评价，季羡林是真正的知识分子。知识分子有自己的人格特征，那就是具有璞玉般的社会良知、独立性，以及批判精神，而且具有平民的情怀。显然，衡量知识分子的根本尺度不是知识。教育家的风格应当是：宠辱不惊、贫贱不移、不卑不亢、求真求实，脑中装着知识，心中装着社会、祖国与民族。这样的风格与一些当官人的风格截然不同。

教育家应当是学者，应当有学者的风度和风格。教育家视学术为生命，绝不以金钱、利益、地位、官职为追求。一心追求学术的人，体现出的气质肯定与一心当官的人不同。梁启超，著名的思想家、教育家。作为教育家，梁启超的学问，自不待言。其实，他不仅学问做得好，站在讲台上，亦别有一番风采。他给清华大学的学生上课，走上讲台，眼光向下一扫，然后是简单的开场白："启超没有什么学问"，眼睛向上一翻，轻轻点点头，"可是也有一点喽！"谦逊，又不乏可爱的自负。这是一种学者的风格、名士的风度，事实亦如此。同样是学者的熊佛西回忆他的老师梁启超道："先生讲学的神态有如音乐家演奏，或戏剧家表演：讲到幽怨凄凉处，如泣如诉，他痛哭流涕；讲到激昂慷慨处，他手舞足蹈，怒发冲冠。总之，他能把整个灵魂注入他要讲述的题材或人物，使听者忘倦，深入其境。"学者，学术铸就了其自由的品格和风格。

教育家应当是研究者，应当有研究者的品格与风格。教育家不是教书匠，研究是他的方式和习惯。而研究者的态度是实事求是，承认无知，从问题出发，深入研究，力求突破。王国维，大师也。他讲课逻辑性强，凡经他做过精深研究的课题，都有严谨分析，有肯定的结论。但是，当他碰到某些问题时，又常以"这个我不懂"一句就带过去，有时一节课下来，竟说了几个"我不懂"。"我不懂"，不乱讲、不搪塞；"我不懂"，需要研究，需要搞懂。教育家总是在研究中求学，以研究对待教学。

说以上这么多，无非是说，教育家不是官，不应有"官风"，千万不能沾上官气，染上官腔。"官风"不是教育家的作风，也不是教育家的风格。遗憾的是，当下的一些名校长、名师对此缺少应有的警惕，甚至有所沾染，这很危险。必须让教育远离官僚化，让教育家以自己的身份，以自己的风格与品格，去引领教师，与大家一起推动教育改革。

顾明远教育思想的精髓与表达风格

顾明远先生是我国当代教育家，是我们敬仰、爱戴的先生，是老而弥坚、青春永葆的著名学者。顾先生学养深厚，思想深刻，又与时俱进，不断发展、不断升华，同时，极具鲜明风格。研究顾明远教育思想，在当下有着重要的意义。对我个人而言，研究的过程正是我学习的过程、吸收的过程、继承的过程。通过研究、学习，我以为，顾明远教育思想有着丰富的理论意蕴，又映照教育改革实践。理论意蕴与现实映照的双向建构，以及所形成的双重特征，彰显着顾先生的学术魅力与实践引领的智慧。

一、顾明远教育思想的表达风格与透射的人格

完整意义上的教育思想应该包括其话语方式和表达风格，表达风格往往是教育思想内核与精髓的折射，也是人格的透射，因此，研究教育思想的表达风格，应是题中之意。

顾先生的表达风格是丰富的、鲜明的。我试着将他的表达风格概括为四点。其一，丰厚的简要。阅读顾先生的文章不费劲，不吃力，似乎简单，好读、好懂，却越嚼越有味道。其实简洁的背后，蕴藏着丰盈的内涵，这是顾先生把丰盈的内涵简明化、简洁化了。其二，深刻的朴素。顾先生从不玩花样，不玩概念，明明白白，实实在在，有时朴素如"白话"。透过朴素，看到的是他在安静、从容地思考和表达，使深刻的意思让人理解得清清楚楚，绝无雾里看花、水中捞月之感。"没有爱就没有教育""没有兴趣就没有学习"等，正是如此。其三，白描中的深描。白描、深描是人类学研究的方法。顾先生的研究方法及表达风格体现了这一点。他直面教育改革中存在的问题与现象，从不回

避，总是从理论上加以分析，揭示问题的本质，提出解决问题的对策和方法。比如，《素质教育的十大原则》，提出的每一条都有根有据、有理论的深刻剖析，这是进行了"深描"。"白描"让我们对问题与现象有直接的感受，"深描"则让我们对问题和现象有深切的认识。其四，表达风格的多样化。顾先生关于纯粹的学术问题讨论及其表达，十分严谨、深邃。比如，《马克思论个人的全面发展——纪念〈资本论〉发表150周年》，他从《资本论》中马克思对个人的全面发展的历史考察论述起，到马克思关于个人的全面发展现实意义的阐释，就不是可以用"丰厚的简要""深刻的朴素"所能概括的。学界流行一句话：风格多样所以长寿。顾先生是长寿的。

表达风格总是与理论的格调自然联系在一起。顾先生的表达，透视了他理论的高格调、视野的大格局。他把理论深深扎在广阔的田野上，扎在教育教学的实践中，扎进了教师的心里。顾先生对问题论述是在大视野下展开的，对现状的剖析是在大格局中进行的，用马克思的话来说："在澎湃的思想上盘旋/在那里，我找到了语言/灵魂这家伙/从人的身体里不断涌出。"[①] 所以，这绝不仅仅是语言表达问题，也绝不仅仅是文风问题，而是理论的高格调和思想活跃、深刻的问题。这样的高格调，在提醒我们：看待问题、对待问题、研究理论、学术问题，应回到教育的本质上去，回到原点上去，回到规律上去。如同教学中有"黑洞"一样，教育理论研究、学术讨论中也有"黑洞"。要让"黑洞"敞亮起来、澄明起来。这样，才能走出"黑洞"，走向规律。顾先生的表达风格，其实是帮助我们揭开遮蔽在问题、现象前的幕布，揭示事物的真相，引导我们祛魅，把握教育的本质与规律。

顾先生的表达风格，不仅透视了他理论的高格调，而且透射出他的人格。风格是关于人的，风格是人投射的背影，风格是特殊的人格。顾先生的表达风格正是他人格的生动体现。在我的接触和学习中，真切地感受到顾先生人格的崇高。我试着概括了三点：一是求真。顾先生发表对问题、现象的看法，总是让调查研究走在前头，让真切的思考走在前头、走向深处，实事求是，而不是凭经验、靠想象。其实，他对许多问题是熟悉的，但他相信"熟知非真知"的

---

① 汪培伦.马克思箴言[M].北京：中国长安出版社，2010：152.

判断，而要获取真知，必须有求真的品格。二是平易。顾先生是温润的长者，有儒雅之风，行君子之道。他平等对待每一个人，虚心倾听不同的声音，爱护、提携后辈，真诚耐心帮助、指导中小学校长和教师。冯友兰曾说，不必理直气壮，而应理直气缓。顾先生正是如此。三是嫉恶。顾先生发表讲话或文章，都是直截了当，直抵要害，是非分明，爱憎鲜明，以平易的方式抨击与批判，毫不含糊。顾先生人格中最为闪光的是他的家国情怀、强烈的社会责任感、静观深思、恪守真理，对教育、对学生、对教师的满腔热情。

研究并学习顾明远教育思想，首先要学习顾先生的求真人格，学习他的高尚品格，学习他的精神和气度。同时学习他的理论高格调，学习他的大视野和大格局，学习他的学术规范。所以，研究、学习顾明远教育思想完全可以从他的表达风格切入。

二、以学生为主体：顾明远教育思想的精髓及其理论意蕴

顾先生的教育思想十分丰富，他常常把宏观研究与微观研究、战略研究与战术研究统一起来，研究的触角比较多，研究成果丰硕、多元。其中，以学生为教育的主体，是他教育思想的精髓。当下，以学生为主体几近共识，在形成这一共识中，顾先生是有贡献的。1981 年，顾先生在《江苏教育》第 10 期发表《学生既是教育活动的客体，又是教育活动的主体》一文，在全国率先提出了"学生在教育活动中的主体地位"的问题，在教育理论界引起了一场关于学生主体地位问题的争论。时过 10 年，即 1991 年，顾先生应《华东师范大学学报（教育科学版）》主编瞿葆奎先生之约，在该刊发表了《再论教师主导作用和学生主体作用的辩证关系》，文中对这场争论过程中涉及的重要理论作了更加系统深入的论述。此后，随着改革的深入以及一些相关重要基本理论问题的逐步展开，学生在教育活动中的主体地位这一观点逐步被大多数人所接受，并且在教育教学过程中激发了学生学习的积极性、主动性，改变了对教学过程的传统认识，开始建立起新的师生关系和教学秩序。这一教育基本理论问题的讨论、展开，到形成共识，顾先生起到了重要的引领作用。我以为，这应在中国教育史上，在课程论、教学论上写下重要的一页。

"学生既是教育的客体,又是教育的主体",可将其简要地概括为"以学生为主体"。这一思想是顾明远教育思想的精髓,可以站立在中小学教育理论体系的核心地位。顾先生这一思想的孕育、形成、提出有宏大的研究背景和深沉的理论思考。

(一)以学生为主体是基于对教育本质的思考

关于教育本质的讨论,有多种观点。顾先生作了概括:有"生产力说"与"上层建筑说"之辩、"双重属性说"与"多重属性说"之辩、"社会化说"与"个性化说"之辩,等等。顾先生认为,这些"之辩","几乎都没脱离工具论的藩篱"。上世纪 80 年代,"教育价值观发生了巨大转变,但仍然强调教育的社会功能,而忽视人的发展的功能"[①]。党的十六大以后,"以人为本"的思想逐渐为教育界所共识。以人为本,在学校教育中就应以学生为主体,以学生为主体是以人为本的具体体现,也是以人为本的实现方式。

(二)以学生为主体是基于对素质教育的思考

顾先生一直坚持素质教育,他是素质教育的首倡者之一。顾先生说:"实施素质教育,就是全面贯彻党的教育方针,以提高国民素质为根本宗旨,以培养学生创新精神和实践能力为重点,造就德智体美等全面发展的社会主义事业建设者和接班人。"[②] 他还十分明确地指出,"实施素质教育首先要转变教育观念,树立正确的教育观、人才观、学生观、质量观"[③]。尤其是人才观。顾先生说:"人才是多样的","人人都能成才,每一个学生都能成才","我们只有相信每个学生都能成才,才会努力尽心地教育他";"人是有差异的,因此人的发展是不一样的……所以要因材施教,给每个学生提供适合的教育才是最好的教育,才是最公平的教育"[④]。在顾先生的教育思想中,真正的素质教育就必须以学生为主体,只有以学生为主体,才能真正实施素质教育;而且,以学生为主

---

① 引自《顾明远访谈录》(江阴高级中学会议提供的学习材料)。

② 同上。

③ 同上。

④ 同上。

体,不只是一个"类"的概念,而是"每一个"的概念,只有落实到每一个,以学生为主体才是真正的、彻底的,才能完整实现。

(三)以学生为本是基于对儿童观的深刻思考

顾先生非常重视儿童观的研究,正确的儿童观是顾明远教育思想的重要组成部分;正确的儿童观的集中体现就是以学生为主体,顾先生的人才观是与儿童观内在一致的。理论与实践都证实了这一点:有什么样的儿童观,就可能有什么样的课程观、教学观;而以学生为主体是正确的儿童观的具体体现。顾先生形象而深刻地描述了儿童发展的特点:"儿童的发展不是线性的,是有曲折的。"[①] 他多次提出,"我反对在学生中评选'三好学生'","这种在成人社会中评选先进的办法不能搬到儿童教育中,因为不符合儿童成长规律",其更深层次的原因是,评选"三好学生"会造成"三好学生"的心理伤害,而"自尊心是一个人的基本品质"。[②] 以学生为主体,正是对儿童应有权利的尊重,对儿童学习能力的信任,对儿童自尊心的保护。不难发现,以学生为主体是儿童观的折射和映照,也是儿童观在教育教学中的落实。

(四)以学生为主体实质与旨归是个人的发展

顾先生在北京师范大学时就读了马克思的《资本论》,之后去苏联留学,又系统地读了《资本论》,回母校教授教育学,也总是要提到《资本论》,顾先生对《资本论》是熟悉的。但他说,"似乎没有学透学懂",今天再一次阅读,他又有一些体悟。于是,写下了《马克思论个人的全面发展》。首先,他认为,"过去中文译为'人的全面发展',这是不对的,应是'个人或个体的全面发展'"。[③] 然后,他引用《共产党宣言》里的话来佐证:"每个人的自由发展是一切人的自由发展的条件。"[④] 其次,顾先生回顾了大工业机器生产与人的发展过程,形成了一些基本观点,其中包括大工业机器生产需要个人的全面发展,也

---

① 引自《顾明远访谈录》(江阴高级中学会议提供的学习材料)。
② 同上。
③ 顾明远.马克思论个人的全面发展[J].教育研究,2017(8):4.
④ 同上:5-7.

包括为个人全面发展创造了条件。我读了顾先生的论文后，体会到以学生为主体的本质与旨归就是个人的全面发展，坚持个人的全面发展，才能从深层次上保证以学生为主体。这是对以往教育价值观的超越，也是以学生为主体的深度开挖。

综上所述，以学生为主体，其理论基石是牢固的，其理论意蕴是久远的、丰富的、深刻的。我们应当进一步坚持以学生为主体，用以学生为主体的理论来照亮课程改革、教学改革，进一步确立教育观、人才观、质量观。

三、以学生为主体理论的实践映照

诚如上文所述，以学生为主体的理论可以照亮实践，而实践应当自觉地映射这一理论。

首先，在以学生为主体的理论照亮下，深化我们的教育理念，把握以下几个要义。其一，以学生为主体，是教育对学生的核心关切。顾先生在《马克思论个人的全面发展》论文中，明确指出，"马克思关于个人的全面发展的理论为终身教育奠定了理论基础"，"终身教育开始是一种理念、一种思潮，逐渐发展成一种制度、一种教育系统。到 21 世纪初，终身教育的概念逐渐被终身学习的概念所代替。终身学习更强调学习者学习的主动性和主体性，更体现了学习化社会的特征"。[①] 这一观点恰与联合国教科文组织的报告《反思教育：向"全球共同利益"的理念转变？》中所提到的核心关切是一致的："可持续发展：核心关切"，"我们应将全人类视为一棵树，而我们自己就是一片树叶。离开这棵树，离开他人，我们无法生存"。[②] 因此，我们要"努力探索促进人类进步和保障人类福祉的各种途径"，即让学生成为终身学习者、终身发现者。其二，教育要树立核心价值观。教育总是与价值紧密联系在一起，教育价值与价值教育是其中两个重要命题。而以学生为主体，其实是一种教育价值观，是一

---

① 顾明远. 马克思论个人的全面发展 [J]. 教育研究，2017（8）：4.
② 联合国教科文组织. 反思教育："向全球共同利益"的理念转变？[M]. 联合国教科文组织总部中文科译. 北京：教育科学出版社，2017：12.

种价值教育。这一价值观是关于人的价值观,因为人是人的最高价值,这一关于人的价值观,说到底是对人的尊严的尊重与维护,是对生命价值的尊重与维护。而且,以学生为主体,应是教育的核心价值,确立以学生为主体的核心价值,教育的其他价值才能产生与发展。其三,要确立教育的共同利益。《反思教育:向"全国共同利益"的理念转变?》中称,将教育作为公共利益的命题,正承受着新的压力,"公共"概念在新的全球学习环境里已不再清晰了,"公共利益理论的局限性"已开始呈现了,"另一方面,对于'共同利益'的定义是……实现所有人的基本权利的必要因素"。① 不难理解,以学生为主体,坚持学生基本权利的实现,不管是公办学校,还是民办学校,学生都应站立在主体地位,成为教育的核心。以上三个层面的理念,具有时代性,这样给以学生为主体赋予了时代色彩和未来色彩。

其次,要以学生为主体理论搭建实践框架。顾先生有四句话的概念,作为教育信条:"没有爱就没有教育,没有兴趣就没有学习,教书育人在细微处,学生成长在活动中"。这既是教育信条,又为我们搭建了一个实践的框架:从爱出发,爱是教育的本质与核心;激发学生学习的兴趣,调动学生学习的主动性和积极性;在整个教育过程中,要以活动为载体,学生参与到教育中;最终达成教书育人的目标,而教书育人在细微之处,细微之处往往是关键之处,是落实点,是突破点,是新的生长点。这一框架中,有核心理念,有思路,也有策略和方法,其原点就是学生,这是一个以学生发展为主体的框架。看似平白如话,看似简单,却如此深刻,如此准确,如此完整。所以,以学生为主体,顾先生不是只提出理念,而且指向实践、指导实践,以学生为主体是理论关照与实践映照的统一和互动。

再次,坚持素质教育,坚决反对应试教育。以学生为主体是对应试教育的抵抗与消解。在改革实践中,常常被应试教育严重干扰,学生受到极大伤害,应试教育是最不道德的教育。应试教育总是让学生处于被动地位,被学习、被评价、被发展,无学习权利可言,无人格尊严可言,无时空支配的自由可言,

---

① 联合国教科文组织. 反思教育:"向全球共同利益"的理念转变?[M]. 联合国教科文组织总部中文科译. 北京:教育科学出版社,2017:68-69.

问题意识被淡化，想象力被遏止，好奇心被抑制，一切以知识、分数、升学率为唯一追求、唯一标准。以学生为主体，既是基于素质教育的思考，又是对素质教育的坚守，抵抗以至消解应试教育既需要体制机制的改革，也应有具体的行动。以学生为主体正是一种良好的方法，尽管它不能解决一切问题，但能让教育有突破性进展，有实质性的进步。从这个意义上说，顾先生的以学生为主体的教育主张，是素质教育的宣言，是实施素质教育的原则、策略和方法，这是改革实践对以学生为主体理论的又一映照。

最后，以学生为主体，学习、践行顾明远教育思想，要做到三个"像"：像顾先生那样做老师，做中国好教师；像顾先生那样思考，做一个阅读者、思考者；像顾先生那样做研究，做一个优秀的儿童研究者、优秀的课改探索者。还要做到三个"真正"：真正确立学生的主体地位，围绕学会学习、主动学习、创造性学习的核心推动教学改革；真正以四句话为教育信条，从实际出发，形成自己的育人思路，落实在行动中；真正用以学生为主体的理论、思想牵引、推动自己的专业成长，为自己搭建一个更高的平台。

于漪：讲台前的生命歌唱

于漪老师说："一走上讲台，我的生命就开始歌唱。"

这是语文教学最为精彩、最为神圣的时刻。

这是语文教师最真诚、最美好、"最教育"的状态。

语文教学就是生命的歌唱，是教师与学生的合唱，领唱者是教师，但有时也会是学生。

如果给这首生命之歌取个名字的话，叫"用语文来育人，让人来创造语文"。于漪老师用这诗意的表达，揭示了语文教学的宗旨与境界，是语文教学改革的主旋律，是每个语文教师心中的歌。

一、生命的歌唱：语文教学的意蕴和气象

生命的歌唱，将语文教学提升到一个崭新的崇高境界，让语文教学富有生动、丰厚而又深刻的意蕴，形成一种特有的气象，大气、辽阔、深远、美好，理想的追求，文化的追索，价值的照耀，一切的一切都在这气象之中。

语文是有生命的，语文本身就是一首生命之歌。曾记否，孔子带领学生在泗水河畔，慨叹"逝者如斯夫"，在游春中，通过语言文字抒发自己内心对时间流逝的深切感受，对意义流淌的领悟。曾记否，苏霍姆林斯基常带领孩子在果树林里观察、思考，让词语有了生命的色彩。曾记否，李吉林在多少个清晨，在郊外、田野，和孩子们一起描绘大自然的奇妙和生命的感悟……语文是有生命的。语文的生命源自母语文化，母语是民族生命的创造，母语认同，是文化认同，是民族认同，是母语文化的生命咏唱。海德格尔说，语言是存在的家。家，是生命的共同体；家，是由价值愿景和理想信念支撑的，正是因为

此，语言有生命，语文有生命，语文是有祖国的，语文是民族的血脉和魂灵。

活泼泼的儿童，充盈着无限的生命创造力，语文学习应当是一支生命之歌。众所周知，儿童是活泼泼的，处在生命最为旺盛的时期，像是一棵生长的树，枝叶繁茂，像是一条永远奔流的河，拍打着两岸，唱着歌向着未来。生命需要生命之水的浇灌、滋养。倘若教育是一台冷冰冰的机器，倘若语文是干涸的河床，失却了生命，那么，活泼泼的儿童将会在这样的教育前丢失生命的活力，生命之花也必将会在这样的语文教学前枯萎、凋零。语文教学要给儿童以生命的呵护，给儿童以生命更大的活力；反之，儿童又将会以自己的生命让语文的生命更有魅力。当语文的生命与儿童的生命在课程、课堂里美丽相遇的时候，生命之火定会激情燃烧，生命之歌定会唱响。为了儿童的活泼泼，为了新时代的"少年中国说"，为了民族未来的伟大复兴，语文教学应当是一支生命之歌。

教师的使命在于用自己的灵魂塑造语文的生命、学生的灵魂。于漪老师说："我一辈子做教师，一辈子学做教师。"这朴实的话语道出了深刻的道理。一辈子做教师，是对教师这一职业的无限忠诚，是生命的永存、青春的永驻；一辈子学做教师，则是对教师专业的永远追求，是终身学习让教师生命永远年轻，永远活力四射。语文本应有生命，但语文的生命需要激活，需要擦亮。优秀的语文教师应当是语文生命的激活者，语文生命之火的点燃者，语文之星的擦亮者，是学生生命的照亮者。无需论证，一个语文教师生命不歌唱，语文怎能歌唱？学生怎能生命活跃、创造无限呢？可是，当下有些语文教师生命没有歌唱起来，语文成了应试的工具，语文成了分数、升学率的奴仆，这样，语文之火就会熄灭，学生的生命就会被压抑，智慧之花就被摧残。让语文教师生命歌唱起来，语文才有希望，学生才会有活力。

语文教师讲台上的生命歌唱，意蕴十分丰富。生命的歌唱，首先意味着生命的全部投入，全心全意，专心致志，心无旁骛。生命的投入，既是一种精力的集中，更是精神的饱满与站立。其次，意味着生命的澎湃，为母语的纯洁与美丽，为语文教学的崇高使命与境界，为学生语文素养的培养与提升而激情燃烧，蓬勃的生命应和着民族复兴、祖国昌盛的节拍。创造的激情、生命的澎湃可以成就一个教师。再次，意味着语言的狂欢。大家都知道，语言的狂欢是苏联人文学者、哲学家巴赫金首创的。他对"狂欢"作出了解释：狂欢是不分演员和观众的演出，所有人都不是作为观众观看，而是积极的参与者，参与到狂欢中；接着他又为"狂欢语言"作了阐释：把自然语言或抽象概念的语言"转化为同它相近的艺术形象的语言"。这些阐释都不太好理解，但有一点是肯定的，那就是他将语言狂欢用在对话中。语文教学的生命歌唱，是在对话中，让学生成为参与者，进行语言的转化，与艺术作品产生连接、转化，连接的过程，就是语言狂欢的过程。生命的歌唱可视作这一过程的展开与实现。这一诗意的表达还是"很哲学"的。

所以，于漪老师所言的语文教师的生命歌唱，其深沉的意义不在字面，而在他生命的内部。语文老师们，让我们像于漪老师一样，一站上讲台，生命就开始歌唱吧。

二、语文教师的生命之歌：立德树人，培养时代新人之歌

语文教师的生命需要歌唱，但生命为谁而歌唱，在歌唱什么，究竟是怎么歌唱的？于漪老师告诉我们，语文教师的生命歌唱，主旋律非常鲜明，那就是在语文教学中落实立德树人根本任务，唱的是育人之歌。

习近平总书记在全国教育大会上强调，党的十八大以来，我们紧紧围绕培养什么样的人、怎样培养人、为谁培养人这一根本问题，坚持以立德树人为根本任务。立德树人是中华民族育人的初心。"立德树人"这一根本任务从中华文化的深处走来，又将引领我们走进新时代。语文教学是教育改革、课程改革的重要组成部分，要服从于也要服务于这一根本任务，要通过改革，探索立德树人在语文教学中落实的特点以及实现的途径和方式。假若语文教学偏离这一根本任务，便会失去方向，生命的歌唱会走调、变调，语文教学便失去了存在的意义、价值。

于漪老师早就提出语文育人的重大命题。立德树人，首先召唤我们语文教学要转向、转型，即从单纯地传授语文知识、片面追求成绩、分数至上，转向育人。这一转向，不是对知识、成绩、分数的否定，而是要以育人为宗旨，以育人为统率，让学生成为知识的探索者、创造者，让成绩、分数为育人服务。

这一转向自然涉及另一个问题，即语文的工具性与人文性关系的问题。语文的工具价值任何时候都不能轻慢更不能忽略，但语文不是一般的工具，它是内蕴并承载着人文性、人文价值的工具，具有方向性、精神性、思想性。工具性与人文性的自然融为一体，正是语文的本质属性和特点。工具性与人文性的自然融为一体，道理很简单，人是一个整体，育人也是一个整体性推进的过程，育人需要工具，工具要为育人服务。这种融为一体，聚焦于教师的使命与智慧上：教书育人。

当然，问题还没有这么简单。习总书记说，立德树人首先要下功夫，要刻苦钻研、积极探索、创新创造；其次要在六个方面下功夫，全面推进，五育并举，整体育人，根本任务才能真正落实。显然，语文教学改革，也必须在这六个方面下功夫。语文教师的生命歌唱，在主旋律的领唱下，还应有一些主题旋律。如果作些分解的话，有以下三个主题旋律。

主题旋律一：用语文育人。清华附小校长、特级教师窦桂梅说：我是教语文的，我是教人学语文的，我是用语文教人的。这是对语文教师角色、任务、功能的准确定位。语文育人，要体现语文学科的特质和育人的特点。高中语文课程标准的修订，为我们开辟了语文育人的思路：凝练语文学科核心素养。有人质疑，核心素养是关于人的，学科不是人，哪有什么素养？学科核心素养的提出，会不会又回到学科本位、知识本位去？所质疑的问题让我们有了深层次的思考：学科是为人服务的，其内蕴着育人的丰厚元素，学科核心素养就是将这些元素提炼出来，凝练成育人的核心素养，这是对育人的学科贡献，这肯定不是知识层面的学科本位，也不会回到知识本位上去。对此，我们必须坚信，还必须深入探索。

主题旋律二：师生共同育人。育人是语文教师的职责，不过，我以为育人应当是个共同体，准确地说，教师的职责不仅在于自己担起育人的责任，还要组织、协调各种力量共同育人，其中包括学生。学生不仅是语文的学习者，也是语文教学的参与者，在语文教学中居于主体地位，一如前文所述的"语言狂欢"，学生当是"狂欢"的主角。学生之间应当互相帮助，因为联合国教科文组织早就指出，学习不仅是个人的事，也是集体的努力；学生在语文学习过程中，不仅接受教师教育，也可以启发教师、帮助教师，因为教室里只有两种人：学生教师、教师学生。育人是双向的，甚至是多向的。师生、伙伴一起过美好的语文生活，形成了学习共同体、发展共同体，育人就在其中。

主题旋律三：师生共同创造语文。语文是人在生活中创造的。教师带领学生学习语文，不仅是传承文化、弘扬文化，而且也是发展文化，这是创造的过程。教师与学生在学习语文过程中，探究、发现语文的新知识、新经验、新理念，建构学习的范式，这本身是一个育人的方式和过程，这让语文育人走向新境界。理论与实践不止一次地告诉我们，传统文化、传统经验在新的时代都必须实行两个"创"：创造性转化、创新性发展。语文教学应当以此为基本遵循。为此，在语文教学中，教师要注重培养学生思维能力，提升思维品质，特别要注重培养学生批判性思维能力，让学生既有质疑能力，又有开放视野，更有积极态度。

于漪老师带领我们唱响立德树人的主旋律，让生命歌唱起来。这首立德树人的生命之歌，发出了语文教学时代的强音，语文，成了学生成长的家园。

三、丰富的安静：教师生命歌唱的文化状态和内心的自由

语文教师的生命歌唱，一定是昂扬、奋斗的，但这绝不意味语文教学要热闹，要火爆，要张扬。教师的生命歌唱，发自肺腑，源自灵魂深处，既热烈、昂扬，又平静、淡定、从容，这好比是一片湖，湖面是安静的，但湖水是激荡的、奔涌的，甚至是澎湃的、汹涌的，周国平先生将这样的状态唤作"丰富的安静"。教师的生命歌唱就是这样的状态：安静，并非静止；丰富，并非热闹、浮躁。这是文化状态和内心的自由。

当下的语文教学一定要安静下来。放眼看去，语文教学改革风生水起，一片改革的新气象。首先，这肯定是好事。课改以来，语文教师被极大地调动起来，"卷入"了改革的浪潮，沉寂的局面被打开，教师们为探寻语文教学的规律而刻苦钻研，为自己的教学特色、追求自己的教学主张和教学风格而苦心孤诣地研究、建构。语文教学，这门古老的学科，需要被搅动、被打开、被激发。但是，值得注意的是，有的地方、有的学校、有的教师，没有把握好度，同时受社会上浮躁之风的影响，教学改革以及个人的专业发展沾上了功利的色

彩，主要表现为以下几个方面：一是把探索语文教学模式当作兴奋点，而忽略了基本规律问题。教学模式需要建构，但教学模式建构谈何容易，不是有了几个环节、几个步骤就是模式了，模式是理论化的实践，实践化的理论，并非轻而易举、一蹴而成。况且，模式不是面具，不是用来装点门面，教学模式说到底是学习模式。这样的热闹式的追求我们要摒弃。二是把形成教学特色作为改革的兴奋点，而忽略了特色的真正宗旨与价值。与教学模式一样，教学特色当然需要追求，当下语文教学同质化的现象尤为突出，教学特色的追求与形成可以形成和而不同的教学风格。需要注意的是，教学特色是在长期实践基础上由经验的改造、优化、提炼而成的，是一个反思、完善、提升、概括的过程，刻意地去总结往往适得其反。再说，教学特色要服务于学生的学习，偏离了这一宗旨和核心价值，教学特色不能真正形成，即使形成也毫无意义。三是把教学主张的提炼、形成作为兴奋点，而忽略了对学生的研究。在这方面兴奋起来，再兴奋一点也无可厚非。与前面两个问题讨论的重点一样，教学主张是个性化（包括学科化）的教育理念、教学思想，形成起来是一个很艰难的过程。现在名师成长，动辄就是某某教学主张。另外，我很赞同××语文的命名，但教学命名不是同一格式的，应有多种表述方式，更为重要的是，教学主张一定要建立在儿童研究的基础上。以上几个方面只是一些例举，想说的是，兴奋点究竟放在哪里，什么样的兴奋点才是合适的。这些问题处理不好，就容易淡忘规律，"溢"出其他一些偏差乃至错误来。这样的兴奋、热闹，我们是反对的。语文教学改革需要安静。

安静与静止、封闭、僵化肯定不是一回事。真正的安静，内心是不安分的。不安分，其实是不满足，有改变、突破、求新的激情与欲望，是创新精神的一种表现形态。所以，在提倡语文教学改革安静的同时，还要提倡、强化教师的改革、创新，亦即追求安静的丰富、丰富的深厚、深厚中的深邃与新意。值得注意的是，当下语文教学中还有一些积极进取不够的现象和倾向。主要表现为：一是惰性。教学改革止于习惯和传统，缺少改革的激情与行动。比如备课，从网上寻找现成的教案或教学实录，拷贝下来，毫不费力。这样的教学怎能有适宜性、创造性和个性化呢？这也太"安静"了，太安稳了。二是惯性。凭着往常的经验行事。经验是可贵的，但有时经验又是相当可怕的，犹如优秀是卓越的敌人一样，过于依赖经验，而经验不改造、不发展、不突破原有的框架，会导致失败。有的语文教师日复一日、年复一年，惯性让其平庸，以至走向失败。三是"钝性"。"钝性"是指缺失对事物的敏感性、悟性与灵性。尽管也想改进、改革，但缺少自己的想法，缺乏创意。这样的语文教学改革往往是迟滞的，跟不上时代的步伐。以上三个方面，都不是真正的安静，而是保守、落后，走上讲台，生命没有歌唱，改革的激情没有沸腾，更没有燃烧起来。

走上讲台，生命就开始歌唱。这一诗意的表达，表达的是语文教师的情怀、理想、信念，以及探索、创造的精神。从语文教师的讲台，从他们生命的歌唱中，我们看到了语文更灿烂的未来。

我们永远向人民教育家于漪老师学习，用生命的歌唱让学生的生命为祖国而澎湃。

斯霞：童心母爱的育苗人

一、像斯霞老师那样，做核心素养的育苗人

儿童教育家、儿童语文教育家斯霞老师离开我们十余年了。我想起两首诗，作者都是著名诗人臧克家。其中一首诗其实是给斯霞的题词："一个和孩子长年在一起的人，她的心灵永远活泼像清泉。一个热情培育小苗的人，她会欣赏它生长的风烟。一个忘我劳动的人，她的形象在别人的记忆中活鲜。一个用心温暖别人的人，她自己的心也必然感到温暖。"如果取个题目的话，应该叫作《一个人》。另外一首诗的题目就叫《有的人》，是臧克家为鲁迅逝世十三周年写的："有的人活着，他已经死了；有的人死了，他还活着。"同一位作者，同写一个主题——"人"——是不同的人，又是相同的人。这是一种巧合吗？其实不是，这是心灵的契合，是心灵对心灵的感应与呼唤，是一个人意义存在的高度的内在一致性。斯霞老师已不在了，但她还活着，活在她永远热爱的事业里，活在我们的心里。一个人活着，是她的意义活着，精神活着。斯霞老师的童心母爱让她永远活着，让"育苗人"永远活着，因为童心母爱是超越时代的。

童心母爱是斯老师的核心教育思想，是斯老师的人格特征。斯老师的教育就是童心母爱教育，斯老师的语文就是童心母爱语文。不仅如此，童心母爱已成为所有教师的教育思想和共同追求，成为教育文化的符号。

斯老师曾经说过这样的话："当时我也搞不清楚什么叫母爱，什么叫童心，我也不懂得这些理论。我只觉得工人爱机器，农民爱土地，教师自然爱学生。你不爱学生，你的教育工作怎能做得好呢？"其实，斯霞老师是真正懂童心母爱的，只是童心母爱不在她的嘴上，而在她的心里，写在她的语文教学中，写

在她所有的行动中。她以爱心育人，以童心育人，当童心与爱心相遇、相融合的时候，就生成了核心素养。斯老师以自己的行动告诉我们，童心母爱就是教师的核心素养，以童心母爱教育学生，就是培育、发展学生的核心素养。她还告诉我们，核心素养并不神秘，也不虚空，它不是凭空冒出来的，而是从心里、从文化土壤里长出来的。斯老师在"文革"期间，就因为倡导童心母爱，因为是童心母爱的育苗人而受到冲击、批斗和迫害。"文革"一结束她又回到讲台，坚守她的童心母爱。今天，斯老师似乎站在云端，微笑着看着我们，似乎在说：你们好吗？你们能做得到吗？我们该怎么回答呢？我们的回答应当是：放心，我们一定像您一样，充满童心母爱，努力做核心素养的育苗人。

二、童心母爱：核心素养的内核与动力源泉

（一）母爱是教育爱，是大爱

斯老师教语文课《刘胡兰》，备课时常为刘胡兰的坚贞不屈所感动，可是朗读课文时总是读不好。她觉得是因为自己没有参加过革命斗争，缺乏亲身体验，是自己的思想感情还没有和刘胡兰的思想感情凝结在一起。"于是我就想：我也是一个共产党员，如果我处在那样的环境下，该怎样对待敌人的胁迫呢？想想小小年纪的刘胡兰，我勉励自己一定要像她那样，面对敌人，毫不动摇，坚持斗争，直到流尽最后一滴血！这样，我身临其境地朗读课文就感染了学生。当孩子们听到刘胡兰临刑前铿锵的语气时，都激动地睁大了眼睛，咬紧了嘴唇……"

类似的故事和教育案例还有很多很多。我们应从中领悟到什么呢？其一，斯老师的母爱，不只是母亲之爱，而是将母亲之爱与教师之爱结合起来、统一起来，成为教育爱。教育爱基于母爱，因为小学生需要母爱；但教育爱又超越母爱。其二，作为教育爱之意的母爱，是一种大爱，要教导孩子爱祖国，爱真理，爱和平，爱中国共产党；同时，要爱憎分明，恨敌人，恨战争，恨一切丑恶的事。这样的爱是大爱，是最为深沉的爱。其三，真正的爱来自内心，来自切身的体验。斯老师，一位1956年入党的党员向刘胡兰学习，置身于当年的

情境中，才会有真正的爱。母爱是真实的、真诚的，没有任何的虚假，更不是作秀。其四，真正的爱会走进孩子的心灵深处，感染他们，与孩子的心灵发生对接与撞击，这才是真正的教育。

（二）童心，就是心中有儿童，理解儿童，发现儿童

斯老师教一年级时，小朋友读《雷雨》课文最后一句话："凉风迎面吹来，好不舒畅啊！"一个学生举手说："这句话错了，怎么又是'好'，又是'不'呢？多了个'不'字，应该说'凉风迎面吹来，好舒畅啊'才对。"斯老师告诉他们，"好""不"连在一起就是"很""真""多"的意思，"好不舒畅"就是"真舒畅""多舒畅"。去了"不"也可以，但是"好舒畅"没有"好不舒畅"来得更舒畅，语言也没有后面的那句强烈，感情色彩也要差得多。她接着举例子："我们学了拼音和汉字，能说又能写，好不高兴啊！""星期天，我们去看电影，又游了玄武湖，玩得好不痛快！"几天以后，学生在一个闷热的下午活动，忽然吹来一阵凉风，有的学生脱口而出："凉风吹来，好不舒畅！"

在斯老师的教育活动中，同样的例子太多了。我们从中又应领悟到什么呢？其一，童心，是尊童之心，爱护学生的积极性，鼓励学生提问题，不是不理不睬，更不是责怪。其二，童心，也是一种耐心，用孩子的方式，要例举孩子熟悉的事物，从孩子的生活经验出发，让他们听懂、理解。其三，童心，就是和孩子一起学习，一起游玩，一起生活，发现儿童。七八岁的小孩换乳牙了，牙活动了，很不舒服，常常用手去摸。斯老师常常用碘酒和棉花球一擦，把他们摇动的乳牙拔下来。斯老师说，她也成了牙科医生了！其四，童心，就是真诚之心，也就是爱心。一个女孩，母亲病故了，从一年级进校起，就一天到晚跟着斯老师，整天拉着她的衣服，嘴里喊着"斯老师，斯老师"，就像一条小尾巴，有的人看了都厌烦。斯老师说，她小，没了母亲，看到女老师就很亲热。学生长大后，他们常对斯老师说："老师啊，你的床我睡过！""你的毛衣我穿过！"……其五，童心，是永远年轻之心。斯老师说："要是不照镜子，我已经忘了自己的年龄。"

（三）母爱、童心是一个结构，是知识、能力、态度的融合

斯老师的教学故事曾被拍成电影：《我们爱老师》。课文中有"祖国"一词，斯老师引导儿童理解"祖国"一词的意思时，问道：你们可知道"祖国"是什么意思？什么叫"祖国"？一个小朋友回答说：祖国就是南京。学生笑了。斯老师说：不要笑。祖国就是南京吗？不对，南京是我们祖国的一个城市，像北京、上海一样。大家再想想，什么叫"祖国"？另一个学生回答：祖国就是一个国家的意思。斯老师说：噢，祖国就是一个国家的意思（略停），对吗？学生说：不对。斯老师紧接着说：美国是一个国家，日本也是一个国家，我们就能说美国、日本是我们的祖国吗？学生都说：不能！斯老师又问：那么什么叫"祖国"呢？谁能再说说？一位小朋友说：祖国就是我们自己的国家。斯老师说：×××同学讲得对，祖国就是我们自己的国家。我们的爸爸、妈妈、爷爷、奶奶，祖祖辈辈生长的这个国家叫祖国。那么，我们的祖国叫什么名称呢？学生说：我们的祖国叫中华人民共和国。斯老师说：对了，我们的祖国叫中华人民共和国。我们大家都热爱我们的（学生一起回答）祖国。

这是斯老师教学中的一个片段，含义丰富而深刻。其一，童心与母爱是一个融合性的结构。童心、母爱可以相对独立地存在，但相互联系，表现为相互依存、相互渗透、相互支撑，形成一个结构。这一结构的显著特点就是融合。融合的结果，成为人的一种素养。其二，童心、母爱不只是一种素养，而且是素养的核心，是人发展的动力源泉。因为童心、母爱表现为一种情感，表现为情感文明，这种情感成为人发展的本质力量，激发人的理想和潜能。发展学生核心素养应培育他们的童心和母爱。其三，童心母爱下的教学，必须十分重视学生品格的提升。斯老师就"祖国"这个词语，层层推进，最后让学生自己建构了"祖国"的概念，自发地发出"我们爱——祖国"的声音。必备品格在核心素养中的引领地位，是不言而喻的。其四，在以童心母爱为内核的核心素养的培育中，十分关注学生能力的培养，而能力培养是融合在知识学习、思维展开、情感培育过程中的，知识、能力、情感态度已自然整合在一起了，成为一种综合的形态，这当然成为核心素养了。斯霞老师早就自然而自觉地开展了综合式的教学。

（四）童心母爱的深层意义在于让学生学会学习，学会读疑

有一次，斯老师讲雷锋的故事，无意中说了一句："可惜啊，雷锋叔叔死得太早了。"马上就有一个学生站了起来，说："老师，你不能说'死'，应该说'牺牲'。"斯老师反问："为什么应该用'牺牲'呢？"学生回答说："因为雷锋叔叔是为人民利益而死的。"斯老师表扬了他，鼓励大家向他学习。斯老师的体会是：道德品质都是从一点一滴的小事培养起来的。还有一次上课，斯老师将袖子一捋，她看到一个孩子在指给同桌看，就立刻放下了袖子。又有一次，讲课讲热了，她随手拿书扇了起来，有个孩子向她提意见，说："老师，你不是说书是不可以当扇子的吗？"斯老师立刻接受了他的意见，承认了错误。

如果对这三个案例进行解读，那就是，让学生学会学习，学会发现问题，学习批判性思维，是真正的童心母爱，这样的童心母爱是专业的、科学的。而帮助学生发展批判性思维能力，关键是教师有开放的理念、包容的心态、引导的方式。重视思维能力，尤其是批判性思维能力的培养，是核心素养的应有之义，斯老师用她的教学实践对此作了生动而丰富的诠释。这让我们钦佩、感动。

三、擎着火把去照亮孩子，点亮核心素养的火苗

真实、自然，一切发自内心，一切都顺势而为，是斯老师的本色。她有这么一段话："据说夸美纽斯曾经背学生过河，我呢，也有这样的事情。有一天下大雨，学校门口积满了水，我把学生一个个背过马路去。"她认为，这不是什么壮举，只是教师的责任。她又说："尽管母爱受了批判，我说我爱得还不够，关心得还不够，班上四五十个孩子，我还没爱得过来。"斯老师，像一位慈祥的祖母，但她手中还擎着一支火把，她用火把去照亮每一个孩子。

我以为，像斯老师那样做过的事，我们肯定也做过。那么，我们与斯老师的差距在哪里呢？先看斯老师说过的一段话："人民教育家陶行知先生说过，'从农业文明过渡到工业文明，自然科学是唯一的桥梁。小学教师必须拿着科学的火把引导儿童过渡'。我们中小学教师正是肩负着'引导'的重任。"从这段话中可以知道，斯老师手上有那只火把，时时刻刻在"引导"。她的"引导"

是自觉的,童心母爱已成为斯老师的信念,成为她的人格特征。火把在她心里点燃、燃烧,在"引导"学生的时候,也在"引导"自己。教师只有首先"引导"自己,才能"引导"学生。我们应当像斯老师一样,点燃火把,擎起火把,去照亮自己,照亮每一个学生。

这支火把是道德的火把。道德是人类前行中永不衰竭的光源。教育事业首先是道德事业,教师首先应是道德教师。道德的首要特征是爱,是仁者爱人,是兼爱,是恻隐之心、辞让之心;爱是道德的起点,也是道德的特质。童心母爱说到底首先是道德。用火把照亮学生,是用道德照亮他们的心灵,让他们拥有金钱买不到的东西。

这支火把是专业的火把。教育是一种无法替代的专业,教师的尊严就来自专业的价值。童心母爱固然是神圣的情感、伟大的道德,但斯老师赋予它丰富的专业内涵,遵循儿童身心发展的规律和特点,遵循教育的规律和特点,把爱心、童心与科学统一起来。斯老师将研究儿童、认识儿童、发现儿童当作自己的"第一专业"。用火把照亮儿童,就是用科学去"引导他们"。

这支火把是和儿童一起点燃和擎起的火把。它不只是在教师手中,也不只是去点燃儿童,它也在儿童手中,儿童也用这支火把照亮教师,照亮社会。斯老师每天和孩子们在一起,在一起学习,在一起研究,火把就是在平时生活里形成的、点燃的,它点燃了核心素养的火苗。这是斯霞老师给培育、发展核心素养的智慧启示。

于永正：儿童的语文

认识一位名师，往往从认识他的名片开始；怀念一位名师，往往怀念他的名片。因为名片是他智慧的凝练、人格的写照、生命的形象化表达；名片里蕴含着他的情怀、文化品位，闪烁着一个人的价值光芒。

我们怀念语文教育家于永正先生，便自然会想起他的名片，怀念他的名片。他的名片已深藏在我们的记忆里，成为一种集体记忆，又化为一种文化力量，推动、引领着语文教育的进步。

永正有自己的名片。他曾这么介绍、阐释他的名片："我会向学生交出这样一张'名片'——正面写着两个大字：微笑；下面写着三个关键词：尊重、理解、宽容。反面写着两个大字：负责；下面也书写了三个关键词：严格、顶真、耐心。"其实，永正先生的名片是他的座右铭，是他与儿童合作的教育宣言，是他的核心教育思想。读着他的名片，眼前浮现的是永正的形象，亲切、幽默、生动，像是一位智慧的长者，一位与儿童共同学习、分享快乐与幸福的爷爷。

这张名片，是永正的核心价值观，由核心价值观生成的教育观，又凝练着他的儿童观。无论是正面，还是反面，都是儿童的身影，都是他与儿童的对话。可见，名片不是为自己的，而是为儿童的，抑或说，为了儿童必须要求自己、规范自己，为自己的目的，在于真正为儿童。那种只为介绍自己的身份、阅历与功绩，甚至张扬、炫耀自己的色彩，在这儿一概没有存在的空间。这样的名片，用先哲柏拉图的话来说，是一种完美的永恒存在，永远存活在我们心中，存活在儿童的心中，是不朽的。

永正的儿童观是完整的、辩证的、美好的。正面的"微笑"两个字，是他儿童观的核心特征。微笑着面对儿童，那是因为儿童需要温暖，需要鼓励，需要信心，总之需要爱。而永正先生的爱有三个落脚点：落脚在尊重上，尊重是人性的起点，也是教育的起点，儿童作为人的存在，作为未来的象征，虽然年幼，但最需要尊重。永正告诉我们，真正爱儿童的人，尊重本身就是教育。尊重只是起点，而理解才是内核，理解儿童，爱才会有内涵，理解儿童才能发展儿童。永正告诉我们，"懂你"，是教育成功的密码，读懂儿童才是深刻的"为儿童而教"，"为理解而教"。因为理解，所以宽容，这样的宽容是理性的，也许，尊重、理解往往体现在、落实在宽容上，宽容也是对爱，对尊重、理解的最后检验。永正告诉我们，对儿童的宽容，是教师爱的花圃里最珍贵的那朵花。

永正名片的背后写着"负责"两个字。负责是为师的品格，也是为师的良知，是永正儿童观的又一核心特征。对儿童必须负责，对儿童负责，就是对民族负责，对未来负责。这样的负责具有崇高感。负责并不抽象，永正先生让"负责"具体化为严格、顶真、耐心。儿童需要个性的解放与自由，但真正的自由是"大家规范了，大家也就自由了"，儿童成长，严格是少不了的，规范不可或缺。顶真，还不是一般的认真，顶真意味着非常认真，有时还要较真。其实，永正说的是，教育是科学，科学在于求真；教育不能忽略任何善小，中华文化的古训，应在教师身上延续、弘扬。儿童成长，有小事，但又是天大的事，非顶真不可。但是，永正提醒我们，严格也好，顶真也罢，绝对需要耐心，因为教育来不得半点浮躁，教育要慢工出细活，耐心更能考验老师的情怀、性格与品质。严格、顶真、耐心道出了负责的丰富而深刻的内涵。

永正名片的正面与反面，是个整体，是个结构，从两个不同方面诠释了爱，诠释了教育的爱，那就是爱不仅需要微笑，需要尊重、理解、宽容，还需要负责，需要严格、顶真与耐心。挺有意思的是，永正名片的正面表达的是爱的正面，而名片的背面表达的是爱的另一面，这面叫作"意志"。爱与意志的统一，才是完整意义上的爱，是完整意义上的儿童观。完整的儿童观、完整的教育才能培养完整的儿童。永正懂得教育的辩证法，有着生动的感性，又有着深刻的理性。

永正的名片，是教育思想的名片，也是语文教学的名片。正是他完整的儿童观，生成了他的语文教学观：儿童的语文。这又说明了永正的教育逻辑，在他心目中、理念中、实践中，教育思想与教学思想是一致的，是内在关联的，可以互通、迁移。儿童的语文，其基本要义是：语文是为儿童的，儿童是语文学习的主体，儿童学习语文，是为了过有语文意义的生活，从根子上说，从发生学上说，儿童是语文的创造者。儿童的语文，于教师而言，永正的理念主张是：我是教语文的，是教儿童学语文的，是用语文来育人的，培养儿童的。儿童成了语文的主体，语文育人成了语文教育的核心与宗旨，教师成了语文共同体中的成员。由此可见，儿童语文是语文教育的境界。

永正的儿童语文有个十分精彩的比喻，那就是：谁也说不准天上哪块云彩会下雨。这比喻首先很美，又极为深刻，具有哲理的美。云，会下雨，这是云的功能，云的成功之所在；"说不准"，暗藏着每片云都会下雨，都会滋润大地，滋养人间。儿童就像云彩一样，自由自在地飘来飘去，每块云都充满着可能性。我们要相信每块云，要耐心等待每块云，倘若看好哪块，不看好哪块，那是绝对愚蠢的。永正的语文课堂里，每块云都有自己的精彩，每块云都会给我们带来惊喜。儿童的语文，有自己的哲学，这哲学不妨叫作"天上云彩下雨"的哲学。这是深度的语文教育观与儿童观。

永正有自己的风格，他的名片是他教学主张与风格的具体体现。他的儿童的语文，其实是故事语文，因为他的课堂里充满着故事——他会讲故事，他让语文讲故事，让儿童讲述自己学语文的故事、自己成长的故事。故事走进了儿童的心灵，故事也让儿童走进语文，儿童与语文相遇，正是与故事相遇，儿童与教师本身也是故事。这样，永正先生儿童的语文里，三个"儿童"相遇、对话、共生、共长。这三个"儿童"即教室里的儿童、语文里的儿童，还有他自己这位可爱的大儿童。儿童的语文，是三个"儿童"共同创造了儿童的语文，创造了"于氏语文"，编织了多彩的语文生活。在故事里，在语文里，在生活中，风格成为永正先生的背影，成为他人格的真实写照。

永正多才多艺，满怀的才情，满身的才华：一手好粉笔字、一口带有京味的普通话，会画画，会唱京剧，有时兴致所致，张口来一段经典唱段，脍炙人口，学生定会终身难忘。上个世纪90年代初，省教育厅曾邀请永正到厅里上一堂语文课，课文好像叫《小稻秧脱险记》。他将小稻秧当作人，将野草、病虫以及农药比作人，在表演中体验，而语言文字的运用就在其中，上得极为生动,又极为"语文"。永正酷爱艺术,酷爱表演。从艺术学的观点来看,表演既有舞台上的,又有日常生活中的,人与人之间其实也是一种表演,叫作社会性表演。语文教学当然应允许表演,语文教学本身就是表演;从教育的本质来看,教育是艺术,而艺术往往通过表演去表现。再从儿童的特点来看,儿童是艺术家,表演也是他的天性。儿童的语文,需要教师的才情,需要教师的艺术才华,需要审美化的教学风格。

说到审美化的教学风格,不得不说永正的中华文化的积淀,不得不说他的中华美学的修养。完全可以说,永正的儿童的语文,是中华美学在语文教学中的生动体现。中华美学的核心是情感,表现方式是品味、体验、浸润,其境界是自由中的创造,其走向是审美回归日常生活,当然也要回归教育教学。儿童的语文正是顺应了这一回归。永正被誉为中国语文教学的艺术家,是恰如其分的。因此,儿童的语文,是儿童所喜欢的,中华美学精神照耀下的语文。

永正的名片是座富矿,是留给我们的宝贵的文化遗产和精神财富,值得珍惜,值得永远珍藏。

实现教育过程的整体优化

——陶西平教育思想评述

2020年5月19日早晨，陶西平先生在北京逝世。噩耗传来，我立即起身，向着北方三次鞠躬，遥祝先生一路走好，然后呆坐在椅子上，不禁遥想当年。

1986年初冬，教育部组织了改革开放后第一个"中国小学教育赴美考察团"，陶先生是团长，我是团员。那是我第一次见到陶先生，也是第一次与先生相处十多天，而且是在异国他乡，感触很深。当时我对美国尤其是对美国小学教育知之甚少，但是陶先生对此却相当熟悉，足见他的视野之宽、功底之厚、"备课"之认真。他每一次的致辞，他交流中的谈吐，他考察后的评点，都让所有人钦佩不已。国门重启后，陶先生给美国同行留下极深的印象，我想这不仅是因为他儒雅的君子之风，更重要的是他的眼界、见识和前瞻性的教育理念，他代表着中国教育人的形象。现在回想起来，也许正是那一次赴美考察，让陶先生加快了国际教育交流、合作和研究的步伐。

也想起大概是2015年，江苏南通名师培养导师团委托我邀请全国著名教育家讲课，我第一个想到的就是陶先生。我知道陶先生的行程安排很满，所以用试探的口气给他打电话，没想到先生一口应允。我第一反应是先生是个念旧情的人，他虽然身材高大，却身姿很低。那是一个夏天的傍晚，先生从北京到上海，又风尘仆仆地来到启东的一个乡郊，海风吹乱了他的头发，让我深感不安。对于第二天的讲座，听课的未来名师们反映极好，用八个字来概括："家国情怀，国际视野"。我们在东海边，瞭望大洋彼岸，国际教育改革的信息在这里汇聚，形成了一种特有的气象。

当然，30多年来，我和陶先生的接触还有很多次，但每一次接触都有新的感悟。法国数学逻辑思维教育学专家贝尔纳黛特·盖里泰-埃斯说，每一次的经历都是"在时间里注册"。时间记录并"注册"了陶先生的教育思想，于我则是"注册"了对陶先生教育思想的真切感受。

一、陶西平教育思想透射的文化特征

"我们全部的尊严就在于思想。"帕斯卡尔这一关于思想价值的判断至今仍是经典。我们对陶西平先生的尊重就在于对他教育思想的尊重，思想让陶先生获得了崇高的尊严。陶先生的淡定、儒雅，在于他思想的通达和坚定，他的教育思想犹如一叶智慧的扁舟，带着我们远离浮华虚空的此岸，驶向未来而又可触摸的彼岸，于是我们也增加了一份淡定和自信。

思想在时间里"注册"，同时"注册"的还有情怀、道德、文化，最终"注册"了人格。因此，思想并非虚无缥缈，而是有落脚的地方。也正是落脚于情怀、道德、信念，思想才得以孕育并生长起来；长在人格深处的思想才有力度，才会真正成为人的灵魂。对陶先生教育思想的学习和研究，也要遵循这样的理念与理路，从他人格的方方面面来透视他教育思想的文化特征。

其一，人格特征："尊德性而道问学"——教育思想中透射出的大情怀。陶先生是做学问的人，是有学问的人，但他首先尊德性、有道德，两者联系在一起便是道德文章俱佳。尊德性，表现在他对人的尊重，是个有情有义的人。大凡母校北京四中请他去作讲座，即使原本请的不是他，他都毫不计较，爽快答应。在陶先生的心目中，母校永远是圣洁的，是要感恩的。担任北京十二中校长时，他给学校留下的最宝贵的财富是"同心同德，兢兢业业，求实创新"的校训，以及严于律己、宽以待人、淡泊名利、厚德载物的形象。后来即使当了北京市教育局局长、北京市市长助理、中国教育学会副会长、联合国教科文组织协会世界联合会副主席，他也总是说：我顶多是一名认真的教育工作者。30多年，他创办并一直亲自指导《中小学管理》发展，担任首任主编和编委会主任，坚持实践取向，使杂志成为教育学术期刊里独特的风景。他对边远地区、穷苦地区教育的关怀，更是满蘸浓浓的情、深深的爱。人格的高尚，让陶西平教育思想温暖而美好，也更有力量。陶先生以自己的道德情怀站在学术研究的制高点上。"尊德性而道问学"成为陶西平教育思想的人格特征，成为他作为教育家的精神标识。

其二,论域特征:"致广大而尽精微"——教育思想中透射出的大格局。陶先生研究教育有大视野,研究宏大问题,从发展战略上思考问题,提出整体性策略,同时又从小处着手,具体入微,一步一个脚印,一个环节一个环节地去落实。他将中国教育研究与国际教育研究结合起来,统一在一起。"本土情怀,国际视野""全球趋势,本土行动"是对陶先生研究领域之宽之深的共同评价。他将基础教育与其他类型教育的研究关联起来、贯通起来。普通教育与职业教育,公办教育与民办教育,中小学教育与幼儿教育、特殊教育等,他都予以关注,都在他的研究视野之中。他将课程、教学、评价、管理加以整合,形成研究链条……大视野带来大格局,大格局带来大气象。他充分肯定北京四中"大气成就大器"的观点,进一步阐释说:"好的教育确实应该是'大气'的教育。这种'大气'指广阔的视野、长远的目标、深厚的底蕴、高雅的品位。"致广大而尽精微的大格局大气象在陶西平的教育思想中熠熠闪光。

其三,取向特征:"极高明而道中庸"——教育思想中透射出的大智慧。沙培宁老师在对《陶西平教育漫笔选集》的书评里这么评述:"陶老对'涌动的潮流'的关注,不是停留在相对平滑、明朗、光鲜的理念或理论的表层,而是沉潜到可能有暗礁、有湍流、有起伏的河床、有曲折的河道的实践深层","从广袤的大地中生长出来","基于田野、回归田野、天地融合"。此评述极是。研究者们总是在理论与实践的关系中摇摆、徘徊,以至发生偏差。陶先生却从来没有,他的研究总是带着从容中的自由、平衡中的高蹈,因为在他的教育思想中,理论与实践原本就是融合的、贯通的,两者相互趋近,然后在某处会合。这是中庸之道。中庸之道是"极高明"的,是一种大智慧。所以有人评论称,陶先生是教育实践家、理论家、引领者、领导者。中肯的评价道出了陶先生"上下求索而常人不能为之"的楷模形象。庄子关于大智慧的论述"大知闲闲""大言炎炎"已鲜明地凝结在陶先生的身上。

陶西平教育思想的核心特征,用一句话来说就是"我还是那颗心"。这颗心熠熠生辉,照亮了他的教育思想,照亮了教育的天空。

二、陶西平教育思想的核心主张

因为论域宽、致广大,陶西平教育思想有许多触角,有各种不同类的闪光的侧面,像是一处处金矿,可以汇聚成一座金山,等待我们去探索和开发。陶西平教育思想的丰厚性在诸多教育家中是不多见的。

丰厚、多视角、多侧面并非散乱,而是有一个核心主张将各方面的论域串联、贯通、编织起来,形成网状结构,提纲挈领,彰显其教育思想的整体性、系统性和层次性。这个核心主张是什么?又在哪里呢?有个情景让所有人为之动容:病重期间,陶老已无法睁眼,无法自主呼吸、进食,只能靠呼吸机和鼻饲维持,医院已报病危。就是在这种情况下,陶先生闭着眼睛,摸索着在小白板上写下一行字:"我的教育追求就是实现教育过程的整体优化。谢谢大家,我还是那颗心。"发自肺腑的这句话——"实现教育过程的整体优化"正是陶西平教育思想的核心主张。这一核心主张在他心里已存活了几十年,从萌芽到形成,到发展,到结出丰硕的果实,直到他走的最后一刻,念兹在兹。这是他为之奋斗一生的心愿,是支撑他一生的永恒价值,是他给后世教育改革的一个庄重的交代,是留给我们最为宝贵的思想财富,是他那颗滚烫的心,永不改变,忠贞不渝。这一核心思想建构了陶西平教育思想的体系,是陶西平教育思想的魂与魄。

(一)"实现教育过程的整体优化"的学理基础与本质

"实现教育过程的整体优化"是陶西平教育思想的本体论。教育是各种要素相互作用的完整的活动,是各种要素互动、生成意义的过程。教育过程的完整性是教育的题中必有之义,是教育的命义。教育哲学家怀特海在《教育的目的》里用注释的方式,以一个比喻道出了教育的这一命义:"我不愿意为取金蛋而杀掉我的老母鸡。"[1] 老母鸡是不能被肢解的,也不能为了结果——取金蛋而杀掉老母鸡这一生命体。因此,怀特海开宗明义:"零零碎碎的信息或知识对文化毫无帮助。"[2] 再往深处讨论,教育是培养人的活动,教育过程的整体优

---

[1] 怀特海. 教育的目的 [M]. 庄莲平,王立中,译注. 上海:文汇出版社,2012:4.
[2] 同上:1.

化也是基于人的整体发展的必然要求。人的整体性要求教育过程的整体优化；教育过程的整体优化，促进了人的全面发展，整体优化教育的过程亦是整体优化人的发展过程。十分遗憾的是，原本众所周知、毋庸置疑的常识，却被无情地遗忘、丢弃。但是，陶先生将这一常识深深扎根在心里，以至成为他的"那颗心"，坚信不疑、坚定不移。熟知并非真知。陶先生始终不渝地坚守这一核心主张，不只是着力于整体，更是着眼于过程的整体优化。教育过程不是各要素的简单组合，而是在整合时的科学、合理、融通和升华。

（二）"实现教育过程的整体优化"的核心价值

"实现教育过程的整体优化"是陶西平教育思想的核心价值观。

核心价值要义之一：追求教育公平与义务教育均衡发展。2009 年起，陶先生参与《国家中长期教育改革和发展规划纲要（2010—2020 年）》的研制，担任国家教育发展战略教育公平组的组长，后又担任国家教育咨询委员会义务教育均衡发展组组长。他非常鲜明地提出："树立科学的教育公平观"，"为了真正的教育公平"，"要更加注重教育公平"。实现教育过程的整体优化首先指向教育的公平，实现义务教育的均衡发展。

核心价值要义之二：促进教育的可持续发展。整体优化过程与可持续发展有着密切的内在关联性，陶先生将两者统一起来。他在担任中国可持续发展教育指导委员会主任时，着力于推进可持续发展教育的时代特色、能力建设以及学校与地区的素质教育实施。他所主持的这一项目被国际权威专家称为"旗舰项目"，推动了"重视可持续发展教育"理念进入《国家中长期教育改革和发展规划纲要（2010—2020 年）》。显然，教育的可持续发展是"实现教育过程的整体优化"的重要目的和显著特征。

核心价值要义之三：推动教育现代化建设。教育现代化的本质是人的现代化，其过程是漫长的。教育过程的整体优化说到底是对人的全面发展的整体优化，人的全面发展的整体优化必然推动教育现代化的进展。陶先生主持区域教育现代化研究，将研究方向定位于区域教育现代化的途径和评价体系，旨在通过协调发展推进教育过程优化。

（三）"实现教育过程的整体优化"的体系建构

"实现教育过程的整体优化"是陶西平教育思想中的系统论。整体优化不是偏于一隅，也不是平面的，当然更不是碎片化的。陶先生立足于整体优化，着力建构一个较为健全的教育体系，将整体优化落实在体系建构中。在教育的类别上，陶先生在关注基础教育的同时，关注并研究职业教育，提出："发达的职业教育是建设现代化强国的必要条件"，"职业教育改革势在必行"，其关键是"与时俱进"。他关注并研究民办教育，是民办教育法起草领导小组成员，2008 年起担任中国民办教育协会会长，召唤"肩负起民办教育的社会责任"，建起"中国民办教育发展史上新的里程碑"。他关注并研究家庭教育，开展家庭教育的指导行动，协调各方面家庭教育的力量，在他的推动和影响下，北京市的家庭教育为全国树立了一个榜样。在教育的体制上，陶先生坚持义务教育以县为主。在教育的机制上，陶先生以加强教育督导和教育评价为重点。

（四）"实现教育过程的整体优化"的突破口

"实现教育过程的整体优化"也是陶西平教育思想中的方法论。整体优化需要有切入口和突破口。陶西平研究教育过程的整体优化，有几个重要的切入口、突破口。其中尤为重要的是学校内部管理体制改革与教育评价。如上文所述，教育过程整体优化关涉教育体制改革。陶先生在研究宏观教育管理体制改革的同时，大力推进学校内部管理体制改革。在担任校长期间，陶先生借助系统论，分析了学校内部管理诸因素的相互关联和制约关系，提出以整体优化思想改革学校管理体制，实施校长负责制、教职工代表大会制、教职工聘任制三位一体的管理体制改革，激活了学校的创造力。在担任北京市教育局局长后，他向市政府提出在全市推进学校内部管理体制改革，开创了激发学校内部活力的理论与实践。此外，他将教育评价改革作为突破口，用评价撬动改革，推进教育过程的整体优化。陶先生主编的《教育评价辞典》正是其教育评价理论与思想的集中体现。

三、陶西平教育思想的核心关切

陶西平教育思想致广大,又尽精微。广大并不意味着大而无边,必须落实到具体的改革载体上;同样,尽精微,也不意味着丢掉全局而拘泥于细枝末节,不能跳脱出来。致广大与尽精微在陶西平教育思想中得到了完美的体现,他将这一核心关切落实在学校教育教学改革之中。这一选择并不难理解。陶先生是从学校走出来的,对学校的内涵建设以及内部管理改革有亲身的经历,那份情怀、那种经历让他始终把关切的目光投向学校。更为重要的是,学校是教育的细胞,每一个细胞健康,教育的肌体才会健壮。纵观中外教育改革,它们大多是从学校的改革实验开始的,无论是杜威的实验学校、陶行知的晓庄学校、育才学校,苏霍姆林斯基的帕夫雷什中学,还是当今的北京十一学校、锡山高中、清华大学附属小学。陶先生关于教育过程的整体优化思想也是起源于他任北京十二中校长时的教育整体改革。陶先生深谙这些史实与现实,又听从时代的召唤,用尽精微支撑致广大,让中华传统文化的思想精髓在今天的教育改革中得以弘扬。学校教育教学改革、管理改革是陶西平教育思想中极为闪光耀眼的一部分,他的那颗心永远在可爱的校园里跳跃。

其一,对学校素质教育的关切。陶先生对素质教育有自己的独到见解。他认为,推进素质教育应聚焦于教与学,要为时代而教,为发展而教,为"不教"而教。为时代而教,即素质教育既要扎根中国大地、办出中国特色,又要适应时代的要求,跟上时代的步伐,让素质教育带领我们走向未来。为发展而教,即学生是发展中的人,发展中的人是不断完善、不断进步的人,发展要走在教学的前头,教学要促进发展,素质教育是以发展人的素质为宗旨的教育。为"不教"而教,即发展是不可代替的,不教是为了彰显学生的主体性;教是手段与过程,"不教"才是目的;教是暂时的,"不教"才是永远的。陶先生在教与"不教"中让思想充满张力,诞生教学的精彩。为时代而教,为发展而教,为"不教"而教,最终是为了育人。对人的关切,对育人的关切,是陶先生对素质教育的核心表达。

其二,对学校德育的关切。尊德性而道问学的人必然关注和研究德育。陶西平教育思想中关于德育的研究有三个重要特点。一是德育首先是对人的尊重。尊重是人性的起点,是道德的起点,当然也是教育的起点,从尊重人开始的德育才是审美的、愉悦的,才是让人站立起来的有尊严的德育。二是研究德育流程。德育流程是基于学生品德养成过程规律的探寻。德育流程离不开德育方式,德育方式必定是道德的方式,假若方式不具备道德性,那么德育就会偏离道德的轨道。只有让德育流程回归德育本来的规定,德育才能够名副其实。三是增强德育的渗透力。道德教育应是无痕的,但最终是"有痕"的,是长期无痕德育在人的文化心理上的沉淀。"随风潜入夜,润物细无声",这是智慧的渗透,其结果是"春种一粒粟,秋收万颗子"。

其三,对开发学生潜能的关切。2008年8月,陶先生代表中方与美国亚利桑那大学琼·梅克教授签署了"借鉴多元智能理论开发学生潜能的实践研究"项目。这一国际合作项目通过研究逐步形成适合学生多元潜能的学校课程和以"问题解决"为导向的教学策略,以及相应的多元多维教育评价体系,为国家基础教育课程深化改革提供了参考依据。开发潜能直接指向学生未来发展的无限可能,又将无限可能呈现在当下现实性的整体优化上。

顾明远教授为陶西平先生仙逝题写了一副挽联:"祖国情怀,世界眼光,博学睿智,奉献教育终身;共同理想,交谊四旬,相济相助,泪送挚友仙逝。"这既是对陶先生人格的赞美,也饱含着对陶先生教育思想的肯定与赞颂。

(备注:本文写作参考了顾明远、罗洁、沙培宁、刘长铭、刘华蓉等人所写的怀念陶西平先生的文章和《陶西平简要生平介绍》,在此一并致谢。)

新教育：未来教育的一面旗帜

2000年11月，朱永新教授的《我的教育理想》出版了。千禧之年，这本专著的出版，成为新教育实验诞生的标志。20年来，朱永新老师和他的团队，将问题导向与使命导向结合在一起，以勇气、意志和智慧，以开阔的视野和开放的胸怀，把教育理想扎根在中国大地，扎根在校园，扎根在教师的发展，新教育实验不断开掘、不断完善、不断发展，深入探索立德树人的实现方式，逐步完善了新教育的育人范式。与此同时，朱永新以他的实践哲学与美学方式，影响着学校，影响着中国基础教育改革，彰显着重要的引领作用。

新教育是素质教育的一面旗帜，是未来教育的一面旗帜。

一、理想抱负：为中国未来教育探路，坚定素质教育信念

有不少人说，朱永新老师是个理想主义者。朱永新老师并不追究这种评述的意图，是褒是贬，他不在意，因为他是一个心胸十分坦荡、开阔的人，有自己的价值理想和行动准则，更为重要的是，他胸中有一团火，始终燃烧着，这团火就是他的理想。他说："一个国家总要有一些人做梦，总要有一些人高举理想主义的旗帜。教育要有理想，做教育的人要有理想，否则我们的民族、我们的国家就永远没有理想，没有出息。"他又说："政治是有理想的，科学是有人性的，财富是有汗水的，享乐是有道德的。如果我们在未来的孩子身上能够看到这些，我相信我们的国家就是有力量的。"这就是朱永新老师的理想，是他的理想主义。显然，他的理想折射出"人民有信仰，国家有力量，民族有希望"的核心价值追求。这不是他个人的理想，而是国家强大、民族振兴的理想照亮下的教育理想，将个人的、教育的理想编织进国家的理想框架与愿景中。

当下，我们需要朱永新和他的团队的理想，希望出现更多的扎根大地的教育理想主义者。

朱永新老师将教育的理想提升为抱负与使命：为未来的中国教育探路。他说得通透而实在："中国这么大，区域发展不平衡，需要一些不同的探索，纯粹让教育行政部门去做，那也是不太现实的。"他正是在进行"不同的探索"。"不同的探索"既表现了他的使命感，又是他的改革、创新观，即探索者可以有不同的身份，可以走不同的路线，也可以形成不同的力量。朱永新老师以学者的身份，激发、调动、组织学校校长、教师队伍走另外一条线路：民间线路，即自下而上的路线，把自上而下的推动转化为自下而上的自主生长，用民间的力量、大众的力量，为中国教育探路。事实证明，新教育实验让中小学的校长、教师激动起来，兴奋起来，沸腾起来。他们是草根，但绝不是"沉默的大多数"，而是改革的生力军。新教育实验告诉我们，只有当大众被唤醒以后，主动投入、积极参与以后，教育改革才会真正发生，才会深入推进。这也是朱永新他们的理想。

对于这样的理想与抱负，朱永新老师还有另一种表达：为中国而教。为中国而教，大气、豪迈、自信，但不只是此，而首先是个方向问题、目的问题。新教育之新，就新在为中华民族的振兴培养人才，要培养能担当民族复兴大任的时代新人。新教育自觉地把学生个人的终身发展，与社会进步、国家强盛、民族振兴，结合在一起，统一在一起。新教育行走在新时代，有了更深厚的时代内涵、更高远的价值立意、更坚定更鲜明的志向，"择高处立，就平处坐，向宽处行"正是新教育最美的姿态。这是理想主义的姿态，并非玄，而是实；并非浅，而是深；并非只是技术、途径、方法，而是实实在在的专业。

为未来的中国教育探路，为中国而教，应有个理想的主张和形态，那就是素质教育。朱永新老师及新教育信奉的、坚守的正是素质教育。他坚定地认为，基础教育就是素质教育，素质教育揭示了教育的本质和功能，也揭示了教育的基本问题和具体规律。新教育为中国教育探路，探的是素质教育之道，走的是素质教育之路。中国教育，未来的中国教育应是素质教育的形态。在这一前提下，朱永新、新教育对素质教育的内涵与实施有着独到的见解和举措。

第一，他认为，素质教育是人的教育，即"为了一切的人""为了人的一切"这两条标准。朱永新老师说，现在有人说素质教育过时了，要提核心素养了，"我觉得，关键并不在于讲素质或者素养，而在于我们究竟要办怎样的教育，培养怎样的人。一个好的教育，首先要解决这个问题"。在他的理念深处，教育的根本任务是育人，是立德树人，这是方向问题；而核心素养是关于人的，是离不开人的，要服从于服务人的发展，也可以认定，核心素养推动素质教育进入新阶段。

第二，他认为，素质教育的着眼点是生命教育。他说，新教育有不同的角度，但有一个角度不能忽略，那就是生命的角度，"要从生命本身的完整性"来认识与把握，"从人自身最终发展的完整性来说，就是'让每个生命成为最好的自己'"。新教育提出了"拓展生命的长、宽、高"的主张，"自然生命"强调"长度"，"社会生命"强调"宽度"，"精神生命"强调"高度"。从学理上看，素质是人的先天禀赋，原本就属生命的范畴，即使是素养，也是植根于生命之中的生命状态的凝练与表现。素质教育的着眼点置于生命教育是有高视角的。

第三，素质教育应有重要的基础，即由阅读开始的精神成长。朱永新认为，素质教育应当有重要的基础，是站在基石上起飞的。他这么说："人最基本的素质是人的精神成长，而一个人的精神教育史就是他的阅读史。所以，素质教育应当从阅读开始，阅读应该成为素质教育的基础工程。"这是一个相当深刻而精彩的观点，显现了朱永新老师和他的团队思想的敏锐。

第四，素质教育应当有丰富而又实在、扎实、有效的载体。朱永新老师认为，素质教育缺的不是理论，而是扎扎实实的行动。新教育所设计与实施的十大行动不仅搭建了素质教育的框架，而且落实了实施的举措。这些都是为了达到新教育所规定的素质教育的标准："给孩子一生有用的东西"。

理想、抱负、理念、行动不负有心人，长期的实践锻炼并洗练了新教育，让新教育成为中国素质教育的一面旗帜。

二、价值大原：过一种幸福完整的教育生活，让素质教育触及生活的主语与主体

新教育始终有自己的价值追求，并逐步形成自己的价值定位，让其鲜明、

坚定。新教育把价值定位于生活，定位于生活意义的追索。为此，他们将已割断了的、省去了的生活与形而上的关系修复起来，联结起来，进而将理想、信念植根在国家、民族文化哲学的土壤之中，成为新教育的价值大原①，从价值大原中寻求生活的崇高、神圣与大美。从这一认识出发，新教育的价值大原显得十分"简单"、素朴，那就是"让学生过一种幸福完整的生活"。朱永新老师反复强调，幸福完整的教育生活，"就是新教育的核心价值"，"是教育最重要的使命"，"也是未来教育的根本方向"，"是新教育永远不应该变的追求"，并且进一步强调，"教育不管怎么变，这两条是不会变的——幸福和完整"。

价值大原，会让我们的生活从小知走向大决，从小能走向大成，于小物而求大论。"过一种幸福完整的教育生活"这一价值取向，具有根源性、基石性、方向性、生成性、发展性。这一价值大原，内涵丰富，但不复杂。其一，过幸福完整的教育生活，首先是生活。生活是教育的主语。生活是教育之源，也是教育之目的，教育在生活中展开，教育本身就是一种生活。离开生活这一主语，教育就是无源之水，也失却了价值意义。其二，学生是生活的主体。学习是学生共同的使命，生活远离学生，便是空洞的、玄虚的、与人无关的。其实，离开了人就没有生活，离开了学生，教育也就不存在了，就不是教育了。主语与主体的相互呼唤、相互映照、积极互动，带来真正的生活和教育，这显然是价值大原。其三，幸福是生活的核心。犹如内尔·诺丁斯所说，幸福是教育的核心目的，也是教育的核心价值。缺失幸福的生活，丢失了教育的本义，教育发生了异化。在这种状况下，学生实质上已成了生活的工具以至奴仆。不言而喻，幸福是教育与生活的价值大原。其四，完整是幸福生活的基础、前提与关键。这也不难理解，不完整的生活肯定是不幸福的，从不完整的生活中走出来的人也肯定是不完整的，而完整的儿童才是幸福的，同样，这样的教学也才是幸福的。新教育将"幸福"置于"完整"之前，这一前提的倒置，恰恰是对前提的强调，以及对目的的凸显。从价值大原的视角来看，"过幸福完整的生活"，是一种大知，如前所述，在大知中大决，在大决中大能，在大能中大成，这是大论。

---

① 司马云杰. 文化价值论 [M]. 西安：陕西人民出版社，2003.

这样的大论不是空谈，而是具有强烈的现实针对性。新教育实验有四个方面的目标，第一个便是"改变中国学生的生存状态"。朱永新检视了学生的生活状态："现在大部分学生感受不到学习的快乐，享受不到成长的幸福。"他举了个例子。有个学生学习很差，常挨教师的批评、父母的打骂，教师找他谈话，他反过来对着教师把桌子一拍，"这学习是谁发明的！"这个例子并非个别，也并非极端。试想，这样的生存状态，能实现立德树人的根本任务吗？能培养担当民族复兴的时代新人吗？莎士比亚作品中的哈姆雷特说，生存不是问题，生活才是问题；作家刘震云说，生活不是问题，怎样生活才是问题。新教育认为，其实这些都是问题，怎样活得像个人、像自己，更是问题。而新教育正是要改变这样的生存现状，解决这样的问题。"幸福完整的生活"，真的是个重大的现实价值问题。

价值大原还深入问题的本质。新教育实验旨在"过幸福完整的生活"，是在澄清、明晰、端正一个问题：人，即人是一种意义的存在。人既可以创造意义，也可以破坏意义。人的意义存在，体现在生活中。所以，人是意义的创造者，是指教育有价值立意，在价值立意的追求中，创造生活的幸福和完整；而人是意义的破坏者，则是因为教育生活的变形与异化，让人失去了理想，失去了创造力。新教育实验，将"过幸福完整的生活"直抵教育的核心与本质。其实，这是教育的回归。朱永新老师早就非常明确地指出，新教育之新，就是在于回归。但是，新教育实验又告诉我们，在回归的路上，总有新的想象，亦即引起新的创造，改革需要回归，回归中的想象与创造是种改革。"过幸福完整的生活"还有更深远的意义。罗素在1926年出过一本书：《教育与美好生活》，论及了雅典人与中国人的生活态度和状态。他说，雅典人和中国人一样，都希望享受人生，"然而，在两种文明之间，也存在极大的差异，泛泛说来，产生差异或归于希腊人精力充沛，而中国人则懒懒散散……中国文明则只能为外力所亡……中国的传统教育已与现代世界极不相称……"[①]不能说罗素的比较没有道理，但肯定是有失偏激和公允的，而且其中的误解与荒谬是显而易见的。不

---

① 伯特兰·罗素.教育与美好生活[M].杨汉麟，译.石家庄：河北人民出版社，1993：28-29.

过，我们从中领悟到了教育与美好生活，不只是一个教育问题，而且是中国人的生活状态、精神状态面世的问题，与中国人在世界中的形象密切相关，关涉国家文明、民族精神性格问题。新教育寻找到了价值大原。

三、逻辑基点：提升教师精神生命，让教师成为素质教育的主人和创造者

新教育实验非常重视改革的逻辑起点。关于逻辑起点，朱永新老师有个比较：教育改革，有的把逻辑起点放在课堂上，让课堂焕发生命的活力，通过课堂来撬动整个教育变革；有的把逻辑起点放在课程上，通过课程的重构，带动教育改革。总之，所有的教育改革都会有一个总的想法和主张，这一总的想法与主张往往就是它的逻辑起点。新教育实验就是要从逻辑起点出发，站在逻辑基点上，向前向上瞭望，向下向内开掘深化，促使改革有新的突破、提拔和跃升，成为真正的素质教育，并促使素质教育进入一个新层面。

新教育实验的逻辑起点和基点在哪里？他们坚定地认为，是教师。为此，朱永新老师作了非常简洁的解释："所有的教育问题，里面最重要最关键的就是教师。谁站在讲台前，谁就决定教育的品质；谁站在讲台前，谁就决定孩子的命运。教师是所有问题的出发点，教师是课堂的生发点……教师也是课程的出发点，不仅是课程的执行者，同时也是课程的研发者。"接着，他从相反的角度进一步论证："没有教师的发展，学生的成长就成为无本之木；没有教师的研发，课程就成为无源之水；没有教师的实验，课堂就成为水中之月。"简洁的解释，正反两个方面的阐释却是十分深刻的。首先，这样的选择与确认，回应了世界教育改革潮流。联合国教科文等四个组织曾联合提出一个口号：复兴始于教师。一个民族是这样，一个国家是这样，教育、学校更是这样。用朱永新的观点来看，教师的讲台决定着教育的未来，也决定着民族和国家的未来。这样的认识，视野开阔，格局很大。其次，当下教师的生存状态堪忧。忙、累、苦，疲于应付，生存空间越来越狭窄，行走方式越来越单一、刻板，精神生命的丰富性、鲜活性、崇高性越来越受到冲击和伤害。以上的描述并不过分，而且这一现实状况越来越普遍。这与应试教育的严重干扰与破坏有着极

大的关联。如果不重视、不改变,课堂、课程的改变是没有希望的,学生的发展只能是句空话,用朱永新老师的话来说,不能"把每一个教师放在心上",就无所谓"把每一个孩子放在心上"。显然,新教育实验逻辑起点、基点的选择既形而上又形而下,聚焦于素质教育。有这样的起点才能走得远,站在这样的基点上才能走得深。

  以把教师成长作为逻辑起点、基点,新教育有不少的新观点、新举措,显现了不少的创意。其一,"教师专业发展"应当是"教师发展",而教师发展的实质是教师成长,因为教师成长指向生命,尤其指向教师的精神生命。这一理念和主张,是对教师专业发展深度认知与更全面、更准确地把握,而且是对"教师专业发展"的超越。其二,即使是教师的专业发展,也应是一个多层面的专业结构,包括专业阅读、专业写作、专业交往。专业阅读的旨意在于,"站在大师的肩膀上前行",专业写作的旨意在于"站在自己的肩膀上攀登",专业交往的旨意在于"站在团队的肩膀上飞翔"。好一个"站",好一个"肩膀",好一个"前行""攀登""飞翔",这些都是生命的状态、生命精神的状态、教师行走的状态。鲜活的状态,必定带来鲜活的素质教育。其三,要提升教师精神生命,开展生命叙事。叙事不仅可以提供一个可以分享的世界,而且让"时间人格化",让人的身份得以确认,人的意义、教师的精神价值在叙事中得以呈现和彰显,尤为引人关注和深思的是新教育教师生命叙事的语言。朱永新老师将生命叙事的语言分为三类:人类的语言、民族的语言、地方的语言。人类的语言,透射的是博爱,对自由的向往与追求;民族的语言,透射的是民族的文化性格、家国情怀,血脉、根、魂与脊梁,用中国的语言叙事,"活出中国文化的根本精神";地方的语言,那是地域文化、地方独特风格的雕塑。总之,生命叙事是语言的狂欢,是教师精神生命的欢唱。其四,重塑中国教育的人文精神。朱永新老师把提升教师精神生命、重塑中国教师的人文精神,作为教师发展的意义境界。他常说,一所学校如果没有人文精神,肯定是没有品位的,肯定是没有人文与道德的,相反,学校或教师很有可能成为"暴发户"。人文精神让教师在精神上真正站立起来。如果说教师的全部尊严在思想,那么教师的全部价值在于精神境界的提升。其五,教师发展需要打造共同体。尽管鲍曼在《共同体》中说,真正的共同体是不存在的,因为规则与自由总是发生碰撞,不能调和。但是，事实已非常清楚地告诉大家：新教育是一个真正的共同体，改变教师行走方式，提升教师精神生命，教育改革从逻辑起点与逻辑基点上起飞了。

20年的实践，新教育实验已收到了特别宝贵、十分幸福的礼物：人，教师，再一次努力地从应试教育的桎梏中挣脱出来，奔向素质教育，勇敢而坚定地站立起来，成为素质教育的主人，成为素质教育的创造者。这既是教育改革的逻辑起点，又是教育改革的逻辑基点，更揭示了教育改革的逻辑。如此，用逻辑推动的新教育实验，必定让教师用自己的力量，成为素质教育旗帜下最富精神生命的生力军。

四、关键因子的突破：书香校园、完美教室、新父母学校等关键因子，让素质教育落地生根

作为以理想主义和田野行动为主要特征的新教育实验，在高举理想主义的大旗、唤醒教师的生命激情和教育梦想的同时，特别强调田野意识与行动精神。而这样的田野意识、行动精神，是有"田野设计"与行动框架支撑的：营造书香校园、师生共写随笔、聆听窗外声音、构筑理想课堂、研发卓越课程、缔造完美教室、家校合作共育等十大行动，以及晨诵、午读、暮省的生活方式等。此外，还分别就艺术教育、科学教育、生命教育等做专题研究。

以上的行动框架具有显著特点，那就是以专题的方式作为行动的主题，一个个专题即一个个行动；专题与专题、行动与行动之间相互衔接、相互促进与推动，形成行动链条，有序性带来持续性，让计划逐个落实；每个行动都扎扎实实，一步一个脚印，稳步向前，呈现良好的发展态势。新教育培育着研究品质和行动品格。

值得注意的是，这一行动链中有几个重点，形成了突破点，演绎为生长点，进而成为行动的动力源，推动了新教育的深入发展，彰显了新教育的亮点，成为影响素质教育的几个关键因子。

（一）关键因子之一：营造书香校园

新教育为推动青少年阅读、教师阅读做了极为有效的工作，在全国产生重

要的影响。新教育是"书香校园"概念的创生者、"营造书香校园"的首创者，是否加"之一"已无从考证。但这并不重要，重要的是新教育的阅读理念、推进机制、营造方式以及研究、实验的品质，不仅在实验地区和学校得以落实、体现，而且产生了辐射作用，影响了一大批学校。

朱永新老师有着自己独特的阅读理念。"一个人的精神发育史就是他的阅读史。""一个民族的精神境界取决于这个民族的阅读水平。"这两句话已成为当下中国阅读活动的核心概念和主流话语，让阅读站到了个人精神成长以及民族精神培育的战略高度，而且彰显了中国阅读的价值认知和中国品格，成为世界阅读史上重要的阅读思想，为人类文明的延续、发展提供了一块基石。至于社会，朱永新老师明确提出："一个书香充盈的城市必然是一个美丽的城市"，同时将城市的精神、气质和品格，与阅读联系起来，而且确定了"人人溢书香""处处有书香""时时闻书香""好书飘书香"四个书香社会的标志，形成这样的文化品格：书店应该成为一个城市的风景线，图书馆应该成为一个城市的精神客厅。如此的理念和行动，形象、生动，有品位，有境界。新教育的阅读方案影响了城市的气质和文化品位。至于学校，理念同样鲜明："一个没有阅读的学校永远不可能有真正的教育。"朱永新老师还这么告诉大家，当教师自身拥有阅读兴趣、阅读能力、阅读习惯的时候，教育就不用发愁了，因为我们拥有了一双飞翔的翅膀。的确是这样，阅读本身就是教育，既是教育的内容、教育的方式，更是教育的根基和境界。从国家到城市到学校，新教育建构了阅读理念体系，有的成了隐喻和文化符号。这也就改变了一个陈旧的观念和行为偏差：素质教育就是唱唱跳跳；确定并坚定这样的理念：素质教育需要唱唱跳跳，也需要读读写写，而且读读写写成为素质教育的核心内容。

新教育推进机制和营造书香校园的方式极有创意，逐步建构了自己的方法论。阅读推进的策略要是共读、共写、共同生活，显然，只有当阅读成为一种生活方式的时候，阅读才会成为一种习惯。那个喜欢喝酒应酬的企业家，正是这样改变自己的：在女儿"共读、共写、共同生活"的要求下，读了一个月突然发现，读书比喝酒有意思多了，结果在女儿小学阶段读了184本书，结论是：因为和女儿的共读，我们之间有了共同的语言和密码。共同的阅读、共同的情感、共同的价值、共同的愿景，点燃了共同的生活和生命。这种具有哲学、美学深度的阅读推进方式与机制让阅读成了一种享受。

（二）关键因子之二：缔造完美教室

朱永新老师对教室有个比喻："教室就是一根扁担，一头挑着课程，一头挑着生命。"生动而深刻的比喻，不仅道明课程的价值意义，而且阐明教室的地位以及由此产生的使命与责任。无论是课程还是教学，无论是理念还是具体要求，都发生在教室里。扁担，是一种工具，也是一个支点。工具与支点都可以撬动，但工具撬动的是教学改革，而支点可以撬动整个地球。在一个偌大的教育改革系统中，新教育实验把缔造完美教室当作关键因子，既是对现实状况的反思与判断，也是理论上的深思与选择。

在缔造完美教室的启发与召唤下，新教育实验的教师这么诠释教室：教室是我们的愿景，是我们想要到达的地方，是决定每一个生命故事是平庸还是精彩的舞台，是我们共同穿越的所有课程的综合，它包含了我们论及教育时所能想到的一切，我们就是要守住一间教室，让生命在教室里开花。是的，素质教育应该发生在课外，也应该发生在教室，如果教室里没有真正发生素质教育，那么课外的素质教育也不可能真正发生。教室的完美，其实是教育的完美。

按着扁担的比喻走，新教育力图解决挑扁担的人，即教师与学生的问题。教师与学生都是挑扁担的人，其中最为关键的仍然是教师。对于挑扁担的教师，新教育将核心置于创造性的认可与开发上。于是在教室里，诞生了新教育的独特语言密码："毛虫与蝴蝶""犟龟""相信种子""相信岁月"……当教师的创造性被激发出来的时候，扁担才会被挑起来。学生是不是挑扁担的人，确实是个问题，但新教育正在破解它。破解的关键词是：决定一间教室的，不是教室的好坏，而是谁站在教室里。教师要关注教室里的每一个孩子，守住属于每一个孩子的日子。教师挑起扁担的最终目的，还是让孩子挑起扁担，孩子挑起了扁担，挑起了教室，便挑起了世界和未来。这样的教室是完美的，是通向完美未来的。

（三）关键因子之三：新父母学校

"教育，从家庭开始"，这是新教育的主张。朱永新老师认为：所有人的人生远航，都是从家庭港湾开始的，家庭是真正的人诞生的摇篮。可现实状况是,"家庭是最容易出错的地方","父母是容易犯错的人","阅读是最容易被忽视的事情"。这些真知灼见,具有穿透性和冲击力。如果囿于学校,而不改变家庭,教育最终也不能成功。新教育有足够的勇气,有开阔的视野,具有强烈的社会责任感,为此新教育作了整体设计,并全面实施,家长学校、家庭教育、学校合育,都在设计中有了安排,都有长足的进展和突破。值得关注的是,新教育将这些思考与安排,聚焦于一种教育形态:新父母学校。

新父母学校之新,不仅指学校之新,更指向父母之新。朱永新老师不赞成用"家长"概念,而代之以"父母",让父母站在教育的角度,在概念上实现平等。在这一前提下,新教育的新父母学校有许多创新。比如,责任的明晰。"养不教,父之过",不能将父母育子、教子的责任全部推给学校,不应存在家庭与学校所谓的"责任转移",家校合育应在"责任"上不分裂,虽有分割,却应当共同担责。又如,确立共同成长理念。新教育认为,"只有和孩子一起成长,父母才是真正的父母",才是"新父母",而不是"同一个屋檐下的陌生人"。一起成长,进一步从理念上营造平等、和谐、民主的家庭氛围,从教育者转向成长者,在共同成长中诞生新父母、新家庭教育、新教育。再如,寻找教育的密码。"童年时代,一天犹如一年……要进入童年这个神秘之宫的门,就必须在某种程度上变成一个孩子。只有在这种情况下,孩子们才不会把您当成一个偶然闯进他们那个童话世界大门的人。"朱永新老师转引苏霍姆林斯基的话,期望父母成为这个掌握密码钥匙的人。最后,赠送孩子们最幸福的礼物。这礼物就是那些最伟大、最美好的图书,用图书滋养孩子的心灵,也滋养父母的人性与人格。

不只是以上三个关键因子,新教育的一系列关键因子和系列行动,让教育的理想主义扎扎实实地落在大地上,促使素质教育在整体推进中有突破,在突破中整体向前,行程中一直闪耀着素质教育之光。

五、新教育的理论建构与创新:中国美学精神照耀,回归与变革相统一中的实践哲学

新教育一直面对着一个提问:新教育究竟"新"在哪里?也有人写文章

说，新教育并没有什么新东西。朱永新老师和他的团队很坦然，"新教育实验的确没有什么新东西，因为我们只是整合了前人提过的理念，倡导着前人实践过的行动"。整合与倡导，其实是信奉与践行一个基本观念：最好的教育就是返璞归真的教育。据此，新教育概括了新特征：当一些理念渐被遗忘，复又被提起的时候，它就是新的；当一些理念古被人说、今被人做的时候，它就是新的；当一些理念由模糊走向清晰、由贫乏走向丰富的时候，它就是新的；当一些理念被从旧时的背景转到现在背景下去继承、去发扬、去创新的时候，它就是新的……这些绝不是自我解嘲，而是对理论的再认识、再诠释、再发现。

（一）新教育有种理论自信

任何教育实验的深处一定有着理论的支撑，否则是盲目的。新教育实验历经18年，不断扩大、深入，其生命的旺盛与强大，绝不是行政部门所能为的。实验之初，新教育就有两个愿景，其中之一就是"要成为扎根于本土的新教育学派"。朱永新说："建立学派也不是天方夜谭，学派无非就是建立自己的教育理论体系，有自己的实验基地，有自己的代表任务，有自己的代表作品。"紧接着，他反问：为什么我们不能做到呢？为什么我们只能跟在美国、欧洲后面亦步亦趋呢？这是反问自己，也是在回答别人的诘问。这就是一种理论自信，是一种文化自信，这样的自信定会带来大追求，带来理论自觉和行动自觉。我们不应在理论大山之前矮化自己，而是仰望大山，开始攀登。新教育正是这样，这种精神首先应当给予肯定和夸赞。

（二）新教育有着自己的理论解释

理论高深，并不深奥，它往往是常识的另一种形态。所谓"最好的教育就是返璞归真的教育"，所谓"最好的教育就是以不变应万变的教育"，就是指教育、教育研究，包括教育理论要回到基本问题上去。这些基本问题，朱永新老师称为"永恒的主题"。理论就是对基本问题的提炼、深化和概括，就是对主题的深度解读与阐发，进而回到"事物的本原——理念"。柏拉图的这一观点揭示了理论的本质及本原。新教育始终把实验的主题指向人，指向生命，指向本原、本质，其本身就是一种理论。新教育强调对已有理念的"整合"，已不只是坚守的问题,"整合"意味着理论的发展,在回归中变革,在变革中回归。

(三)新教育有着自己的理论框架

这一理论框架的核心是人,为了一切的人,为了人的一切,并由此形成五个基本观点:无限相信学生与教师的潜力;教给学生一生有用的东西;重视精神状态,倡导成功体验;强调个性发展,注重特色教育;让学生与人类的崇高精神对话。核心理念与基本观点编织了新教育的理论框架,这一框架是对以往关于人的理论的概括,也是对当代以人为主体理论的提拔,将两者进行了整合。新教育的十大行动就是从理论框架中自然生成的,是理论框架的具体体现。

(四)新教育有着鲜明的理论品格

新教育一直倡导行动、实践,一直倡导回到田野去。回到田野就是要回到教育的现场,回到教育发生的地方去,在那里才会有真正的"人"的存在,才会有课程、有教学、有管理。换个角度看,新教育本身就是一片田野。回到田野意味着教育实验的一切都要付诸行动,用行动来实践并实现教育理念,用实践来诠释和演绎教育理念。新教育所践行的是行动哲学、实践哲学,新教育的理论框架其实是理论与实践相结合、相融合的框架。正是在行动、实践中,熟知成了真知。新教育以行动、实践为骨干的理论品格值得关注与赞赏。

(五)新教育有着自己的理论话语系统

新教育、新教育人有着自己的话语方式、话语风格,形成新教育的理论话语系统。这一话语系统的核心话语是:过幸福完整的教育生活。围绕核心话语,新教育形成一组组关键词,显现了独有的话语风格。一是彰显话语的生命性。生命花开,生命多彩,生命的长、宽、高,生命成长,生命的丰富等。生命的力量在词语中闪亮,新教育的生命照亮了词语,照亮了教师的幸福和童年的光彩。二是彰显词语的行动性和建构性。营造、构筑、缔造、聆听、晨诵、午读、暮省……以及参与度、亲和度、自由度、整合度、练习度、延展度等充满动感,洋溢着行动的活力,犹如田野上的耕耘、播种、收割、整理,一片生机勃勃的景象。行动、实践,在理念的引领下建构教育。三是词语的召唤性。

为中国教育改革探路，为中国而教，造就中国人，在黄土地上见证，书卷气是领导力，上天入地的教育科研……召唤大家，鼓舞大家。我们完全能理解，为什么新教育实验能吸引这么多人，其凝聚力来自话语的召唤性。四是贴近生活的亲和力。新教育的话语让人有温暖的感觉，有倾听、倾吐、倾泻、沸腾的感觉，因为词语的"走心"。比如，良知、孩子、日子，像是在聊生活、聊家庭。此时，朱永新老师不就是一个"邻家大哥"，是良师益友吗？总之，新教育的话语表达，是诗意的、深刻的，在诗意的深处是理论的支撑和理想的张力。

说到这儿，我们不禁会联想到美学，尤其是中国美学。中国美学精神，在王国维《人间词话》三重境界的阐述中闪耀，在季羡林所认定的"品"中显现，在王阳明知行合一的思想、原则中折射。当然，中国美学精神是天人合一的大美，是人类命运大同的壮美。如今，美学又在回归，回归经典，回归日常生活。而这些，我们都会在新教育的实验、研究中有发现、有感悟，也有体验。新教育主张理论回归，与美学的回归不谋而合。我以为，新教育实验闪现了中国美学精神，正因为此，新教育的理论话语是中国美学方式下的自然体现。

朱永新教授是当代教育家，他将理论、实践与社会活动三者结合起来、统一起来，促使三者相互支撑，相互促进。他是教育理论家，也是教育实践家，还是教育的社会活动家。他从来都没忘教育的初心，自己的理想，从来没忘学校、课堂和那张讲台，从来没忘校长、教师和那些孩子们。他把根扎在黄土地里，教育的情怀永远燃烧起理想的火焰。朱永新教授永远把自己当作一个普通的教师，与校长、教师甚至小孩交朋友。大家喜欢这位大学教授，爱戴这位新教育实验的倡导者、设计者，敬爱这位教育家。

第三篇

好教师的精神标识与标杆

篇首语

李吉林：当代中国好教师的标杆

2019年夏天，李吉林，我的良师益友，永远地离我们而去了。

我悲痛不已，十分不舍。不过，我又总觉得她其实没走，只是为了情境教育中的一个问题，去新的世界寻觅新的答案。从她远去的背影里，我看到了她的正面。无数个正面，在晃动中，不断叠加在一起，渐渐地变化为一个鲜明的特写：广阔的蓝天下，金黄色的油菜花铺天盖地，一片金光闪闪。李吉林，满面红光，那抑制不住的笑容，真实，真诚，那是她心中情意的自然流淌。她一手牵着一个小朋友，从田野深处走来。哦，他们刚刚完成了一次蓝天下的情境学习，满载收获的喜悦。这，是一种真实而丰富的情境。

其实，李吉林本身就是一种情境。

"李吉林情境"是李吉林精神、思想、品格的真实写照，抑或说，李吉林的精神、思想、品格镶嵌在情境中，折射的是她的灿烂人生，闪亮的是她的美丽人格。于是，在这样的情境里，慢慢地，李吉林又演化为标杆——当代教师的精神标杆、师道楷模，引领、激励着教师前行。今天，我们怀念李吉林，就是要做一个李吉林式的好教师。

回顾与李吉林老师56年的相处，那些情景清晰地浮现在眼前。56年来，她的待人接物、研究实践、一言一行、写作著述，无不闪耀着她精神的高度、思想的可贵、人格的宝贵，以及她的个性。也正是通过这些，她告诉我们，一个优秀的当代教师是怎样成长的，教育家是怎样从普通小学教师队伍里走出来的。那根标杆矗立在大地上，也矗立在大家的心里。

一、李吉林老师告诉我们，当代中国好教师应当有自己的信条

信条，就是憧憬的理想与信念，就是所追求的意义与价值，就是担当的责任与使命。教育家都有自己的信条，李吉林也有自己的信条，并且有自己独特的表达。李吉林的信条首先是对人生意义的认知与追求。小时候，她的家里很清贫，但母亲的辛劳与教导让她知道"人穷志不能穷"。当教师了，她终于能挣钱了，能养活母亲了，但她深知："挣钱绝不是我生活的目的。"她坚信，穷人家的孩子也有丰富的想象力，也会很优秀。做个有骨气、有志向的好人，永远爱孩子，永远偏爱穷人的孩子，成了她人生的信条。

这样的人生信条一定会迁移到教育中来。"我虽不敢有远大的抱负，但心里一直对自己说：当老师，就得当好老师，当孩子喜欢的老师。"正因如此，她的信条鲜明而坚定：小学教师是我的第一身份。"第一身份"不仅意味着她还有第二身份、第三身份，更重要的是当教师、当小学教师是她最有价值的选择，是永远的信念，在任何时候都不会改变，更不会丢弃。"第一身份"，让她不断掂量自己的责任，又不断擦亮自己的人生意义，把自己和祖国联系在一起。1988年她当选为第七届全国人大第一次会议主席团成员，当看到报纸上刊发了《主席团里的小学老师》一文时，她马上意识到，"这绝不是因为我是李吉林，而因为李吉林是小学老师"。她敏锐地领悟到"小学教师的地位在我们国家得到极大的提高"。

如果说"第一身份"是她当教师的信条。那么，"教文，也要做人；教书，更要育人"便是她的教育信条。这一信条，她有诗意的表达，"做儿童心灵的塑造者"，"让儿童的心灵插上翅膀"。这些表达又聚焦于一点，做卓越老师的前提和关键是"老师必须深深地爱学生，爱每一个学生"。李吉林从来没说自己是儿童教育家、教育家，但正是这样的信条，给了她无穷无尽的力量，自信而幸福地走在教育家成长的路上。

二、李吉林老师告诉我们，当代中国好教师应该有大情怀

李吉林是个有生活情趣的人，多才多艺，热情洋溢，激情满怀。热情也好，

激情也罢，都源自她对生活、对教育的热爱。值得关注的是，她不止于有情趣，而是将情趣提升为情怀，凝结在儿童上，凝练为一个大写的"爱"。对儿童的大爱情怀，已成为她人格的组成部分，成为她人格的核心，成为她的魂灵。

其一，李吉林坚定地认为儿童是大写的人，是大写的儿童。其二，李吉林幸福地生活在儿童世界里。生活在儿童世界里，才能走进他们的心灵世界，才能真正懂他们，才能真正发现他们。其三，李吉林"在爱孩子中长大"，是"长大的儿童"。这是爱的力量，也是儿童的力量。在她心里，情感与意志难以一分为二，它们是互动的，是融通的。李吉林的大情怀，在"长大的儿童"上熠熠闪光。

三、李吉林老师告诉我们，当代中国好教师要把根深深地扎在大地上

李吉林有远大的理想，有高远的追求。李吉林有大情怀，有源自内心的博大的爱。但是，她始终非常清醒：理想在天上，情怀在心里，一个教师不能没有根，而根要深深扎在大地上。离开大地，离开田野，离开实践，理想是空洞的，情怀是苍白的。她给大家的印象是，浪漫，燃烧。其实她很理性，理想与现实，理论与实践，在她那里是统一的，融通的。

首先，李吉林把根深深植根于中华优秀的文化土壤中。她非常自豪地说：我是中国人，我爱祖国，我爱中华优秀传统文化，并且从中华优秀传统文化中汲取营养，滋养语文教育，滋养情境教育。她说："一千多年前刘勰的《文心雕龙》以及近代学者王国维的《人间词话》，可谓'意境说'的代表杰作，是中国民族文化的经典，其精髓可概括为情景交融、境界为上……读着它，不得不为其深广而震撼。"正是"意境说"让她"借古人之境界为我之境界"，"一切境界无不为我、为儿童所设"。从中，她概括了情境教育"真、美、情、思"四大特点。这四大特点，闪烁着中国情境教育的特色，深蕴着中华文化的意义，形成了一种特有的文化气息。情境教育是在中国文化大地上长出来的，中国儿童情境学习范式是中华文化在学习科学理论上开出的奇葩。正因为此，李吉林将情境教育推向了世界，在一个很高的平台上，与世界进行教育对话，中

国小学教师有了自己的话语权。李吉林为扎根中国大地办教育树立了榜样。

其次，李吉林把根扎在实践的土壤里。她挚爱课堂，挚爱教学，永远在教育教学的现场。教育现场是教师成长的地方，李吉林把课堂当作没有天花板的舞台，当作辛勤耕耘的希望的田野。更为可贵的是，李吉林创造了教育现场，让教育现场成为教育的情境。她扎根实践，一步一个脚印，从来不虚空，也从来不漏一步甚至半步。她扎根实践，是在实践中悟出道理，长出理论，从不盲从，也从不简单搬移所谓的理论。因此，她是实践家，而不是一般的实践者。当把根往下深掘时，必然"掘"到理论之根。这是李吉林的伟大之处。

四、李吉林老师告诉我们，当代中国好教师应培育创新的精神和能力

李吉林念旧、怀旧，但是不恋旧，更不守旧。念旧、怀旧，不忘过去，不忘历史，不忘传统，不忘老朋友，知道自己是从哪里来的，是谁帮助了她，鼓励了她；不恋旧、不守旧，在珍惜原来的基础上，从不满足已有的进展，心里永远不安分。如莱蒙托夫《帆》里的诗句："安静，好像就在暴雨狂风当中。"她永远向前，把准新的起点，瞄准新的方向，探索新的路径，创造新的方式。方向感、前行感、反思力、创新力，她特别强。

李吉林的情境教育研究有四部曲：情境教学，探索学习是在哪里发生的，符号世界与生活世界是怎么链接的；情境教育，探索从情境教学到情境教育的路径，从语文教学拓展到其他学科的教学改革；情境课程，让情境教学、情境教育落实在课程这一载体上，构建情境课程体系，将小学与幼儿园的课程衔接起来；情境学习，紧紧把握儿童学习这一核心，构建中国儿童情境学习的范式，并且吸收脑科学研究的新成果，完善、丰厚儿童学习范式。这四部曲，组成了情境教育的组曲、交响乐，有回旋，更向前，谱写了儿童情境发展的壮丽诗篇。

最近，我又学习李吉林情境教育论文选，并作了一个小统计：进入新世纪，2000至2014年，她共发表论文15篇，2015至2018年，她又在《教育研究》《课程·教材·教法》等刊物上发表了5篇极有分量的论文，将情境教

育推进到一个新阶段。研究不停,实践不止,笔耕不辍,李吉林的创新永远是个省略号。

李吉林一辈子做小学教师,一辈子在一所小学潜心研究,一辈子研究情境教育。李吉林创建了情境教育,情境教育成就了李吉林。其间的一切,都在告诉我们,一个教师要深刻思考:如何构造教育理想的高地,如何树立起好教师的精神标杆。

李吉林召唤我们,我们也作出了应答:努力,做中国当代好教师。

花儿为什么这样红：李吉林的人生追求

李吉林老师走了。

她走得早了，也走得急了，我们还有多少问题要与她讨论，多少事要听听她的意见，可没来得及。

不过，她走得很安详，没有什么遗憾，因为情境教育体系已建构完成了，也完善了，而且走向了世界。

不过，她肯定还有放不下的，因为根据她的要求，病房就安排在学校隔壁，她的眼睛一直凝视着校园里的孩子，静听着孩子们的读书声、歌声、笑声。她放不下情境教育，放不下孩子。

那张照片一定会烙在大家的心里，定格在那个重要的时刻。红色的羊毛衫，红色的大竖领，红色的外套，一片红，一片明丽、灿烂，微笑着看着大家，好像想再说点什么，那口吻仍然像孩子，阳光，坦诚。

李老师，您说的我们听到了，还听到了那支您喜欢唱的歌："花儿为什么这样红……"是的，这支歌成了李老师一生要探索、要解密的命题。是的，花儿是红的，在朝日与晚霞中，在日月星辰中，在春夏秋冬中，无论是开还是落，花儿总是红的。比如教育，尤其是情境教育；比如教师，尤其是孩子；比如才情，尤其是理想与人生……

李老师用自己的一生回答了"花儿为什么这样红"这一重大命题，她告诉我们很多。

一、"我永远是一个小学教师"

李老师常说：我是小学教师，这是我的"第一身份"。这句话她不知说了多少遍,而且一次次地写在书里,不仅自豪,而且自信,没有一丝的矫情,更没有半点的掩饰,这是她内心的真情表白,是她人生的光辉写照。她就是带着这样的信念在小学里度过了60多年,也带着这样的思想微笑着离开了人间。

所谓"第一",是价值排序的选择,是核心价值的定位。亚里士多德曾提出"第一哲学"的概念,他认为有许多哲学,其中一定有一门哲学可以为其他哲学提供基本概念和基本规律,是前提,具有在先性,这门哲学被称为"第一哲学"。对身份的选择也是如此。女子师范毕业前后,李老师曾有过几次职业选择:市女排运动员、省跳伞运动员、演员……她可以有多种身份的选择,但她仍然选择了老师,坚守在小学校园里,站在课堂里;"文革"后,她曾调到省教材编写小组,编写小学语文教材,但不久,她还是回到小学,做小学语文教师。我们完全有理由坚信,如果选择运动员,她一定会很优秀;如果选择演员,她一定会成为杰出的艺术表演家,成为艺术理论研究者;如果继续编写教材,她也一定会成为国内外教材方面的知名专家、学者。那句"是金子总会发光的",用在她身上一定是最好的明证。小学教师,这"第一身份"让她站在更高的价值立意上,有了更美好的价值理想。

李老师告诉我们,价值让人生焕发光彩,价值决定着人生的格局,价值最终让人成为什么样的人。李老师对"第一身份"的选择与热爱,告诉大家,小学教师是美的花朵,尽管有时被杂芜所遮蔽,但它是红的,永远是红的。李老师让小学教师找到了人生的价值坐标,这一价值坐标永远向着民族的未来、人类的灿烂。

二、"我把小学当作大学来上"

众所周知,小学是整个学制的一个阶段,是最基础的,从小学到中学到大学,人的教育轨迹就是这样。从价值上看,小学、中学、大学并无高低之分、轻重之别;从学识、专业上看,小学、中学、大学无疑是有差异的,大学有更高的知识和学术要求。对此,李老师非常清楚,但是,她将价值澄清与学识专业提升两者结合起来,既坚守小学教育岗位,以当小学教师为光荣,又期盼着专业、教育理论的跃升。因此,她想读大学,教育家、华东师范大学校长刘佛年也曾动员李老师做他的博士生,其他条件都符合,而且优秀,终因英语没过关而失去了读博士的机会。尽管如此,她一直有个执着的理念:小学就是她的大学,在小学里上大学。久而久之,这一理念升华为她的信念,植根在她的心灵深处,而且转化为她的行动。她用一生完成了一个重大的转换:从教师到学者,从小学教师到大学教授。于是,从小学里走出了这位儿童教育家。在她去世后,她的子女,用李吉林老师的存款在华东师范大学设立了教师奖励基金,也圆了她上大学的梦。

"小学就是我的大学"有几重内涵。其一,小学教育为人生奠基,是民族振兴的基石,不可动摇,更不可缺失,确实,小学是人生的大学。我们热爱这所大学。李老师在小学里有满满的大学情怀。其二,小学教育和儿童打交道。卢梭说,世界上有门学问最重要又最不完备,这就是关于人的学问。这句话可以演绎为:教育世界里有门学问最重要又最不完备,那就是儿童的学问。关于儿童的学问是大学问、真学问、深学问。正是儿童这门学问让小学成了大学。不难理解,李老师称自己是"长大的儿童",意味着她在小学这一"最高学府"里工作和学习。其三,小学不一定是大学,小学要真正成为大学,在于有理念和标志性的特征。李老师找到了,那就是研究、实验。她像苏霍姆林斯基那样,把小学当作教育的实验室,潜心进行课程、教材、教学和儿童文化的研究、实验。研究、实验让小学闪耀着大学的光彩。小学是大学,把小学当作大学来上,李老师有着真切的经历和深度的体验。

小学教育,通过李老师的阐发,生成了小学教育的崇高价值,让小学之花越开越红。

三、"我是一个竞走运动员,又是一个跳高运动员"

一天,在闲谈中,李老师告诉我关于她自己的两个比喻:"我是一个竞走运动员,又是一个跳高运动员。"说的时候,显得很轻松,似乎还有点随意,但口气很认真、很坚定,可见,这两个比喻在她心里存活并翻腾了好久好久。这是她人生经历、教育生涯的深切体验与精心提炼,显然是深思熟虑的,又是在她心灵里长出来的。

这两个比喻看起来很平常、很普通，仔细想来又极丰富极深刻，蕴含着她的自身认知和深度领悟。当时听了，我的第一反应是：妙，好妙！继而一想，比喻十分像"李吉林"，非常贴切；再深想，比喻可解释的空间很大。于是，立即在眼前浮现出生动的情境：运动场上，生气勃勃，生龙活虎，竞争中的合作，合作中的挑战。的确，人的一生，对于有追求的人而言，恰如运动员；人生的幸福，是在拼搏、奋斗中得来的，成功不是天上掉下来的馅饼，成功、成绩、成果就在自己的脚下。

竞走运动员一直往前走，走得又快又好，永不停步。但竞走运动员必须严格遵守一条规则：双脚不能同时离地，永远踩在大地上，一步一个脚印，踏踏实实。这是一种精神，一种规则，一种品质，是一种理想的追求，向着那遥远的地平线。地平线永远够不着，到达不了，而李老师仍然执着地瞭望与追赶，因为她深知，地平线的价值在于向前、向前、向前。如果说竞走运动员追求的是速度与距离，那么，跳高运动员追求的是高度与起跳时的技艺。横在前头的杆子，是高度的标尺，标尺一直在提高，需要运动员不断突破与超越，永远向上，永远要挑战新的高度。这岂止是跳高的高度，更是教育的高度，是理想的高度，是人生意义的高度，总之，这是价值的尺度与高度。正是在不断的腾越中，跳高运动员向着蓝天与太阳。这两个比喻彰显了运动追求的坚强意志和勇气，洋溢着美学气象。

李老师有着这样丰厚的意蕴和美学精神。"文革"后回到学校，她对自己的要求是：克服一个女人的弱点，要把丢失的时间赶快捡拾起来，开发并利用时间的无限价值。事实正是这样：开始进行情境教学，让学习在情境中发生，让符号世界与生活世界联结起来；所有教学都应具有教育性，于是又从情境教学深入到情境教育研究，从语文教学拓展到其他学科；无论是教学还是教育都应当有载体，情境课程研究提到了议事日程，并且情境课程体系完整、合理，具有鲜明的特点；课改、教改如果不涉及儿童学习，就没有抵达教育的核心，情境教育进入了儿童情境学习的研究阶段，并且建构了中国情境学习范式；脑科学的发展、新的学习科学理论成果的发现，李老师将儿童情境范式又向新处、深处开掘、提升，成果终于走向世界，被外国学界和同行们关注和赞赏。情境教育的历程，不正是李老师"竞走运动员""跳高运动员"的生动写照吗？

情境教育之花的绽放，其根源在于价值意义的不断追求与提升。这是一种美学境界。

四、"我们是中国人，我们爱自己的祖国"

李老师教过《小英雄雨来》，课上得精彩，广受好评。她紧紧围绕着雨来的"我们是中国人，我们爱自己的祖国"来设计、组织教学，这句话所创设的学习情境冲击着学生的心灵，激发着真挚深刻的爱国主义情怀，英雄主义精神的种子随着教学悄然地播撒在孩子们的心田里，也同时塑造着自己的灵魂。

爱国主义的精神一直是李老师人格中最为厚重、最为闪亮的地方。在担任统编小学语文教材主编时，她曾有过设想，开篇第一课应是：我是中国人，我们爱自己的祖国。这是发自她灵魂深处的声音，成为她永远的精神动力。这种精神动力，让她自觉而坚定地站在国家的立场上思考教育，扎根中国大地，努力办具有中国特色的教育。她所开创的情境教育之花，就是在中国大地上生根、发芽、枝繁叶茂，长成好大一棵树，花儿越开越红艳。她为中国教育科学理论增添了亮丽的色彩，增强了中国教育人的文化自信。从李老师的身上，我们看到了中国教育人的风骨。

李老师热爱中国传统文化，从中国文化中汲取精神和思想的营养，她从《文心雕龙》和"意境说"中领悟到情境教育的根在中国，并让它伸向世界，让情境成为时代话语，站在一个高平台上与世界教育改革进行对话，讲述自己的故事，发出中国的声音。

李老师将情境教育的智慧与道德统一起来、融合在一起，始终注重语文教学及各科教学育人，价值的开发、渗透，用道德引发智慧之花的绽开。重温她的课例、著作，不难发现，她将教书育人融为一体，教书为了育人，育人在教书过程中，教书育人的情境是道德与智慧相互渗透、相互影响、相互促进的情境。这样的情境折射出中国文化的大智慧，用中国文化，通过教育的艺术，在真实、丰富的生活情境中，以审美的方式铸中国之魂，育中国的时代好儿童。这一深植于中国文化的情境教育特色，必然引发国际教育的关注。

李老师站在儿童立场上研究情境教育，研究儿童发展。她曾和我谈起她的一个想法："为儿童研究儿童"。其实,这是她的又一重大命题,提示并指明了方向,即儿童研究的价值首要的是"为儿童",而不是为教师成名成家,不是为了其他什么,只有"为儿童"的儿童研究才是真正的儿童研究。她所说的"为儿童",当然是全部儿童,但是她更关注自己国家儿童的发展,要讲述"自己家孩子"成长的故事,为中华民族培育栋梁之材。她的儿童心,是赤子之心,是爱国之心。这朵爱之花,开向中华民族的未来。

"花儿为什么这样红",李老师用自己的人生追求的价值作了最准确、生动的回答。

爱与创造：李吉林的人性光辉

"小鸟是黎明的歌手，呼扇着翅膀去迎接清晨的第一道阳光。小鸟的歌是会飞的歌。孩子喜欢小鸟，孩子羡慕小鸟，他们人虽小却心存高远，总想什么时候长上一对翅膀飞向远方。他们不会像小鸡那样，因为有了一把食、一个温暖的窝，就忘却飞翔。他们连做梦也想变成小鸟，飞过小河，飞过大树，飞过高山，飞向高高的蓝天……这是孩子心中的小鸟之歌……多少次，多少回，小鸟之歌在我心中鸣唱，歌声中，儿童的眼睛、儿童的智慧、儿童的情感，让我激动不已。此情此景，如诗如画，我仿佛也是诗人，蘸着情感的水，在儿童的心田里，写着明天的诗句。"

人离世后，再读她的书，感受是很独特的。今天清晨，捧起李吉林老师的书读了起来，反复读她的《小鸟之歌》，仿佛听到了她心中的小鸟之歌，仿佛看到了她写着的明天的诗句，写得那么美，那么动人。这是从心灵深处流淌出来的，不舍得删一个字一个词，几乎全文照录。读着读着，"小鸟之歌"飞进了我的心中。

这么多年来，我和李老师总是保持着密切的联系，通过电话，通过书稿，通过面聊……今天，像往常那样，打开手机想拨通李老师的电话，突然想到斯人已去，再也听不到她的声音了，又一次潸然泪下，呆坐在椅子上……如她的女儿给我的信息里所说的："这些天来，我好像还在梦中，不能面对失去妈妈的现实……"我们何尝不也是如此呢？我们难受，悲伤，但是，这首"小鸟之歌"让我心中明亮起来、灿烂起来——李老师没有离开我们，没有离开孩子们，没有离开她的情境教育，"小鸟之歌"永远回响在大家的心中，永远回响在蓝天白云之上，我们永远在小鸟的鸣唱中写下更加美好的明天的诗句。

"小鸟之歌"源自李老师的心灵深处，是善良心田里开出的最美的鲜花，真实，自然，亲切，明丽，悠远。小鸟，不仅是对儿童——快乐小精灵形象的描摹，也是李老师人格的写照，是她美好人性的透射。是人性的光辉照亮了她自己的一生，也照耀着情境教育，让情境教育发出特别的光彩和清亮的声音。今天，我们缅怀李老师，学习李老师，正是从她的人性光辉中领悟人生的意义，探寻教育的真谛，追寻儿童们明天的诗句。总之，是用美好的人性去完善、丰富孩子们的人性。

李老师的人性美好、深刻，有着许多美丽的侧面，不同的侧面编织了李老师人性的美的花园，其风貌是整体的，其风格又是独特的。假若要进行概括，我以为是：爱与创造。李老师的人性光辉是爱的光辉。她的爱，博大，欢乐，真诚。我不止一次读过她的教育口吻的讲述：田野里，大树下，小河旁，山坡上，那日出日落，那花开花落，那晨雾暮霭，和孩子们观察、探究、体验、表达。这其间充溢着飘荡着的一切都是满满的爱，爱不在别处，爱在自己身边，爱在孩子们心上，爱在深处。这种爱正是伟大人性中最灿烂的部分。这样的爱具有人类的普遍性，一如美国心理学家罗洛·梅在《爱与意志》中所说，这是人"内在真实的存在"，是人的"内在价值"。这样的爱又具有中华文化的特性，一如孔子所言："知者乐水，仁者乐山"——仁爱与智慧同行，智与仁是人格完美的呈现，智本身就是爱，智首先是爱，智离不开爱；爱需要智，爱是一种大智。李老师的爱之博大，就在于从"内在真实的存在"中，将爱与智融合起来，成为人的"内在价值"，用这种爱的人性去滋养孩子们，让他们能飞能鸣，唱出快乐的"小鸟之歌"。

创造已成为李老师的人格特征，抑或说，李老师的人格是创造型人格。李老师有颗安静的心灵，"人生只为一大事来"，专心致志于情境教育研究，心无旁骛，心静如水；但内心又是不安分的，她总是在质疑，在质疑中反思，在反思中向前；她总是在寻找，寻找新的方向，寻找新的开端，寻找新的生长点；她总是在突破，自我超越，自我提升，从一个点到另一个点，从一条线到几条线，从国内到国外。内心的不安分，就是对已有进展、成绩的不满足，是一种探索，是一种创造。而这一切的不安分，不为别的，就为了情境教育的完善和深化，就为了儿童的学习与发展。李老师的创造型人格表现为永远向前向上的姿态，"我是一个竞走运动员，我又是一个跳高运动员"，这两个比喻生动地展现了她的人性在追求中的美好、丰富、深刻。

当爱与创造统一在一起的时候，就会推动人走向另一种境界，甚至会诞生奇迹。李老师实现了爱与创造的统一与融合，构造了完整的人格，让人性生出审美的意义。李老师是个爱美的人，同时对美有深切的认知，自然将审美价值追求体现在情境教育之中。审美意义下的爱与创造，李老师有了生动而深刻的概括性表达：爱，好老师的第一素养；有爱就有希望；因为爱，她不倦地在"小学里读大学"；儿童幼小的心灵需要美的滋润，儿童的智慧需要美的激活，教学的高效需要美的推动，一句话，儿童的发展不能没有美；是教师，也是诗人；崇高的使命——教文化，更要教做人。显然，爱与创造的人性之美，是为了育人，为了培育儿童，让儿童的人性从小就得到滋润，鲜活起来、丰富起来、深刻起来、美好起来。当儿童的人性让爱与创造充满和激荡的时候，儿童就会去爱自己，爱别人，爱自然，爱社会，爱祖国，爱人类；就会去探索世界的秘密，有新的发现、新的创造，一个更美好的世界向着我们走来，明天的诗句才能写就，进而谱写出壮丽的诗篇。

人性有诸多呈现的方面和方式，如前所述闪现出不同的美丽侧面。李老师人性的美丽侧面，体现在真诚的"儿童性"、多彩的"青春性"、永远的"向善向上性"，以及她的"大丈夫精神"。而人性光辉的一切聚焦于她的教育奇迹的创造。

一、李老师人性中真诚的"儿童性"

李老师的人性光辉首先是闪耀在她真诚的"儿童性"上。植根于"儿童性"上的爱与创造，让教育有了赖以生存的精神家园，让自己的灵魂安顿下来，有了希望的寄托。完全可以说，儿童、儿童发展是李老师的精神、思想和经验的"根据地"，人性的一切都从这儿出发，走向远方和未来。《我，长大的儿童》，这篇2003年发表于《人民教育》的文章，直至今天都被广泛称颂、学习与传播。可以认定这是李老师的"儿童宣言"，也是李老师的"教师誓词"，集中体现了李老师的儿童观，充溢着李老师天性中的"儿童性"。

其一，李老师爱儿童，爱得真挚、深沉。她的脉管里始终流淌着热爱儿童的热血。她说,她爱儿童,儿童也爱她,并且说:"在儿童的世界里,在爱孩子中,我渐渐长大了。我把这种爱,升华成自己的理念,又把它细化为行为。"其二,她坚定地相信儿童。儿童有无限的想象力,而想象力中有着情感的驱动与飞扬,成为一种创造力。情境教育就是让孩子变得聪明,成为会创造世界的儿童。其三,她爱所有儿童,更偏爱"穷孩子"。自己童年的生活经历和体验,让她更关心、照顾家庭困难的孩子,并且坚信:"造物主是公正的,它把想象的翅膀不分贫富贵贱,同样赋予了穷孩子。"其四,永远生活在儿童的世界里。她说:"我是世界上最幸福的,因为每日正是和世界上最纯真、最可爱的人生活在一起……在儿童的世界里,我不断地编织着美丽的童话和小诗。你说它伟大,教的全是小孩;你说它渺小,它却影响一个人长大后的几十年。"其五,她是"长大的儿童"。她说,"永远像儿童多么好","只要像孩子那样,憧憬着未来,敞开自己的心怀,便能不断地呼吸到新的空气,吮吸新的营养"。尼采说,"儿童是一个全新的开始""一个神圣的肯定";蒙台梭利说,"作为教师的儿童";李吉林说,"我,一个长大的儿童"。李老师以中国的话语方式表达了人性中"儿童性"的伟大,那就是一颗赤子之心。

二、李老师人性中多彩的"青春性"

青春不只是人生中的一个年龄阶段,青春更是一种精神状态、一种心理状态。对此,李老师心里非常清楚。在李老师那里,青春是基于年龄的,又是超越年龄的,准确地说,是让年龄发出青春的光彩,让年老同样有青春的光耀。她写过一篇随笔——《假如我年轻 30 岁》:"假如我年轻 30 岁,我就是一个中学刚毕业的姑娘,心中充满美好的希望。当老师让我填写升学志愿时,理智驱使我毫不犹豫地写上:师范学校……塑造孩子的心灵……犹如在明天巨幅的织锦上,用我们心血染制的金线、银线,绣上绚丽的花蕾。""假如我年轻 30 岁,我便是师范学校一年级的新生","3 年后来到孩子们中间,你们准备当什么样的老师……我会在心里悄悄地,然而却十分坚定地说,当孩子的好老师!跨进师范学校的大门,就意味着我们《教师组歌》的前奏开始了,而它的基调,便是当孩子的好老师。""假如我年轻 30 岁,我正青春年少……我一定会在'效率手册'上高效地安排每月每日……如此安排,那节奏,那旋律,更不允许我浪费青春年华中的每寸光阴。"最后,李老师说:"假如我年轻30岁,呵,这又怎么可能……为了孩子,你当如何去演奏你的《青春之曲》呢?"

这是对年龄的假设,假设的主旋律是演奏《青春之曲》,假设的基点是做孩子的好老师,而青春的多彩在于理想的憧憬,在于信念的坚定,在于学习的勤奋,在于对孩子的挚爱,在于无私的奉献。正因为此,"年轻30岁"是完全可能的,假设是能成为现实的。当然,李老师的"青春性",还表现为她的多才多艺,表现为对最高境界——美的追求。她说:"我想告诉年轻人。我心中追求的一个字,那就是'美'。"在她看来,美的事业是教育孩子的事业,于是她写下了"青春誓言":"师德为上,真情倾注,终身乐学,方为人师。"

三、李老师人性中的"向善向上性"

李老师的心永远向善。伦理道德永远写在她的人性深处,爱永远在心灵中闪光,中华文化让她为人性打上了厚重的底色——爱。她是个善良的人,极富恻隐之心,友爱、牵手、鼓励、帮助,成为她美丽的行为。李老师的心永远向上。脚踏实地,但绝不是止步不前,而是永远突破自己、超越自己,仰望星空,止于至善。左宗棠的名言"择高处立,就平处坐,向宽处行",用在李老师身上是恰如其分的。

向善向上,李老师将两个方面统一在一起,融通起来,向善,让她有道德感;向上,让她有方向感;而向善向上建构了李老师的价值坐标,给我们竖起了标杆,鼓舞我们怀着善良、仁爱之心,向着高远的方向去迈开坚定的步伐。李老师告诉我们,做个好老师,做个名师,应当有大视野,形成大格局,具有"大海性",向善、向上的价值坐标闪烁着人性的光辉。

四、李老师人性中的"大丈夫精神"

李老师是一个有风骨的人。清楚记得,"文革"结束,从农村回到原来任教的学校——南通师范学校第二附属小学,她对我说:"我要克服一个女人的弱点。"人性总有弱点，女人当然也有弱点。李老师以自己的行动，让人性发出更灿烂的光彩，让女教师更自信、更勇敢、更有创造性。依我看，在她身上有着"大丈夫精神"。孟子曾提出"大丈夫"的"三不"："富贵不能淫，贫贱不能移，威武不能屈。"李老师正具有这样的精神：从小是苦孩子，但苦孩子有志气，能吃苦；过上了好日子，仍然保持着勤俭节约的美德，以朴实的品质影响着年轻人，以刻苦耐劳的精神带动年轻人；面对困难，面对压力，从不低头，更不会胆怯退让，而是勇敢地迎上前去。"大丈夫精神"凸显了一位女教师的精神风貌，让女性之美具有更大的气象。"大丈夫精神"正是中华民族精神。

一位普通的小学语文教师，创立了中国特色的情境教育体系，著作被德国出版社购买，翻译成德文、英文，被国外学者和同行瞩目，何等的志气，何等的自豪！一位小学教师，扎根中国大地，深植中华文化土壤，从中汲取丰厚的营养，建构中国儿童情境学习范式，何等的自信，何等的气概！从小学教师里走出一位儿童教育家，何等的了不起，何等的神奇而伟大！而这一切，让我们看到了人性的光辉，感受到了爱和创造的力量。李老师的爱与创造，带领我们去建设爱的家园、创造的国度。

李老师在她闭上自己聪慧的眼睛之前，以微弱却又十分坚定的声音，告诫她的子女："活着，要对人好啊！"

啊，人性真美！李老师告诉了我们。

为儿童研究儿童：李吉林的人生写照

虽说已有心理准备，但李吉林老师仙逝的消息传来，我仍不禁泪流满面，无限悲哀。我一直在期待奇迹的出现，但都没能拉住她……

李老师虽然离开了我们，但她永远向前向上的情境照亮着我们的人生之路——这情境多么神圣！李老师，您一路走好。

一、"为儿童研究儿童"创造美好的教育气象

李老师善用比喻，有自己的话语风格。李老师说的是"中国话"。她当然非常关注国际上先进的教育理论、前瞻走向，但她把自己的根深扎于中国大地，创建了中国特色的情境教育，用中国的话语写出自己的著作，引起了国际同行的瞩目。李老师说的是"普通话"。她从不说虚空的话，不说艰涩的话，而说老师们听得懂的话，说接地气的话，几乎每句话都是金句。李老师说的是"专业话"。有理论、有实践，有研究、有实验，有根有据，有情有理，专家学者们都认同、赞赏。"中国话""普通话""专业话"，李老师为我们创设了可以共同参与、有独特意蕴的话语情境，当然也是研究情境、教育情境。正是在这样的情境中，中国特色的教育学、课程论、教学论在酝酿，总有一天会写就。

2016年，有一次与李老师同行。聊天时，她突然对我说：想到一句话，"为儿童研究儿童"。她虽兴奋，并没有加重语气，却一下子撞进我的心灵，无疑是一次震颤。"为儿童研究儿童"，多么普通、多么平常，却是那么有内涵、有深意，好似在不经意间说出来的，其实早已在思想深处孕伏了不知多少年。这不只是一句话，还是一个重要的研究命题，意蕴丰厚，理论深刻，意味深长，极有分量。当时，我立即停下脚步，对她说："好！很好！"今天回想起来，我

仍然沉浸在那种平常而又动人的情境中。我想，这是李老师留给我们的一份宝贵的精神财富，为儿童研究指引了方向和路径。我再一次感受到研究者应有自己的话语风格，应像李老师那样，风格里流淌思想的血液，透射出精神品质。

我一直掂量着"为儿童研究儿童"这一命题的深刻意蕴，并与教育改革研究的实践结合起来，将它作为研究的一根标尺，时时校准自己研究的方向，锻造自己研究的品格。这根标尺一直竖在我面前，像是李老师思想的微笑，犹如那张遗像：穿着红色的毛衣，竖着高高的红色衣领，外面穿着红色的夹克，明丽、灿烂，侧着头，向着我们微笑。

仔细回想，作些梳理，"为儿童研究儿童"的气象非常美好。

二、"为儿童"是她的信念，是她人格的重要特征

"为儿童研究儿童"是价值观引领下的目的论，是教育科研、教育改革，是教师对儿童的核心关切。

我们总以为，研究儿童肯定是为了儿童，这是无须讨论的，因为"为儿童"自然就在研究儿童之中。实则不然。仔细观察，冷静思考，一些现象让我们警惕起来：有的儿童研究是为了形成特色，要打出一个什么品牌来，儿童研究是为品牌服务的；有的儿童研究是为了一种理论建构，儿童便成了理论建构可利用的资源和工具，在这样的理论中儿童是不鲜活的，甚至是不存在的；甚或有之，有的儿童研究为了追求名利驱逐了儿童，这是对儿童的背叛与伤害。我不敢说这些是普遍现象，但这些问题确实存在。李老师提出"为儿童研究儿童"是对当下"儿童研究现状"的深刻反思与批评，并且以十分真诚的态度提醒大家"为儿童"研究的价值定位。"为儿童"三个字有千钧之力。

李老师长期以来就是这么想的，更是这么践行的。"为儿童研究儿童"是她的信念，是她人格的重要特征。今天，我又翻开了她的著作，几行字又跃入我的眼帘："情境教育聚焦的就是'大写的儿童'。多少年来，我心中追求的是让儿童飞得更高、更远，且能飞、能鸣。情境教育就是我心中的'云雀之歌'。"她写就了"情境教育三部曲"。她说："心中没有儿童，就没有'三部曲'。是儿童给了我创作的动力，是儿童给了我创作的智慧。我深知，情境教

育是属于儿童的,是为了儿童的。唯有如此,才能充满生命的活力,唱响真情芬芳的乐章。"她生病后的一天,我走进她的病房。李老师的床正对着学校,眼睛远望着校园里的儿童。我意识到,"为儿童"是她用生命写成的,已融进了她的生命与灵魂之中。"为儿童"是儿童研究的核心价值,彰显了儿童研究的愿景和方向,有崇高的价值立意。

三、是儿童让她总是在理想与生命的激荡中寻找课程的灵魂

"为儿童研究儿童"是目的论引领下的课程改革之魂,课程要和儿童一起讲述"自己孩子的故事",让儿童在课程学习中挺起民族的脊梁。

"为儿童研究儿童"必定要研究课程,研究课程怎么为儿童而设置、设计和开发,研究儿童是怎么学习课程的,研究儿童是怎么在课程里站立起来、发展起来的。对此,李老师的认识既清醒又深刻。她说:世纪之交,国际基础教育发生了课程理念与实践的大变革,众多的课程流派和课程实践模式纷纷涌现,从中我们可以发现课程开发的一些趋势。我清楚地记得,她曾和我讨论过一个问题:我们该怎么办?情境教育的课程怎么走?没多久,她发表了一篇重要的文章《为儿童学习构建情境课程》,提出了她的课程改革主张:"(国际上)各流派或主张课程经验应以社会为中心,或主张以学科、知识为中心,或主张以儿童为中心,当代课程变革则越来越致力于三种关系的和谐统一,于是出现了以'情境'为中心的课程设计理论。"她说:"围绕情境是一种全新的课程观,早在上世纪80年代,面对儿童发展的需要,我在情境教学以及情境教育的探索过程中,对课程进行了一系列改革和调整。在1996年进行了全面梳理,明确提出了'情境课程'的主张。"现在回想起来,她对我提出的"我们该怎么办"这个问题时,其实心里已有了初步的考虑,用她的话来说,她心中已有了萌芽,而且早已开始了课改的铺垫。重温与她的对话,重新读她的著作,不得不佩服她的预见、预判与预创——她一直走在实践的前头,也一直勇立理论的潮头。

李老师的理论前瞻性与儿童紧紧联系在一起,抑或说,"为儿童研究儿童"是她理论与实践的源头活水,是儿童让她总是在理想与生命的激荡中寻找课程

的灵魂。儿童成了她思考、开发课程的出发点和最终归属。舍此，便无课程，即使有课程，那也只是大千符号世界里的一个符号而已，没有价值，失去了光彩，也就失去了灵魂。她始终认为，情境课程中儿童是情境的主人。"情境教育注重关爱每个孩子，重视并研究每一个儿童，对每一个儿童的发展都挂在心上"。好一个"挂"字！"挂"字，让我们看到了一位慈爱的母亲或是一位慈祥的祖母。

以儿童发展为课程之魂。在李老师的心灵深处，萦绕的最响亮的声音是：培养"自家的孩子"，培植中国儿童的中国魂。她爱所有的儿童，世界的儿童都挂在她的心上，都活跃在她的心灵世界里。她曾经深情地执教过《小音乐家扬科》《卖火柴的小女孩》，她曾经给孩子们排演过朗诵，扮成黑人小孩的男生望着蓝天，无奈地说：太阳被高楼挡住了。她要讲述世界儿童的故事，但更爱讲述"自家孩子"——中国儿童的故事。"我常常记着小英雄雨来的一句话，也常常和孩子诵读着：'我们是中国人，我们爱自己的祖国'。"她对我说，建议统编版的小学语文教材第一课应当是"我是中国人"。她曾经和孩子们一起学习鲁迅的《少年闰土》，一起讨论《红岩》中的小萝卜头，以小英雄嘎子为榜样写过作文……"自家的孩子"要在课程、生活情境里塑造中国灵魂，挺起中华民族的脊梁。这是对儿童更为广博、更为深刻的爱国情。"教师的一个眼神，一次抚摸，一句鼓励，连同作文本上的几条波浪线，都会影响孩子的心理世界。我深知，教师的爱是神奇的，它能让孩子变得智慧。"此刻，我突然领悟到，"我，一个长大的儿童"，在李老师"为儿童研究儿童"的课程里安顿了心灵，而且长大，而且明亮，而且强大。

四、"为儿童研究儿童"为儿童研究、儿童教育提供了方法论

"为儿童研究儿童"是一种方法论，提供了儿童研究的路径、策略和方式，充溢着文化的意义、道德的意义和以情感为纽带的审美价值。

研究儿童需要具体的策略和方法。其实，"为儿童研究儿童"不仅为我们提供了儿童研究的理念和视角，也提供了一种方法论。"为儿童"的方法论，既是研究的逻辑起点，又是研究的逻辑终点，而且是逻辑主线，贯穿始终。

李老师有许多可贵之处，比如理念的高瞻，比如话语风格的独特，比如情与理的交融。此外，让人佩服的还有她善于将理念、思想通过实践去转化和实现。而操作是从儿童出发的，策略方法是为儿童设计的，过程是让儿童成为主体的。"为儿童""为儿童发展""学科育人"成了教学的指南针，成了课堂图谱上的一个个路标，一个个关键处，一个个孕穗的拔节点。下面的情境已嵌入我们的思维深处：小河旁、田埂上、树丛里、宝塔下，日月星辰、严寒酷暑，她带领孩子来到蓝天下的课堂，大自然乃至整个宇宙都成了课程。在这样的课程中，在这样的课堂里，孩子们敞开了胸怀，睁大了眼睛，张开了双臂，迈开了双腿去经历、去探究、去体验。在这样的情境中，孩子们学会了学习，学会了思考，学会了创造，"为儿童"最终演绎为儿童应有作为，让儿童大有可为。

这样的情境我亲自经历过。还是20世纪70年代末、80年代初（具体日子已记不准了），我们去广西南宁，李老师为老师们上示范课《桂林山水》。就在那昼夜行驶的火车上，在车轮滚滚的节奏中，她酝酿着教学设计；又在青山绿水间，她想象着画中的孩子们。于是，把儿童爱祖国山水之情化为课堂的文字：桂林的水真绿啊！桂林的水真清啊！桂林的水真美啊！其实，那是帮助儿童培育起爱国情怀。我们一起拜访歌舞团的音乐指挥，请教关于贝多芬的故事和美学思想，为的是教好《月光曲》。那是酷日当头的中午，大汗淋漓，当指挥家捧出一大堆贝多芬资料时，我们已忘掉去擦脸上的汗水。李老师更是兴奋不已，情不自禁地拍起手来。我相信，她从丰富的资料中已看到了《月光曲》教学中那皎洁的月光，听到了那奇妙的乐曲……而这一切都有一根线，将儿童与贝多芬牵在一起了。

情境教育的方法论那么丰富，蕴藏着深刻的理性，闪耀着灿烂的感性。我暂时还不能准确地概括，况且李老师已有大量著作作了准确、生动的阐释，还是去看她的书，悉心去感受吧。不过，有一点是确凿无疑的：一切为了儿童。而这一切的一切，诸多的策略与方法中闪耀的是儿童的光彩。"为儿童"的方式首先是儿童的方式。儿童的方式是文化的方式，是道德的方式，也是走向未来的方式。道德意义在其中生长，生命价值在其中闪光，审美境界在其中跃升。

李老师已远离我们而去。但是，情境教育里那些读书声、笑声、歌声……汇聚成一句响亮的话语："为儿童研究儿童"。

李吉林：情境教育的原创性

一、情境教育研究所：一个诞生理论的地方

随着课程改革的不断深化，我们常常有一种对理论的追索，而且越来越急切。显然，这是一个了不起的进步：我们尊重理论，我们需要理论，我们要培植自己的理性精神。同时，我们还有另一个追问：理论究竟是在哪里产生的？是以什么方式产生的？其实，不难发现，这一问题的背后是另一个追问：我们，中小学教师，能不能创造理论？

这是一个被认为几乎"无解"的问题，甚至是个"禁区"。但是有人回答了，李吉林就是优秀回答者之一。近40年，她就研究一个课题：情境教育。这是一种精神——人生为一件大事来，坚守的精神，踏实的品质；这是一种风格——刺猬型的研究风格、治学的风格，求深刻，在深刻中拓展；这是一种专业——情境教育探索儿童发展的特点和规律，揭开学习中的"黑洞"。不仅如此，这又是一种理论。

记得20世纪90年代，李吉林情境教育的研究、实验引起了学界广泛的关注。北京师范大学的一批博士生来到南通，来到情境教育的发源地——南通师范学校第二附属小学跟随李吉林访学，向李老师学习。在访学一段时间以后，讨论时一位博士生说：李老师，您这儿是诞生理论的地方。几十年过去了，回想起来，当年的博士生说了一句真话。当年的博士生今天已成了教授，成了博士生导师。这句真话道出了他的理论敏锐性，而且这句真话在以后的实践中，被一次又一次证明。这折射出一个真理：理论是在实践的土壤里"长"出来的，随着实践的发展而发展。

事实正是这样。李吉林近40年的深耕实践，潜心实验，深入思考，不断

提炼，课程、课堂，所有的资源，所有的教学现场，成了教育的田野，成了实验室、研究所。李吉林的自身亲历，打破了理论的神秘感，宣告了一个神圣的结论：中小学是可以产生理论的，中小学的老师是可以创造理论的。显然，这样的理论之树不是灰色的，而是长青的，不是模仿来的，而是具有原创性的。

往深处走，还有一个问题需要讨论，那就是什么是理论。"理论是在反复的社会实践中形成，随实践的发展而发展的。科学的理论是事物的本质及其规律性的正确反映。它在社会实践的基础上产生，并经过社会实践的检验证明其是正确的理论。"[1] 这是词典上对"理论"的定义，具有经典性。不过，我们也需要对理论的另一种理解。新加坡资政李光耀博士曾经这么谈论过理论："我们不是理论家，不会搞理论崇拜。我们面对的是实实在在的问题……我们可能读到过什么理论，也许半信半疑，但我们要保持现实、务实的头脑，不要被理论束缚、限制住……我认为，一个理论不会因为听起来悦耳，或者看起来符合逻辑就一定具有现实可行性。一个理论最终还是要放到生活中检验，也就是要看现实生活中出现了什么，要看给一个社会中的人民带来什么。"[2] 这是用描述来对理论进行阐释，其阐释的要义是：在理论面前，保持务实的头脑，理论最终要回到生活中去检验，要看给社会带来什么。这种描述和阐释与经典的定义是一致的，都强调理论源自实践，强调实践的检验，强调给我们带来什么，改变什么。我们需要描述、阐释的方法，需要这样的理论。

用这样的视角来审视情境教育。情境教育源自教学现场，来自实践中的实践、研究，它改变着人们对教育的理解、对教学的理解：究竟什么是教育？学习究竟是在哪里发生的？研究的结果告诉大家，它解决了符号世界与生活世界脱节的问题，形成了一个体系，给儿童世界带来了学习的高效，带来了童年的快乐、幸福。情境教育理论具有鲜明的实践性，经受住了生活、实践的检验。这一实践性的特点带来了情境教育理论的原创性。

---

[1] 赵德水. 马克思主义知识辞典 [M]. 南京：江苏教育出版社、河海大学出版社，1991：887.
[2] 李光耀. 关于理论 [N]. 报刊文摘，2015-07-01（3）.

二、"为儿童研究儿童"是情境教育理论体系中的根概念，彰显了情境教育理论的深刻性、前瞻性和高格调

作为一种理论，它由一些概念组成而形成一个体系。在这一体系中应当有核心理念，还应有根概念，唯此，这一理论才有可能成为一个学派。毋庸置疑，情境教育的核心概念是"情境"，即教育、教学的一切活动都是在情境中发生的，儿童也是在情境中学习、发展的，因为"情境"这一核心概念才称之为情境教育。对于这一核心概念大家是理解的。问题是，情境教育有它的根概念吗？所谓根概念，应是所有概念产生之源，是理论研究之主旨，同时根概念也揭示了理论研究、实践展开的实质。

李吉林有一报告："为儿童研究儿童"。这是她30多年来研究、实践的又一次概括和提炼，以最平实、朴素的语言表达了极为深刻的内涵，这是她对近40年来的研究、实践的"重撰"，是"重撰"中的又一次"深加工"。"为儿童研究儿童"充溢着深刻的理论内涵，让我们感受到其间极大的思想张力。我认为，"为儿童研究儿童"正是情境教育的根概念。它早已孕伏在长期的研究、实践中，引领着研究、实践过程。随着研究的深入，这一根概念日臻明朗起来。"为儿童研究儿童"扎根在李吉林的心灵深处，处处显现出思想的光彩与魅力，而今天的再提炼、再阐发，让这一理论更具根性、更鲜明，也更具召唤力。

（一）"为儿童研究儿童"揭示了情境教育的实质是儿童研究，显现了情境教育理论的深刻性

情境教育要研究课程、教学、学习，也要研究资源、途径、方法等，但这一切研究究竟是以什么为核心展开的？情境教育的实质究竟该怎么定位？"为儿童研究儿童"解答了这一问题。情境教育中，课程开发与实施的中心都是儿童，课程的深处是儿童，课程是儿童学习的课程，课程是为儿童成长铺设的幸福跑道。教学的核心也是儿童的学习，情境教育中，教师与学生既见教材更见儿童，既有教学更有儿童，教学育人成了教学的旨归。儿童学习，是儿童情境中的学习，只有当儿童学习是快乐的，儿童才会真正成为"情感的王子"，"以情为纽带"这一操作要义才是有生命的；只有当儿童的学习是高效的，儿童才

会有获得感、成长感。快乐与高效成了情境教育的主题。

以上这一切，都在证明一个理论原点：情境教育的实质是儿童研究。情境只是手段而非目的，情境教育是个过程，在这过程中永远有活跃着的儿童，儿童学习、发展，最终成为活泼泼的儿童。儿童研究成了情境教育的底色，儿童发展是情境教育的实质，也是情境教育成功的根本原因。世界课程改革的潮流一次又一次发出研究儿童的呼唤，情境教育积极呼应着，并成功探索着。这一理论是深刻的。

（二）"为儿童研究儿童"揭示了"教学即儿童研究"的规律，体现了情境教育理论的前瞻性

教学过程究竟是一个什么样的过程？教学过程与儿童研究究竟是什么关系？以往的理论不是非常清晰的，实践上也是比较模糊的，常常处在黑箱之中，形成黑洞。长期以来，教学就是教学，显得很"纯粹"，其实是让儿童研究从教学过程中剥离开来，于是教学与儿童研究成了两回事，变成两张"皮"，所谓的"纯粹"实质是教学过程的单一，与儿童研究相分割乃至对立。这一现象不只在中国有，国外也同样存在，呼唤让儿童研究回到教学过程中来，成为世界各国，尤其是各国理论界研究的重要课题。

美国哈佛大学教授、皮亚杰的学生爱莉诺·达克沃斯，潜心于教学研究和儿童发展研究，她的"最大贡献在于把皮亚杰的理论创造性地转化为一种教学价值论和教学方法论"。她的教学价值论（或教学哲学观）可概括为"课堂教学必须建基于每一个学生的独特性之上"。她努力地"将'临床访谈'发展为一种使教学与研究一体化的教学方法论……她认为，教学是学生讲解、教师倾听的过程"。[①] 达克沃斯的"教学与研究一体化的教学方法论"，隐含着一个重要的理念和方法：教学即儿童研究。

李吉林的情境教育理论也正是要破解教学与儿童研究的关系这一难题，那就是"为儿童研究儿童"，其深意就是，在教学中研究儿童，研究儿童是怎么

---

① 爱莉诺·达克沃斯. 精彩观念的诞生——达克沃斯教学论文集[M]. 张华，等，译. 北京：高等教育出版社，2005：译者前言 3-4.

学习的，教语文的过程就是研究儿童怎么学语文的过程，教数学的过程亦即研究儿童怎么学数学的过程，所有教学都是这样。从另一个角度看，无论是教语文还是教数学，所有教学首先要研究儿童，而且是在教学过程中研究儿童。情境教育的核心元素、四大特点，以及操作要义，既是关于教学的，也是关于儿童研究的，既是教学过程，又是儿童研究过程，教学与儿童研究是自然地、高度地融合在一起的，是一体化的。

（三）"为儿童研究儿童"，规定了儿童研究的价值立意，彰显了情境教育理论的高格调

儿童是研究的对象和内容，儿童研究是方法、手段，对象、内容、方法等，不能代替研究的价值方向和价值立意。我们必须看到，不是所有的研究儿童或曰儿童研究都是为儿童的。不"为儿童"的儿童研究必定是功利的、浮躁的，而且很有可能异化为"伪儿童研究"，若此，儿童研究只是作为一个借口，作为一种名义，以"儿童研究"为名义的儿童研究必须警惕和反对。

"为儿童研究儿童"规定了儿童研究的价值方向，即为了儿童的发展，不只是为未来，也为当下，这一价值方向充满着道德性和旨归性。正如李吉林所说，"让儿童快乐自由成长正是情境教育诗篇的神韵所在"，"情境教育就是一首给孩子带来快乐的、让他们幼小心灵向往的《云雀之歌》"。[①] 因此，"为儿童研究儿童"亦是崇高的境界，它摒弃了教育的浮躁、浮华乃至浮夸，它消除了教育的功利主义。由此，还可以得出两个结论：第一，情境教育研究者是"长大的儿童"。当自己成为儿童时才能真正研究儿童，真正懂儿童，真正为儿童。第二，儿童研究是真学问，真就真在来不得半点马虎和虚假；儿童研究是大学问，大就大在儿童可以定义未来，影响一个民族的振兴；儿童研究是深学问，深就深在它可以让教育的"黑洞"敞亮、澄明起来；儿童研究是难学问，因为真，因为大，因为深，它就必然难。"为儿童研究儿童"彰显了情境教育理论的深刻性以及深刻性的高格调。

---

① 李吉林. 潺潺清泉——李吉林教育随笔［M］. 北京：教育科学出版社，2016：42-43.

三、情境教育植根于中华民族优秀传统文化的土壤中，具有中国特色和中国品格，体现了理论自信和实践自信

情境教育受到国外母语教育思想和经验的启发，但它把根深深地扎在中华优秀传统文化的土壤中，从中华传统文化中汲取思想和理论的营养，又面对中国教育的现实，通过扎扎实实的研究，逐步地建构情境教育的理论体系与实践体系，而且理论体系与实践体系是融为一体的，不分离的，形成了理论化的实践，又形成了实践化的理论，因而彰显了中国特色、风格和品格。

首先，情境教育创造性地开发出中国传统文化中的"意境说"。一千多年前刘勰的《文心雕龙》以及近代学者王国维的《人间词话》，可谓"意境说"的代表杰作，是中华民族的文化经典。李吉林将其精髓概括为"情景交融、境界为上"。她说："读着它，不得不为其深广而震撼。'意境说'虽然原本是文学创作的理论，或更确切地说是'诗论'，但在探索情境教育的过程中，却可'借古人之境界为我之境界'。正如王国维所言，'一切境界无不为诗人所设'，而我觉得一切境界无不为我、为儿童所设。"① 一个"借"，一个"无不"，道出了李吉林在深谙"意境说"内涵、要义基础上的借鉴、迁移与创造的精神。她又说："我从'意境说'中概括出了'真、美、情、思'四大特点，并从中得到启迪，进而影响了我的儿童教育观及课程观。"② 这样的概括是"中国化"的，显现了中华文化的美学色彩。从文学、美学理论到教育理论，这是一个转化过程，这样的转化实质是创新性发展。

其次，情境教育形成了自己的领域及体系。从情境教学到情境教育，再到情境课程，再到儿童的情境学习，这不仅是研究、发展的脉络，而且是一种境脉，是教育教学领域的明晰与体系的建构，这一体系具有渐进性、进阶性、完整性，体现了研究的开创性与发展性。从课程结构看，情境教育有自己独到的理解，并进行了新的建构。情境课程分为四大领域，核心领域——

---

① 李吉林. 激情萌发智慧——李吉林情境教育论文选[M]. 北京：教育科学出版社，2016：353.

② 同上。

主要是学科情境课程；综合领域——主要是主题性大单元情境课程；衔接课程——主要是过渡性情境课程；源泉课程——主要是野外情境课程。这一划分不是以课程开发主体为维度，而是着眼于儿童的生活领域和发展阶段，将课程与儿童生活紧密联系在一起，情境课程带来儿童的在情境中的生活，情境课程就是儿童的生活。其中，"源泉课程"又突破了空间概念，引领儿童走进生活，寻找学习之源、发展之源。这是"中国式"的划分，具有鲜明的本土特色，散发着田野的味道，是开阔的，是审美的。

最后，情境教育用中国思维方式提炼、阐述中国儿童教育的思想和理论。基于中国优秀传统文化，立足于中国的教育实践，面对着中国儿童，用自己的话语表述中国教育改革、研究的理论与思想，是情境教育具有中国风格、中国品格的重要体现。情境教育既注重情感又注重理性，追求两者的统一与相互支撑。但有人将二者对立起来，有的认为，情感的盲目性、变幻性，带来欺骗性；有的认为，理性的永恒性、不变性，带来所谓的神圣性，二者是难以统一、结合的。而情境教育提出，"注重情、突出思"，"情切、意远、理富其中"，"以思为核心，以情为纽带"，臻于"以美为境界"。这是一种表达方式，深处是一种思维方式，是对"二元对立"思维方式的突破与超越，是"天人合一""和谐""中庸"思想在教育中的智慧运用。

与这样的思维方式、表达方式相联系的，是情境教育中艺术与科学的结合。教育是艺术呢，还是科学呢？艺术，追求、张扬个性，而科学，追求、注重规范性，两者似乎是矛盾、冲突的。而情境教育将二者统一起来，将规范性与个性结合起来，将理性与感性结合起来，将课堂教学当作一个"艺术中形成的"，其整体风貌是教育与教学、教学与研究、教师与儿童、课程与教学、教与学的统一结合，其独特性是情理交融，既活又实，具有鲜明的节律感与审美性。

由李吉林的教学风格自然论及到她的表达方式，她用感性来表达理念和理性，这是"美"的方式，我称其为"李吉林方式"。李吉林教学风格、"李吉林方式"都是情境教育理论的中国特色、中国品格的具体体现，因而形成了中国气派。情境教育与世界教育的对话，是中国教育与世界教育的对话。我们应当有这样的自信和更深切的期盼。

四、李吉林求真品格生发出情境教育的原创性，情境教育的原创性又丰富李吉林创造性品格

任何理论的诞生、教育模式的建构都不只是一个单纯的理论问题或是实践问题，更不只是方法、技术问题，它一定自然地和人的心灵的解放、人生意义的理解、人生境界的追求相联系，是形而下与形而上的结合。一如"文化的最后一级台阶"的论述："中华文化的终极成果，是中国人的集体人格。复兴中华文化，也就是寻找和优化中国人的集体人格。这也可以看作是文化的最后一级台阶。"[1]"最后一级台阶"还可以深入讨论和进一步斟酌，但给我们的启发是，在理论体系、实践体系的背后要看到人，看到建构者的人格，要从人格角度来认识理论与实践的建构。

情境教育的原创性与李吉林的人格紧密相连，并相呼应。李吉林的人格可以用"求真"来概括和描述。"求真"必然引导人去追求、去创造、去超越。"求真"的内涵十分丰富，我们可以从不同方面去认识李吉林的品格，去剖析情境教育理论的原创品格。

（一）李吉林求真品格表现为诗意的生存方式、生活状态，以及折射出来的人生态度

用"诗意地栖居在大地之上"来描述李吉林的生存方式和生活状态是很恰切的。记得海德格尔曾对"诗意地栖居"作过这样的阐发：人要抽离大地，透过艰辛，仰望神明，来到半空之中，再回到大地上去。海德格尔的解释告诉我们，诗意地栖居，要透过艰辛，即超越艰辛；要抽离大地，即有更高的向往；要仰望神明，即有崇高的理想追求；再回到大地上，即脚踏实地地学习、工作、生活。这是创造的过程和境界。李吉林也曾用两个比喻阐发这样的生存方式和生活状态："我是一个竞走运动员"——永不停步，永远向前，走得又好又快，但脚永远不能离开大地；"我又是一个跳高运动员"——目标不断升高，人生的高度不断提升，只有不断超越自己，才会在新的人生坐标体系中提升自己

---

[1] 余秋雨.君子之道[M].北京：北京联合出版公司，2014：4.

的位置。

诗意地栖居，是一种积极的生活态度。李吉林的生活态度是，热爱生活。她的生活多姿多彩，不囿于生活的框定，而是追求心灵的解放与自由，因而她多才多艺，喜欢朗诵、弹琴、跳舞；喜欢体育，尤其爱好排球，还要约上女同事，雨天到荷花池游泳。她的生活态度表现为，改变自己。她的内心是不安分的，不安于现状，总试图去改变，总尝试新的"活法"，哪怕有人质疑，她也会坚持，并在改变中创新。她的生活态度还表现为，执着，但又洒脱。执着让她坚持不懈，刻苦钻研，在"深挖洞"中让自己深刻起来；洒脱让她去广泛涉猎，打开眼界，自在地工作，自在地思想，在"广积粮"中拓宽人生的宽度，丰盈自己的知识背景。李吉林的生活情境是开放的、丰富的、创造性的，是有境界的。这样的生活方式、状态、态度与境界，会潜移默化地融入她的情境教育研究中。

（二）李吉林的求真品格表现为审美追求，折射出中华美学精神

李吉林有对美的追求，有着丰富的、深度的审美体验。而这种审美体验与追求又是中华美学精神的生动体现。一是"虚静"。虚静这一中华美学精神不只是安静，更重要的是谦虚。李吉林很自信，不轻信，更不盲从，但她有着可贵的谦逊，善于倾听不同的意见，反照自己，吸取合理的成分，丰富自己已有的认知框架，甚至会改变已有的认知框架，建构新的框架。李吉林不喜欢正儿八经地开会，不喜欢程式化的谈话，喜欢的是"聊"，喜欢的是"七嘴八舌"。正是在这种自由的对谈中，让自己的心灵"虚空"起来，"虚静"起来，从中获得启发，有新的发现，有新的想象。二是"坐忘"。坐忘是中国文人、学者典型的美学精神。坐忘，是一种忘我的投入，耐得住寂寞，坐得住冷板凳。李吉林的坐忘聚焦在执着与坚韧上。比如，备一堂语文课，可以反复阅读，反复思考，不断走访，不断修改教案，有时甚至推翻重来，不厌其烦，精益求精。比如，练习书法，专心致志，心无旁骛，揣摩，欣赏，修改，思忖，一个女人写出了男子汉的气势，透出了她心中的豪气。比如，裁剪衣服，对照着书，比画着身材，想象着效果，一刀一剪，有时大刀阔斧，有时小心翼翼，精心制作。坐忘的精神既是做学问的精神，又是生活、工作的品格。教书、写作、开发课

程，好比在裁剪，既是对作品材料的裁剪，又是对自己思想的淬化和优选。

虚静和坐忘，闪耀着中华文化的光彩，映射着中华美学精神。这样的美学精神让她的工作、学习、生活能静又能动，既活泼又扎实，既能大又能小，既着眼宏观又能着力微观……这是一种古典风格，又闪烁着时代的色彩。不难理解，在中华美学精神指引下才会诞生具有中国品格的情境教育理论。

（三）李吉林的求真品格表现为爱的情怀，映射出"长大的儿童"可贵的童心

所谓真，是指正确的认识，显示出对事物特有的规定性的准确认识与把握，保持存在与认识的一致性。李吉林对儿童的独特性有深入的理解，并且保持着认识与实践的一致性。在此基础上，李吉林将自己称作"长大的儿童"。"长大的儿童"首先是儿童。孩子都是人之初，童心是人的纯真之心，是人的天然本性和真情实感；童心，创造之心，是人创造、创新的源泉。"长大的儿童"饱含着对儿童真心的爱，又饱含着对创造创新的执着向往和追求，儿童的情怀，亦是创造创新的情怀。这样的情怀，让李吉林永远处在儿童想象的状态，处在紧张的智力创造状态，对真的追求，又是对真的真正、切实的回归。"长大的儿童"毕竟是"长大的"。"长大"，意味着成熟，意味着引领、教导的使命与责任，既在儿童中，又在儿童"外"，所谓"外"，是种超然的状态。正是因为此，情境教育才会凝练出"为儿童研究儿童"的根概念，才会以儿童发展为核心、宗旨，把情境教育建构成儿童成长之乐园，儿童发展之大厦。

与儿童情怀相关联的是李吉林的乡土情怀。李吉林热爱她的故乡南通，永远忘不掉那条古老的濠河，永远忘不掉那条叫作官地街的小巷子，永远忘不掉那座有院子的小宅，永远忘不掉珠媚园，永远忘不掉北濠河畔的田野，以及夜空中的星星，田野上的蒲公英……浓浓的乡情让她有了家国情怀，家国情怀让她在语文教材的第一课写下："我们是中国人。我们爱自己的祖国。"

播种者：李吉林的审美品格与审美表达

李吉林老师爱美。

她爱美的自然风光，小河畔，大树下，田野里，山坡上；朝阳，晚霞，夏风，冬雪……

她爱美的诗，唐诗、宋词，马雅可夫斯基、雪莱，《西去列车的窗口》《递上一枚雨花石》……

她爱美的电影，《冰山上的来客》《乡村女教师》……

她爱美的服饰，尤其是红的，鲜红的竖领毛衫、棕红色的裤子……

她爱美的生活，爱生活中一切的美。李老师告诉我们，爱生活就是爱美。

李吉林老师创造了美。

她创造了美的课程、美的课堂、美的教与学，创造了美的环境、美的教具、美的读本，创造了美的关系、美的生态。她和学生共同创造了美的情境教育、美的生活。李老师告诉我们，美需要创造，创造就是一种大美。

李吉林老师具有鲜明的审美品格。

我以为，在诸多优秀的品格中，审美品格特别亮丽，熠熠闪光。审美品格铸造了李老师美的人生，审美品格构建了美的历程，审美品格创造了教育的一种文化，审美品格将教育推到了最高境界。当然，这些对应的因素都处在对话关系中，是相互性的，相互依存、相互支撑、共生共长。

无疑，李吉林老师是美的。

审美品格是李吉林老师人生与教育的特质，进一步讨论李老师的审美品格，让我们对她的认识更深刻，怀念更深沉，学习更有深度、更自觉，也使自己的成长更有方向感和力度。

一、李老师的审美表达

李吉林老师有自己的审美表达。这样的表达本身就充溢着审美品格，而审美品格与审美表达的相遇与叠加，形成了李吉林老师独有的审美气象。

（一）关于"教师之美"

李老师始终坚定地认为，教师本身就是美的。

首先，她认为教师是播种者。她深情地说："我不是农民，却是一个播种者；我不把谷子撒进泥土，却把另一种金色的种子播在孩子的心田上——那是一块奇异的土地，播上理想的种子，便会获得令人惊奇的收获。"耕耘、播种、施肥、收获，这是劳动之美、勤劳之美，是孕育生命、播种希望、收获幸福之美。李老师用这样的比喻，定义了教师的使命与天职。

其次，她认为教师也是诗人。她同样深情地说："老师也在用心血写诗，而且写着人们最关注的明天的诗——不过，那不是写在稿纸上，而是写在学生的心田里。"接着她又说："啊，教师，也是诗人。……精心地在块块纯洁、稚嫩的心田里，写着一首首小诗。"对于教师与诗人，她是用写在心田里的诗来链接的——虽是一首首小诗，却是明天的诗。诗的瑰丽让教师灿烂起来。这一诗意的审美表达，又让教师之美闪耀着明天诗句的光芒。

再次，她认为教师的教学教育过程如诗如画。关于教师，有这样一些比喻：教师如同蜡烛，如同春蚕，这是对教师无私奉献精神的赞美。但她却认为，这些比喻都不免有些伤感，甚至凄凉。她深情地说："教师比蜡烛永恒，照亮了别人，升华了自己；即便是比作春蚕，也绝不是'春蚕到死丝方尽'，而是丝虽尽却身不死，蚕化作蛹，蛹变成蛾，蛾又孕育出蚕宝宝，无穷无尽……那真是如诗如画！——而且是长长的'画卷'，是融叙事、抒情于一体的'诗集'。"教师如诗如画，教育如诗如画，多美。

播种者、诗人、画家，种子、诗集、画卷，美的比喻描述了教师之美。李老师的这一审美表达，让教师之美闪耀异样的光彩。其实，李老师正是这些教师之美的真实、生动的写照。她告诉大家，只有有了教师之美，才可能有教育之美。

（二）关于"情境教育之美"

情境教育是美的集合体、发光体，有许多发光的不同的美的侧面，所有美的侧面，让情境教育之美整体"立"了起来。而对这些美的侧面，李老师都有自己的审美表达。我们可以作个初步梳理。

其一，情感与情境教育：激发与"移入"。

20世纪80年代中期，在界定情境教育时，李老师就明确提出："情境教学是通过创设优化的情境，激起儿童热烈的情绪，把情感活动与认知活动结合起来的一种教学模式。"后来，专家们非常认同这一界定，并指出，情感活动与认知活动的结合弥补了教学认识论中的一大缺陷，可见情感在儿童发展中也有重要的地位与作用。李老师进一步说，突出情感"不仅有利于学习知识，具有独特的优势，而且可以有效地培养儿童的审美情感和道德情感……让儿童逐渐感受到知识之美、世界之美，在懵懂中依稀懂得'爱美''乐善''求真'是多么美好"。这是情感对儿童认知活动的激发。不仅如此，情感还可以"移入"："把自己的情感移入大自然、移入生活、移入他人"，"使他们成为洋溢生命情感的个体"。李老师的概括是"情能生美""美能唤情"。不难理解，这种对认识论缺陷的弥补，是教学论的一大进步。

其二，"意境说"与情境教育：以美为突破口与美感性原则。

李老师从中华传统文化中寻找情境教育的理论滋养。在研读中，有一天，"意境说"一下子跳入她的眼帘，进入她的心灵。她将"意境说"的精髓概括为"情景交融，境界为上"，并且说，"情境教育可'借古人之境界为我之境界'……一切境界无不为我、为儿童所设"。同时，她还从"意境说"中概括出"真、美、情、思"四大元素，选择了"以美为突破口"，以美的弥漫、充溢，使"工具性包容的知识和实践，镶嵌在浸润了文化艺术的美的情境中，如此，知识变活了，变得有血有肉，变得丰富而具神采"。于是，李老师坚定地提出一个值得倡导的教学原则——美感性，即以美感性优化教学，塑造儿童美的心灵。显然，这又是对教学论的一大贡献。

其三，操作要义与情境教育：以美为境界与以美其身。

李老师不仅以美为突破口，而且以美为境界，即对于美，绝不能仅仅将其作为教育的手段，不能仅仅是利用美。她的心灵深处始终腾跃着一位哲人的话："美的发现的前提是追求。"她追求什么呢？"追求的是教育'美'的境界。"这样的主张绝非单凭感觉，其间有不少的理性思考："我从'美'与儿童主体性的形成、'美'与儿童精神世界的丰富、'美'与儿童最初的人生幸福、'美'与完美人格的培养等方面，来认识'美'的不可替代的重要作用，来诠释'美'的育人功能。"这四个维度的讨论极有深度，它始终围绕一个核心：美与儿童。李老师说："一句话，孩子的发展不能没有美。"这是一种境界，是崇高的育人境界，即：以美其身，以美育人。这样的操作要义，闪耀着育人的光彩，是绚丽的、灿烂的、神圣的。以美其身，这一从中华传统文化中发掘出来的思想精髓，抬升了情境教育的宗旨与境界。

（三）关于"教育科研之美"

李老师是从普通小学教师中走出来的儿童教育家。她有信条，有情怀，也有扎根大地的精神；她有创新的追求，有深入探索的勇气，也有善于总结、概括、提升的能力；她有深度反思的品质，还有坚守的意志……这些都是李老师的优秀品质，是她走向成功的重要原因。在诸多原因中，有一个关键因素，那就是教育科研。可以说，李老师改革、实验所有的进展和突破都是科研的推进和深入，所有的成果都是通过教育科研取得的。她说："教育科研是学者型教师成长的摇篮。"这一诗意表达科学、准确，充满着审美的真诚和激情。

李老师说，她在小学已经工作了60多年，深感教育是一门科学，"教育丰富而复杂，需要我们去研究、探寻少年儿童学习的奥秘，揭示他们成长的规律"。教育科研成了情境教育发展的支点，这一支点又撬动了情境教育；教育科研成了情境教育发展的主线，这一主线贯穿情境教育的始终；教育科研成了情境教育发展的动力，为情境教育研究源源不断地提供能量。这一过程辛劳、艰难，但幸福、美好。

李老师说，情境教育的出发点和归宿就是为了儿童的发展，虽然是摸着石头过河，但随着研究的深入，彼岸在哪里她日渐清晰。她的结论是："为儿童研究儿童。""教育不仅为了儿童的学习，还为了儿童能主动学习；教育不仅为了儿童学习知识，还为了丰富他们的精神世界；教育不仅为儿童明天的发展，还要为他们的童年获得最初的人生幸福"。她的深切感悟是：把人生成熟期的黄金岁月悉数交给儿童，"甘愿""值得"。"为儿童研究儿童"，是对儿童的核心关切，是教育科研的核心价值。"甘愿""值得"表达了对核心关切和核心价值的认可、奉献、期许和抵达彼岸的自信与自豪。正是对儿童的核心关切，才有了核心关切、核心价值的取向与定位，也正是"甘愿""值得"，才让核心关切、核心价值飞扬起来、美丽起来。

李老师说，一个世纪以来，中国的教育还没有走出一条自己的路，"我们不能反复地去论证别人已经做过的，要有我们自己的东西；国外的先进教育思想要知晓，但只能借鉴，而不是照搬"。她的决心是："要走自己的路，就必须到中国经典的文化中去寻'根'。"在寻根的过程中，中国文化的精髓，让她看到了一盏明亮的灯，看到了前面的路，更增添了勇气和力量。路漫漫其修远兮，上下求索，让她的研究在国内外开花。国内和美、英、日等国的专家这样评价："情境教育为中国争得了在世界教育论坛上足可自豪的话语权，发出了回应世界教育改革的中国声音。"扎根中国大地办教育，让教育科研有了魂、扎深了根，生成了中国特色的教育理论。

二、李老师审美品格与审美表达的特点

在李老师的审美探索和审美表达中，厚重的审美意义是不言而喻的。

简要回顾李老师的审美品格与审美表达，就是一次美的历程，让我们接受了一次亲切而深切的、具体而生动的审美洗礼，也让我们学会了用审美的眼光去发现李老师的审美品格，并且慢慢学会用审美表达的方式去欣赏美、发现美、创造美，让自己的教育教学具有"美感性"。

李老师的审美品格与审美表达有着鲜明的特点，值得深入关注和研究。

特点之一：情境性。

李老师的情境教育的显著特征就是创设优化的情境。人的核心素养也是在真实、丰富的情境中培育、发展起来的，"情境"已是教育教学改革的主题词，也是教育教学改革的世界话语。如果说，情境教育是将知识镶嵌在情境中，知识生成了价值，成为生命力，那么，"知识—价值—生命力"的过程，正是审

美过程，同时生长了审美意义。李老师的审美品格是真实的、鲜活的，生动地孕伏在情境中，可亲、可感、可学。这本身就很美。

特点之二：愉悦性。

情境教育让儿童快乐起来、美好起来。李老师也总是给我们大家带来乐趣和欢笑，让我们内心充盈着愉悦的体验。不难理解，为什么李老师的课堂里，学生总是那么兴致勃勃、情趣盎然。学习"弯弯的月儿小小的船，小小的船儿两头尖。我在小小的船里坐，只看见闪闪的星星蓝蓝的天"，学生好似飞上了蓝天，飞上了月亮，心中的快乐自然抑制不住地表现在朗读与表演中。这一过程，学生的心灵、情感有了丰收，心中自然是愉悦的。审美的愉悦性，充分反映了李老师如诗如画的教学艺术性。

特点之三：审美与道德的融通性。

李老师说，无数成功的教学，一切深受学生欢迎的课堂，无不体现一个"美"字，"美"也无处不在地影响着儿童的情感、智慧、道德的发展。以美育德，以德生美，德美融通，是李老师的一贯主张。这一主张也体现了中华传统文化的特点：德育与美育的融通和相互转化。从伦理学来看，美就是善；从美学来看，善就是美。这样，李老师从中华文化传统中走来，用道德去召唤审美，让审美象征道德，情境教育从审美的视角落实了"立德树人"的根本任务。

特点之四：真与美的统一和贯通。

李老师的审美表达不仅关注德与美，还将真、善、美贯通起来。从理论上讲，真、善、美是相互联系的，都围绕人的社会实践活动并因此得以形成与提升。但三者又有区别，"真"，强调客观世界的运动、变化、发展之中体现出的客观事物的规律性；"善"，强调人类在社会实践活动中的目的的达成，即活动的合目的性；"美"，则强调人类在社会实践活动中所生成的智慧、才能和力量的意义。人的这些表现能唤起自己的美感。李老师深谙其间的关系，将三者统一、贯通起来。关于美与善的沟通，上文已有论述。康德曾说："审美是真与善的桥梁。"李老师还注重真与美的对话。她所发掘的核心元素，第一、第二个元素就是讲究"真"，给儿童一个真实的世界——符号学习与多彩生活链接；追求"美"，给儿童带来审美愉悦——在熏陶、感染中主动产生学习力。此外，在情境教育的五大操作要义中，"以儿童活动为途径""以周围世界为源泉"这两大操作要义,也是强调"真"。情境教育强调真与美的贯通、融合,而且融通得很自然。可见,李老师的审美品格具有深刻性,将理论与实践结合起来,用感情的方式表达理念,这就是一种大美。

当然,李老师的审美品格与审美表达,还有一个鲜明的特点,那就是情感性。这与李泽厚的"情本体"的论述相一致,同时又体现了中华传统文化中的"乐感文化"。这一特点我们还可以再论述。

李老师的审美品格与审美表达,有一个核心源泉,那就是儿童。她爱儿童,在儿童中生活,在生活中与儿童一起成长。儿童是美的,李老师是美的,情境教育是美的。作为播种者的李老师,她的审美品格就在美的历程中,就在真、善、美的播种中。这些金色的种子,写就了明天的诗句。

中国儿童情境学习范式的美学特征

学科育人、教学育人，核心是儿童学习问题，要在改革中逐步建构起儿童学习范式，尤其是中国儿童学习范式。首先，我抄录一段美文，题目是《小鸟之歌》："情境教育就是给孩子添翼，用情感扇动想象的翅膀，让孩子的思维飞起来，让孩子的心儿飞起来，快乐地飞向美的、智慧的、无限光明的童话般的王国。这就是我心中的小鸟之歌。"美文的作者是李吉林。她创立了中国情境教育理论，建构了中国儿童情境学习范式。这是她写给儿童的小鸟之歌，是发自她心灵深处的小鸟之歌。李吉林以美的语言、美的方式表达了美的内涵，表达了美的心愿。

同时，这段美文也道出了中国情境教育、中国儿童情境学习范式的文化意蕴，彰显了中国情境教育、中国儿童情境学习方式的美学特征。中国儿童需要这样的学习范式。由此，也启发我们，对中国情境教育，对中国儿童情境学习方式的讨论、研究应有不同的视角，而研究美学特征是其中一个重要的视角；美学特征的讨论、研究可以让我们从更深的层次去认识中国情境教育、中国儿童情境学习范式的意蕴和境界，发现它更为深刻的意义。

一、中国情境教育、中国儿童情境学习范式
有它们自己的美学追求，形成鲜明的美学主张

情境教育是美的，中国儿童情境学习范式充溢着审美意蕴。这和李吉林的审美素养、审美追求是分不开的。正是在情境教育创立中，在审美的追求中，李吉林形成了自己的美学主张。

主张之一：美应在情境教育中占有重要地位。

李吉林总结、提炼了情境教育的四大核心元素：真、美、情、思。这四大核心元素是个整体，是一体化的，缺一不可。它们相互依存，相互融通，相互支撑，并相互促进。但李吉林认为四大核心元素应以美为境界，用美来观照真、情、思，而真、情、思最终要进入美的境界。同时，她还认为美既是教育的目的与手段，也应是教育的突破口与生长点，其旨归是以美育美、以美育人。不仅如此，美、审美还是教育的最高境界，也应是人生的最高境界。

主张之二：美要进行教育学的创造性阐释和转化。

犹如"各美其美""和而不同"一样，对美的阐释有不同的视角，有不同的界定。李吉林将美置于教育领域，进行教育学的阐释。她认为，美就是以"美的愉悦唤起情智，促使儿童主动投入学习活动，从'美物'到'美文'，通过美的形式、美的内涵、美的语言，让美首先去占领儿童的心灵"。教育学中的美、审美就是让教育美起来，让儿童美起来。这样的阐释既遵循了美的特质，又体现了教育的特性，倡导美要为教育服务，为儿童发展服务。这其实是创造性转化。解释中的"占领"一词，更强调美进入教育的必要性、紧迫性与艰难性，而非强制，同样具有审美意义。

主张之三：美、审美应在儿童发展中产生学习力。

儿童本身蕴藏着无限的学习潜能、发展潜能，但潜能需要开发，需要一种开发的力量，而开发的结果让潜能成为显能，成为学习力。李吉林早就作出了这样的判断。她说，"给儿童带来审美愉悦，在熏陶、感染中产生主动学习力"。在情境教育中，美不仅是目的，不仅是境界，而且是一种动力，一种开发力，催生并转化为学习力。这样的学习力又让儿童在学习中享受愉悦，充满审美享受。这一主张启迪我们，学习力的开发、培养绝不仅仅是技术问题，而且是与兴趣、愉悦等动力、魅力紧密联系在一起的，这是对开发技术的超越，是对学习力的新认识。

主张之四：对教育中的美应有完整的把握。

情境教育追求美，但并不主张给儿童以"纯美"。李吉林认为，日常生活中观察到的、遭遇到的、享受到的东西还有"丑"的，美与丑在现实生活世界里是客观存在的一对现象，学生也会言及"丑"。因此，情境教育所主张的追求美，不是简单地"呈现美"，而是引导儿童去寻找真正的美，去爱美、鄙视丑、憎恶丑、拒绝丑，并努力地化丑为美。这是一个关于美、关于美的价值的澄清、判断、选择的过程，是一个转化、引领的过程。倘若追求"纯美"，当儿童在生活中遭遇丑的时候会产生困惑，以至迷乱，毫无辨别能力，更谈不上有创造美的能力。给儿童一个关于美的完整把握，就是给儿童一个真实的、复杂的，然而是完整的世界。情境教育之情境是在价值碰撞中加以澄清、判断的，是优化了的情境，是可以转化的情境。这才称得上是教育，是真正的情境教育。

主张之五：美要让儿童生活沸腾起来，在沸腾的审美生活中建构快乐、高效的学习。

美学之父鲍姆加通曾论及审美情绪的"沸腾"问题。正是审美情境的"沸腾"，才会使日常生活具有审美的意义，让儿童的学习进入"沸腾"状态。李吉林也论及了儿童学习的沸腾状态，她这么描述儿童情境学习的状态："当儿童认知活动渗透着情感体验时，思维活动积极展开，课堂往往进入忘我的沸腾状态，我和孩子们一起沉浸其中……我察觉到儿童的学习已经不局限于单纯的认知的活动，儿童的情感早已融入其中。""沸腾"着的课堂，"沸腾"的学习，一定是快乐的，也一定是有效的，以至是高效的。情境教育、儿童情境学习范式揭开了儿童学习的奥秘，这不仅为实践所验证，也是有理论、依据支撑的。

二、中国情境教育、中国儿童情境学习范式所显现的中国特色的美学特征

儿童学习"快乐、高效"的核心秘密，就是在优化的情境中情感活动与认知活动的有机结合。李吉林明确提出，"情境教学是通过创设优化的情境，激起儿童热烈的情绪，把情感活动与认知活动结合起来的一种教学模式"。显然，这样的学习模式，其美学特征是鲜明的。我以为，这正是中国儿童情境学习范式之核心美学特征。这一核心美学特征具有根基性、统领性、生成性，同时又深植于中华优秀传统文化，显现出浓郁的中国文化特色，闪耀着中国传统教育思想的独特光彩，故而又具有本土性、民族性以及悠远的历史深厚感。值得注意的是，这一核心美学特征还与时代特点、未来要求相契合，显现出时代性、

开放性和前瞻性。

我试着对中国儿童情境学习范式的美学特征作如下解读和概括。

其一，建基于中国文化中的生活教育理论，闪亮着中国儿童情境学习范式的"源泉之美"。中国教育思想中关于生活的思想见解是相当丰富、深刻的，都十分注重在生活中教育。情境教育正是这样，李吉林从不同的角度阐述了情境教育与生活的关系，与儿童周围世界的关系。

在概括促进儿童发展"五要素"、确定五大教学原则时，她作了这样的提炼："以指导观察为基础，强化美感性"；在设计指导儿童学习五大操作要义时，她作了这样的提炼："以儿童活动为途径""以周围世界为源泉"；在论述儿童情境学习范式的操作策略时，她作了这样的提炼："境中学""境中做""境中思""境中冶"。总之，她"把符号学习与生活的真实有机结合起来"。情境教育、儿童情境学习自始至终都让儿童进入生活情境，以周围世界为学习的源泉，把世界当作学校，把宇宙当作课程，让生活之水源源不断地灌注情境田野，让儿童学习永远在生活源泉里汲取营养和力量。可以说，生活就是大情境，情境就是优化了的生活。儿童情境学习范式充溢着生活的"源头之美"。

其二，建基于中华文化的伦理道德本色与底色，用道德的力量培育儿童，儿童情境学习范式闪亮着"基石之美"。中华文化博大精深，但注重伦理道德是中华文化一以贯之的本色与底色。孔子的仁者爱人、知者与仁者人格的描述，墨子的非攻兼爱，孟子的"四端"说……无一不是在反复阐释中华文化美德。毋庸置疑，情境教育首先是道德教育，是充满爱的教育。中国情境教育、儿童情境学习范式的建构，是"从发现弊端开始，寻求教育现实问题的答案"，其"发现""寻求"正是道德责任感的具体体现，是对儿童学习、发展的核心关切。在情境教育理论中，道德是美的基石，也是对美的引导，让美更有方向感、境界感；同时，美是道德的象征，让道德更显温暖，更有美的体验与感受。中国情境教育将美与道德联系在一起，显现了中国特色，"基石之美"成为中国儿童情境学习范式的美学特征。

其三，建基于中华文化的情感理论，尤其是活用"情本体"理论，儿童情境学习范式闪亮着"磁石之美"。"情本体"理论是李泽厚对中国情感文明的一种学术化概括。他认为，所谓"本体"是"本根""根本""最后实在"的意思。

所谓"情本体",是以"情"为人生的最终实在、根本。"情本体"是人类学历史本体论所讲中国传统作为乐感文化的核心,在"知情意三者之间,实以情为美"。他还提出这样的命题:"道始于情""以美储善"等,其旨意是走出理性本体和工具本体。

李吉林的智慧之处在于将中华传统文化中的情感文明理论作了深入浅出的表达:情境教育"以情为纽带",来牵引、带动真、美、思;"以情为突破口",切入、突破、生长,让教育产生超越;"以情为磁石",引发兴趣,激发思维,把儿童带入"沸腾"的审美学习和生活;"以情为主线",贯穿于认知活动的全过程,让情感永伴儿童的学习,让学习成为暖认知的过程。确实,情感好比一块磁石,紧紧吸引儿童,儿童兴趣盎然,智慧之流奔涌。这样的"磁石之美"是中国儿童情境学习范式所特有的美学特征。

其四,建基于中华文化的童心说,中国儿童情境学习范式闪亮着儿童之美。中华文化中的童心说是非常丰富的。大家熟知的明代学者李贽,强调童心与真心、真人的关系,强调童心之真、赤子之心,意味着童心的纯真关乎人一生的成长,倡导像儿童那样做一个真人。漫画家、作家丰子恺以他独具风格的绘画,直抵儿童内心"稚嫩"中的深刻,可爱中的真切。尤其是古谚"三岁之翁,百岁之童",三岁与百岁、童与翁的对比,反讽与真诚的提醒尽在八个字之中,绝不比卢梭在《爱弥儿》中关于果子的早熟、老态龙钟的小博士的比喻逊色,甚或更形象、更精练、更深邃、更耐人寻味。童心是可以超越年龄的。

李吉林称自己是"长大的儿童",并且确立了一个信念:"为儿童研究儿童"。这七个字揭示了研究儿童的宗旨,去功利,去浮躁,把研究儿童与发展儿童自然、紧密地联系在一起,形成一条逻辑主线,这才叫作"儿童立场"。这样的儿童立场,又建基于她对儿童情智的深切认知:儿童是情智的王子,儿童是快乐的小鸟。从本质上看,情境教育为儿童创建了儿童思维的天地、快乐学习的王国,倘若失缺童心,失缺对儿童的真研究,便没有真正的儿童情境学习范式的建构。

以上美学特征,离不开情境教育的意境之美,无论是"源泉之美""基石之美""磁石之美",还是儿童之美,都是中国文化特有的意境、意象和意义境界。

三、中国情境教育、中国儿童情境学习范式的美学特征深植于中华美学的土壤，是中华美学观的创造性呈现

如前文所述，表明中国情境教育、中国儿童情境学习范式的美学特征，是植根于中华文化土壤之中的，但如果再作更深层的讨论、研究，还应从总体、更深的层面上，对中国情境教育、中国儿童情境学习范式作一番文化的、理论的探寻，以更明晰其中国的文化特色和美学意蕴。

首先，中国情境教育、儿童情境学习范式深植于中华民族文化经典"意境说"的美学理论土壤中。李吉林说："我深切地感悟到，是优秀的中华民族文化给予我智慧的启迪，让我寻到了'源'，找到了'根'，引领我构建中国的儿童情境学习范式。"中华文化中的美是"大美"，是天地和谐，天、地、人三者合一。庄子曰"天地有大美而不言"，孟子说"充实为美"，这样的大美即是真，即中华文化中"大美为真"的命题。而"大美为真"又以"意""写意""意境"为正宗。"中国人的思维特征就是'意'的思维"，"《周易·系辞上》言'圣人立象以尽意'……《庄子·外物篇》也有'得意而忘言'之说，此意即为意境、意象、意态、意趣、意绪等精辟语汇"。

李吉林正是借鉴"大美思想"，汲取理论滋养，并且借鉴心理学、脑科学、学习科学等方面的理论，又集中外诸家论述，对儿童学习的规律认识一步步加深，一步步具体化和系统化，将美与情、美与思、美与理等结合、统一起来，以意境为主体，从中生发出儿童情境学习范式的美学主张和美学特征，"从而让儿童在学习过程中获得探究的乐趣、审美的乐趣、认识的乐趣、创造的乐趣，使情境学习真正成为儿童生动活泼自我需求的活动"。中国的"意境说"让中国情境教育、中国儿童情境学习范式彰显了"大美为真"的中国美学特征。

其次，中国情境教育、儿童情境学习范式深植于中国美学特有的"重品"的文化土壤。季羡林曾将中国的美学观与西方的美学观作了一个比较。他说，在审美心理方面，中国人、中国思想、中国文化都有其特点，接着他引用日本学者岩山三郎的话来说明："西方人看重美，中国人看重品；西方人喜欢玫瑰，因为它看起来美，中国人喜欢兰竹，并不是因为它们看起来美，而是因为它们

有品,它们是人格的象征,是某种精神的表现。这种看重品的美学思想,是中国精神价值的表现。这样的精神价值才是高贵的。"重品,即重品格、重人格,也重审美的方式——在于品,即在于探究,在于体验,在于感悟。由此,想到席勒的《美育书简》里论及的"美的法则",其中一个重要法则是美的崇高性,而"我们把崇高看作一种'力'",正是中华传统文化经典中所蕴含的"重品"的美学特征,成了美学前行的原动力。在情境教育中,这种"重品"的思想与方式,也成了儿童学习的原动力。

其实,这正是对外表美的超越。情境教育培植儿童的崇高感,进而产生道德感,用这种原动力引导儿童在情境学习中汲取精神价值。季羡林用外国学者的观点来评论中国美学的特点,无非是在凸显评判的客观性和公正性。也从另一角度说明,中国的美学不仅是存在的,而且是世界的,深植这样土壤的中国儿童学习方式是可以走向世界、走向未来的,因为它烙上了中国美学的烙印。

最后,中国情境教育、儿童情境学习范式深植于美与情境天然关联的文化土壤中。情境不只是一个空间概念,也不只是一个环境概念,更不只是一个场所概念,而是由情与境相融通后形成的关系结构和意义结构。情境不能失情,不能只有境而无情。无情不是真正的情境,而是要让境中有情,让境与情牵起手来。情让境有生命的活力,永远有人的闪耀。比如,李吉林论述了数学的情境教育:"数学是一种'冷峻之美',这让我意识到应该引导儿童在学习数学的过程中,模拟情境,重演、再现人类发明数学公式、原理的那个情境,获得数学学习的审美感受和文化熏陶,把数学教育与感悟数学的文化性和美感性三重功能结合起来,从而丰富儿童的精神世界。"数学之境、数学学习之境,都拥有情的渗透、伴随和驱动。

情与境的天然关联,让儿童情境学习范式有可亲可爱的表情,而且有张力有魅力。所谓情与境的天然关联,说到底人是两者的核心,儿童成了两者的勾连、贯通的核心。中国文化中的这一重要思想,让情境教育、儿童情境学习范式,实现了以人为本、以儿童发展为本的理念。马克思关于"环境影响人,人可以创造环境"的理论、思想,在情境教育、儿童学习中得到了中国化的实现。

情境教育研究的一个重要命题:"李吉林情境"

一、从文化意义上看,李吉林老师本身是种情境,可称之为"李吉林情境"

情境,时代的话语;情境,教育的主导词。

情境教育是一座富矿,待开发的东西还很多,可开发的角度还不少,比如伦理学、美学、社会学、儿童文化、学习科学等,从这些角度研究开发,定会有新的发现、新的成果。但是,所有的研究都应有一个共同的指向,即指向人,聚焦于人。哲学家、文化哲学创始人恩斯特·卡西尔就坚持这样的观点。他说:"不研究人的问题而妄图揭开自然的秘密是不可能的。"他进一步论述苏格拉底的哲学,结论是:"苏格拉底始终坚持并捍卫一个客观、绝对、普遍的关于真理的理想。……他的全部研究所涉及的唯一世界是人的世界。"[1]

卡西尔的论点是正确的。长期以来,李吉林老师正是在人的世界里寻寻觅觅,在儿童世界里漫溯深处。她的研究始于人、始于儿童,也终于人、终于儿童。她的情境教育学,是人的教育学、儿童的教育学。她最终创立的,是中国儿童情境学习的范式。今天,我们的深化研究,仍然必须循着她的学术逻辑走,循着她的研究轨迹前行。反之,我们的研究就可能触及不到这座富矿的最深处,触摸不到情境教育的本质与核心。

无疑,情境教育的实质与核心是人。我们不仅要关注和研究情境、情境教育与他人、儿童的关系,还要关注和研究情境、情境教育与李老师本人的关系,因为一提到情境教育就自然想到李吉林,一提到情境就自然想到李吉林,

---

[1] 恩斯特·卡西尔. 人论 [M]. 唐译,编译. 北京:北京燕山出版社,2009:4.

李老师与情境教育、与情境不可分离，李老师与情境教育、与情境早已融为一体。倘若深化研究还止于一般的人的研究，将是不深入的，抑或说研究的视野还不够开阔。当下，深化研究的一个重点，应当是把情境教育、情境与李老师本人更加直接、更加紧密、更加深入地联结在一起，而这种联结原本就是客观存在的，我们的任务是让这样的研究自觉起来。

由此，我有一个假说：李吉林老师本身就是一个情境，不妨称作"李吉林情境"。"李吉林情境"的内涵要义是：李老师将情境，尤其将情境教育之情境人格化了；李老师创设的情境里，处处闪现着李老师的身影，处处透射出李老师的精神、思想、人格，以及她的学术、专业和智慧。这是其一。李老师的品格、人格与她的研究、实践是一致的、一体化的，亦如"风格是特殊的人格"一样，情境、情境教育，即是她的特殊的人格。人与学说的一致化是一种境界，李老师达到了这种境界。这是其二。人是情境的主人，情境里缺失人，便无任何价值意义。甚或说，便没有所谓的情境。李老师让情境教育中国化，优化了儿童教育、儿童学习的情境，她是中国化情境、儿童化情境教育的创建者，她代表着情境，是"情境"的象征。说李老师本身就是情境，不仅仅是一种诗意的表达，而且是李老师人格的情境化揭示与呈现，是对情境教育之情境的更深层的描述与表达。这是其三。

因此，"李吉林情境"是文化意义上的，具有独特的文化意蕴，并成为一种文化气象。中国意境说中，有一切物语皆为情语之喻；我要大胆地说：一切情语皆为人语。由此展开，"作为身体哲学的中国古代哲学"，这一"根生生态学"所提出的"贵其身"[1]"敬身为大"[2]"即身而道在"[3]，用在"李吉林情境"的命题中，就颇为适切。李泽厚所提出的"情本体"[4]，如理解为"人本体"，也应该是本义的再现。哲学家张再林、李泽厚分别从身体哲学、美学的角度作了关于身体与情感的阐述，让我相信，从文化意义和哲学意义来看，"李吉林情境"

---

[1] 张再林.作为身体哲学的中国古代哲学[M].北京：中国书籍出版社，2018：9.

[2] 同上：27.

[3] 同上：26.

[4] 李泽厚.从美感两重性到情本体——李泽厚美学文录[M].马群林，编.济南：山东文艺出版社，2019.

应该成立。

关于李吉林本身就是情境、"李吉林情境",肯定会有人质疑。质疑一:将李吉林当作情境,会不会将李老师降到物的层面?一般来说,情境属于物,是物化的。但是,人们常常赋予物化的情境以意义。蒙台梭利曾论述过儿童与环境的关系:"儿童的任务就是构造一个适应环境,适应他的时代、地区和文化的人。"① 这样的环境,蒙台梭利称之为"有吸引力的心理"。② 我的理解是,环境给儿童的"有吸引力的心理",人(儿童)要在这样的环境里成为适应文化的人、成为文化意义上的人,就是让环境拟人化、人格化了。这样的环境不是物化的,更何况情境呢?质疑二:人怎么可能是情境呢?从语法上看,"人——情境"也不符合用词的规律。这是个问题。与对上一个质疑的回应一样,"人——情境"的关系已超越了语法的规定与规律,这种超越是对表述对象描述的"诗化","诗化"的结果是"活化"。这也正是情境教育在表达方法上的特点和特色,显现了情境教育的魅力。卡西尔有一个别具一格的观点:"要真正理解人类哲学的意义和重要性,我们得用一种戏剧性的描述方式"③,"采用一种诗的语言,而不是科学的术语来表述"④。因为这是属于人的宇宙,人的宇宙有自己的法则和逻辑。应当承认,这些质疑都有其合理性、启发性,而对质疑的回应、解释,使我们更加慎重、更加深入地研究,让我们的核心观点和基本判断更加准确、更加稳妥,并逐步趋于完善。

二、"李吉林情境"的内涵与特征

"李吉林情境"内涵十分丰厚,特征非常鲜明。需要重申的是,"李吉林情境"是李吉林老师的人格化,是李吉林老师人格的映射和体现。因此,"李吉林情境"的内涵与特征,说到底是李吉林人格的内涵与特征。李老师人格转换

---

① 玛丽亚·蒙台梭利. 童年的秘密 [M]. 马荣根, 译. 北京: 人民教育出版社, 2005: 序.
② 同上.
③ 恩斯特·卡西尔. 人论 [M]. 唐译, 编译. 北京: 北京燕山出版社, 2009: 8.
④ 同上.

成"李吉林情境"的内涵与特征，会更加具体、生动，大家会更好地感受、领悟，在特定的情境里受到独特的感染、触发与鼓舞。

一是"李吉林情境"的崇高性。"李吉林情境"是一个充满正能量的价值世界，儿童和教师浸润于这样的情境中，感受到向上、向前、向远方的力量的推动和鼓舞，理想、信念、使命，高尚、神圣、纯洁，会进入灵魂，崇高感会在心灵里升腾起来；儿童的心田里会播上真善美的种子，萌发道德感、理智感、审美感，也将会像李老师一样飞扬起"小鸟之歌"，写下"明天的诗句"。

二是"李吉林情境"的真实性。李老师反复对我们讲：要真实，要真诚，做人，做好教师，根本就是一个字：真！真，求真，是科学精神，也是至上的美德。在这样的情境中，孩子们，还有我们，会真实地面对这个纷繁复杂的世界，让中华民族的文化精神得到弘扬。

三是"李吉林情境"的专业性。李老师研究的是教育规律、儿童身心发展规律，将这两种规律整合在一起，置于生活和社会的宏大情境中，研究的是教育的大专业，培养的是大写的儿童。科学、专业，让"李吉林情境"更有厚度和深度，培养孩子们的学习兴趣，还培养教师们的专业品质和教育智慧。

四是"李吉林情境"的审美性。李老师特别重视审美，以美为境界，以美召唤道德，以美塑造儿童的童心。在审美化的情境中，孩子们受到美的陶冶，情绪是沸腾的，创造力是旺盛的。

总之，"李吉林情境"充满着教育的魅力。"李吉林情境"本身就是教育。假若我们再往下走，不妨简要地阐述"李吉林情境"的内涵。

"李吉林情境"展现的是人生境界的情境。李老师以自己切身的体悟告诉我们：人的一生要为一大事来，为一大事去；人的一生要有追求，要克服人性的弱点，要做踏踏实实、永远向前的竞走运动员，要做不断攀升、突破、自我超越的跳高运动员；人的一生要献给儿童，献给祖国，永远铭记："我是中国人！我爱祖国！"

"李吉林情境"展现的是中国文化的情境。李老师把自己的教育深深扎根在中国大地上，让自己的血脉与民族的血脉相融通，永远流淌中华民族的血液。她从中国文化传统的经典中汲取思想、理论的营养，让自己的研究有丰润的土壤、有坚实的文化基石、有高耸的平台，向世界文化瞭望，与世界文化对话，在中国特有的情境里向世界讲述中国的故事。

"李吉林情境"展现的是道德的情境。中华文化的本色与底色是伦理道德，李老师深谙这一点，一生追求高尚的道德情操，做有道德的人，做有道德的教师。她临终前叮嘱儿女的话是："要对人好啊！"在她走后不久，她的子女就在华东师范大学设立了教育专项基金，在她的母校也是她一生任教的南通师范学校第二附属小学设立了奖教金。她的道德人格，在子女、学生身上延续，薪火相传。

"李吉林情境"展现的是儿童研究的情境。"为儿童研究儿童"一语端正了儿童研究的目的，成了儿童研究的指南针。李老师患病后住在学校隔壁的中医院，选的是面向校园的病房，每天望着校园里的儿童活泼的身影，听着孩子们的歌声、读书声和笑声。"长大的儿童"道出了教师与儿童的实质性联系和深层意蕴，以及教师的天职与智慧。

三、"李吉林情境"与"李吉林研究"

如前文所述，关于人的研究是一切教育研究的基础与重点，否则，要揭开秘密是不可能的。提出"李吉林情境"命题，要旨是回到李吉林老师本身的研究上来，所以，研究"李吉林情境"，应当再向前跨进一步，进行"李吉林研究"。

李吉林是从课堂教学研究中走出来的儿童教育家。一位普通的小学教师，从教 60 多年，被誉为教育家，这本身就是一个奇迹。一如苏联的苏霍姆林斯基。孙孔懿先生的两本著作——《苏霍姆林斯基评传》《苏霍姆林斯基教育学说》，其重要的启发是，要从教育家的教育理论、教育学说研究走向教育家本身的研究。这是一种研究的趋势。这样的研究，才能从根本上揭示教育家成长的规律、教师专业发展的规律，以从整体上提升教师的水平，培养更多的好教师。

情境教育这座富矿，源自其创立者李吉林老师，"李吉林研究"是富矿之生成的深度研究。我们应该研究李老师的成长背景、成长经历、成长轨迹，人格特征、文化修养、思想观念、教育主张，课程研究、教学研究、活动研究、儿童发现、家庭教育，著书立说、语言风格……这些研究都是必要的，其价值意义不言而喻。

同时，我以为，以下视角的研究不可忽略，甚至可以成为"李吉林研究"的闪光点——

李吉林：名师名家工程的自我铸造者、开启者。在李吉林奖教基金会捐赠仪式上，教育部教师工作司司长任友群说，在早期，还没有什么名师名校长工程，但李老师为自己树立了坚定的理想信念，主动请教，主动实验，主动总结……她是今天的名师名校长工程的自我铸造者、开启者、先行者。当下，我们一直为名师成长机制而困惑、苦恼；而李老师早就告诉大家：名师不是刻意制造出来的，是自主"长"起来的。

李吉林：教育理论的追寻者、转换者、创造者。李老师一直说自己的第一身份是小学教师，但是她又把小学当作大学来上，因为小学不小，小学里有大学问、深学问。她不断地去追寻理论，这是一种"学问的思维"[①]。我对这一思维的阐释是，追寻高深学问与理论的思维。李老师有一个卓越的理念：一切理论都要与实践相结合，要为我所用，要为儿童发展服务。理论要本土化，要自我内化，要从实践出发，进行创造性转换；还要在创造性转换的过程中生成自己的理论。不难发现，李吉林的情境教育理论都是打上李吉林印记的，是个性化的。李老师告诉我们：作为实践者的教师该如何去学习理论，如何让自己成为有理论支撑的实践家。

李吉林：教育思想的实验者。李老师的情境教育实验，是思想的实验。她在追寻、转换、生成自己的教育理论的同时，创生了关于情境教育的思想，并将思想付诸实践，用思想指导实践，在实践中不断反思——李老师既坚信自己，又不断否定自己，推翻自己——提炼自己的思想，概括自己的理论。显然，思想的实验，指导、引领着实践。对孩子播下的思想的种子，是思想的启蒙。李老师告诉我们：做一个有思想的老师。

李吉林：自己风格的表达者。教师的风格往往体现在她的话语风格上，因为风格总是关于修辞的。李老师的表达风格非常有自己的个性，她用自己的话表达自己的所思所想，"我手写我心""我口记我心"。这并不意味着不开放、

---

① 钟启泉. 现代课程论 [M]. 上海：上海教育出版社，1989.

不吸收。恰恰相反，开放的系统应当是不离失自我的系统。李老师告诉我们：说自己的话，说自己想说的话，说有思想含量的话，但这些话又是普通话——大家听得懂，也用得上。

"李吉林研究"还有更多的视角。因为它是一座富矿。

愿大家共同努力，让"李吉林情境""李吉林研究"开出新的花朵，结出新的果实。

第四篇

儿童：伟大史诗的草稿

篇首语

人类伟大史诗草稿的修改

儿童观，通俗地说，就是如何看待儿童、如何对待儿童。换个角度说，儿童观的本质就是对儿童本体价值的判断，包括对儿童未来发展价值的预判与期待。而儿童观、儿童本体价值总是存在并显现在儿童的言行中，因此确立正确的儿童观，应该"观儿童"，犹如价值观与观价值一样。

其实，每个人都有自己的儿童观，只是表达不同，但一定要处在自觉状态，因为儿童观应具有稳定性。比如，陶渊明用饶有兴趣的《责子》诗，历数膝下几个孩子的种种不肖："虽有五男儿，总不好纸笔。阿舒已二八，懒惰故无匹。阿宣行志学，而不爱文术。雍端年十三，不识六与七。通子垂九龄，但觅梨与栗……"

陶渊明在观儿童，他的儿童观倾向于儿童是顽皮、懒散、无心向学的——至少他家里的儿童这样。而丰子恺呢？他在《儿女》一文中说："近来我的心为四事所占据了：天上的神明与星辰，人间的艺术与儿童，这小燕子似的一群儿女，是在人世间与我因缘最深的儿童，他们在我心中占有与神明、星辰、艺术同等的地位。"丰子恺与陶渊明"观"到了不同的儿童，准确地说是"观"到了儿童的不同方面，形成了不同的儿童观。儿童观就隐藏在"观儿童"中。

把一切心灵献给孩子的苏霍姆林斯基用一句比喻表达了他的儿童观："儿童是人类伟大史诗的草稿。"我认定这是伟大的诗句，是经典的苏氏儿童观。我很赞同，也自愧远远不如苏霍姆林斯基，难怪他成了教育家。在我的理念中，教育观、课程观、教学观、管理观是基于儿童观的，抑或说是以儿童观为底色的。

儿童，人类伟大史诗的草稿，内涵非常丰富，主要在两个方面：儿童的伟大与儿童"草稿"的修改。这两方面统一、结合在一起，才是完整的儿童观，舍此其中任何一方面都是欠缺的、"跛脚的"，之于教育、之于儿童的发展都是不利的。现存的问题恰恰是在这两方面认识、把握都不够，都有问题，两方面统一得更不够。于是，"儿童，人类伟大史诗的草稿"内涵的完整性这一命题就凸显了出来。

先讨论第一方面，儿童是人类伟大史诗的草稿。首先，显现了儿童的伟大，他们是人类的骄傲。其内涵是：人类的一切秘密都隐藏在儿童身上，认识人类，首先，要认识与发现儿童；认识、发现儿童，正是认识、发现人类。进一步说，有什么样的儿童就有什么样的民族、什么样的人类、什么样的未来，我们培养了好儿童就是塑造了民族和未来。所以，教育要坚守"儿童第一"的立场。其次，显现了儿童具有伟大的可能性。可能性是未来性，具有不确定性，但可能性的能量无比巨大，可能性正是生命创造的能量，可能性正是创造性。儿童的可能性存在于三个方面，一是存在于现实中，二是存在于梦想中，三是存在于时间的流淌中。对儿童可能性的尊重与呵护，是对未来、美好、创造的尊重与呵护，因此要"观"儿童的现实表现，要珍视儿童的梦想，要相信儿童，并给他们足够的时间和乐观的期待。

基于以上的想法，我们的核心理念是解放儿童，解放他们的心灵，陶行知的"解放论"至今都是熠熠发光的。只有解放儿童，才能让"草稿"明亮、灿烂、生动、丰富，让梦想镶嵌在"草稿"中，让美好在"草稿"里跃动，让时间在"草稿"里闪烁出独特的光彩。遗憾的是，我们在尊重儿童、信任儿童、解放儿童方面，认识很不到位，做得很不够，"人类伟大史诗的草稿"往往被当作错误百出的废纸扔进了垃圾桶。这是个大问题。

再讨论第二方面，草稿的修改。凡是草稿总得修改，修改后才能最终成为史诗。大凡修改草稿要有个原则：尽最大可能尊重草稿，不因稚嫩而讥笑，不因错字错词错句而斥责，但必须严格，尤其是价值、方向的问题更要澄清，不可视而不见，更不可糊涂了事，价值引领是"草稿"修改的第一要义。修改草稿也是个过程，是让草稿从欠缺到完整，从模糊到清晰，从表象描述到有点理性思考，错字、错词、错句、错标点得到改正。草稿的修改需要爱心、耐心、细心，需要严肃之心、严格之心。不修改，草稿永远是草稿；修改，让草稿最终成为人类伟大的史诗。但是，一切的修改都是以人类伟大史诗为方向、前提和原则的。好比要给小禾苗浇水、增加养分，就如给小树剪枝理叶，恰似让花蕾经风雨、见世面。

就是这样，在儿童成长过程中，解放与规范，自由与守纪，活泼与严肃，快乐与刻苦……两方面的结合、融合才能体现完整的"儿童性"，也才是人类伟大史诗草稿的内在逻辑，才是科学的儿童观。当下，我们需要这样的辩证法，需要建构一个完整、科学、美好的儿童世界。

儿童研究视角的坚守、调整与发展走向回到书桌

儿童研究应当是教育研究的母题，教育的一切研究都是以儿童研究为基底的，都要从儿童出发，为了儿童发展而研究儿童。"儿童文化研究应位于教育理论研究最前沿。"[①] 而儿童研究的一个十分重要的目的是真正建立起儿童立场，其宗旨是站在儿童立场上，推进儿童文化的深度建设，促进儿童健康全面发展。

我曾就儿童立场在《儿童立场：教育从这儿出发》一文中阐述了一些问题。随着时代的发展、教育改革的深入及研究的开掘，儿童立场研究面临着新形势、新问题、新要求，儿童立场研究内涵更加丰富，研究方式也发生了一些变化，这是儿童研究面临的新挑战。挑战面前，既成的研究结果有的要变，有的不应变也不能变。为此，儿童研究的基本态度应包括两个方面：一是坚信与坚守，即经过梳理对已有研究成果、结论的坚信，对核心观点、基本规律的遵从和坚守；二是对已有研究成果、结论进行检讨和反思，作适当调整、补充、修正，有的要进行时代转化，包括有的还需要转向。这一基本态度实际上是儿童研究的基本立场。儿童研究的基本立场一定会进一步丰富、完善、提升教育的儿童立场；而站在儿童立场上也一定会更加准确地把握儿童研究的方向，并进一步开发儿童研究的深度。

一、儿童教育和儿童研究正经受时代的挑战

在当下的儿童研究与儿童教育中，有两个现象值得关注，一个是儿童教育

[①] 安妮李·林德格伦.儿童文化的本体论实践[J].童年——全球儿童研究杂志，2016（3）.

焦虑,另一个是童年成长危机。对这两个现象不同的理解与态度,往往形成两种不同的教育主张。由此带来的思考是:我们究竟该坚信什么,质疑什么;我们究竟该坚守什么,反对什么。

先讨论儿童教育焦虑。有人将教育焦虑概括为三种:学习焦虑——立竿见影式的教育带来"速成式"学习,结果是学习任务过多、学业负担过重与身心健康发展间造成矛盾和冲突;规划焦虑——孩子成长要不要规划设计,能不能跳出规划设计,现实性与可能性产生了矛盾和冲突;比拼焦虑[①]——别人家的孩子总比我们家的孩子读的书多、上的培训班多、参加的比赛多,成绩好名次高,自家孩子与别人家孩子比较后造成的矛盾、冲突。这些焦虑首先是家长、教师的焦虑,逐步扩大为社会焦虑,当然也影响到学生,形成儿童焦虑。无论何种焦虑,总之是关于儿童成长的焦虑,成长焦虑必然影响完整儿童成长。面对焦虑,渐渐地形成两种不同的教育观点和主张。一种主张是,为了完整儿童发展,要进一步解放儿童,真正解放儿童,让儿童快乐起来,自由起来,自然成长;让儿童站到课程、教学和管理的正中央,成为学习的主体、课堂的主人;从儿童出发,注重兴趣、培养爱好、发展特长。另一种主张则相反,教育不能让孩子快乐,有一位学者甚至说,凭什么让孩子快乐?当下的孩子过于快乐了。儿童站立中央,教师站到哪里去?兴趣、爱好、特长能真正解决儿童发展的问题吗?显然,这是另一种焦虑,是观念的焦虑。焦虑是客观存在的,教育观点、主张之间的冲突是很大的。

再讨论童年成长的危机问题。所谓童年危机已不仅仅是因为以上儿童教育和儿童成长的焦虑了,而主要是童年的概念存在的危机。这一危机的提出,主要基于信息技术、互联网时代的到来,冲击了传统的儿童概念,认为儿童应该有属于自己的文化,包括图书、服装、游戏等,而不应该分享属于成人的文化信息。但是,一个不可回避的问题和不争的事实是,电视、网络等新兴媒体的出现与普及,进入儿童的生活,并且进入了童年的传统特征,儿童已完全能够与成人分享那些成人要极力保守的秘密了。于是,"这就可能导致已经形成的儿童与成人之间的界限开始消退,最终使儿童与成人之间的差别模糊,传统的

---

① 范昕.童年阅读背负了多少成长焦虑[N].文汇报,2016-11-30.

童年概念也随之消逝",这就是 20 世纪 80 年代以来,美英学者的研究所聚焦的童年危机,这一关注,最后发出的是"'童年之死'……的一声哀叹"[①]。童年成长危机不只是西方学者提出来的,而且是真实的、普遍的存在。儿童与成人的边界的确在打开,也开始有所模糊。但是,"传统的童年概念随之消逝"了吗?这一判断值得商榷。"童年之死"真的发生了吗?对这一哀叹需要质疑,更要深入讨论。

以上的儿童成长焦虑与童年危机,说到底是文化焦虑,也是理论焦虑,是对儿童研究、儿童教育的挑战。这些挑战需要我们理清思路。这些挑战归结起来仍是一个新时期、新形势下如何真正认识儿童、对待儿童的问题,如何培养完整儿童的问题。这是个儿童观问题,波及儿童立场的真正确立,也涉及如何对待长期以来研究、实践中所形成的成果,如何对待传统儿童概念及现代儿童、未来儿童等问题。

二、儿童研究与儿童教育中的坚信与坚守

任何研究都不是从零开始的,无特殊情况,研究也不会随意断线,而是有一个承继与发展的过程,儿童研究同样如此。无论是传统的儿童还是现代儿童乃至未来儿童,他们首先是儿童,儿童就是儿童,真正的儿童应是完整的儿童。时代的发展、社会的进步、新技术的出现,当然会改变儿童发展的内涵,也会改变儿童研究的方式,但儿童的特质是不会改变的。与此相适应的,长期以来所形成、积累的研究成果也不能一概否定,该坚信的要坚信不疑,该坚守的要坚定不移。儿童研究的历程告诉我们,所有的研究和实践,都应紧紧围绕培养和发展完整儿童而展开。

(一)坚信"儿童基质"的永远存活

我把儿童的特性称为"儿童基质"。"基质"是美国科学哲学家库恩提出来

[①] 艾伦·普劳特. 童年的未来——对儿童的跨学科研究 [M]. 华桦, 译. 上海: 上海社会科学院出版社, 2014.

的。他认为,"基质"是"由各种各样的有序元素组成",而"范式"也是"基质"的组成部分。库恩还将"基质"称作"符号概括"。[①]可见"基质"之重要。

"儿童基质"之一:儿童的"根茎"。儿童特质好似地下的根茎,儿童有自己的"根茎"。根茎是天生的,是大自然赋予的,是在千百万年的风雨中形成并强大起来的。根茎虽在大地之下,却充满着无限的生命活力。虽然也会不断地分叉、繁殖,长出新的枝叶,结出新的果实;但根茎仍是根茎,"根性"永远不会改变。儿童有自己的"根茎",它是儿童成长之根源、儿童未来之根底,丢弃"根茎"童年就不复存在。呵护"根茎"便是尊重儿童发展的自然性,便是服从儿童身心发展的规律。儿童的"根茎",既是幼小而又强大的身体力量,又是稚嫩而不断成熟的心理力量和精神力量,是儿童的儿童性。正因为"根茎"的永恒性,儿童从传统走来,走向未来;儿童特质不会退去,童年不会死去,儿童还是儿童。

"儿童基质"之二:儿童的天性。儿童的天性是儿童之为儿童的根据,是儿童特有的表情。丰子恺先生曾写过关于"逃难"的文章。在枪炮声中,在飞机的轰炸声中,扶老携幼出逃。这一经历常让他不堪回首,那种惊慌、忧虑与奔波,常让他从噩梦中惊醒。可是有一天问小儿"最喜欢什么事"时,小儿坦然回答"逃难"。丰子恺又问:"你知道什么是逃难?"小儿回答:"逃难就是爸爸、妈妈、弟弟……还有娘姨一起,坐汽车去看大轮船。"这是一个小孩发自内心的自然回答。在儿童看来,世上的车来车往、争争吵吵,那都是游戏。这就叫儿童的天性。儿童的天性,会让儿童用自己的眼睛看世界,用自己的方式表达世界。我们当然要对儿童加强价值观教育,但所有严肃教育都应建立在呵护儿童天性之上。儿童的天性,是好奇,是想象,是一个又一个没完没了、稀奇古怪的问题,是独特的认知方式和表达方式。天性在,儿童便在;让天性永远存活,就是让完整儿童永远存活、永远发展、永远创造。

"儿童基质"之三:童年的秘密。不少伟大的教育家讨论过、探寻过儿童的秘密,写过不少童年的秘密。随着时代的变化,随着网络的开放,随着秘密

---

① 托马斯·库恩.科学革命的结构[M].金吾伦,胡新和,译.北京:北京大学出版社,2003:163-164.

逐步被公开化,童年的秘密还存在吗?回答是肯定的。虽然童年的秘密的内容、表达方式肯定会发生变化,但秘密一定仍会深埋在儿童的心底,只是不告诉你而已。有这么一个真实的故事:小学部的保洁员听到卫生间里有窸窸窣窣的声音,打开门一看,一个小学生正在拆装马桶的水箱。因为他发现,学校分体式水箱与他家里连体式水箱构造不同,引起了他的兴趣。原来他心中有个秘密。又有一次,校园网被一个八年级的"小黑客"入侵了。之所以"入侵"校园网,是因为他想试试学校网络安全的设置水平。原来他心里也有一个秘密。这两件事,绝不能用道德标准去看待和处理。童年的秘密多可爱、多伟大。没有秘密的儿童不是真正的儿童,不是完整的儿童。教育的智慧,就是呵护童年的秘密,发现童年的秘密,让童年的秘密转化为一种创造。而有时也不必去发现童年的秘密,总有一天秘密会通过创造告诉大家的。

当然,"童年基质"还应再探讨,但至少这三个方面是肯定存在的,而且是永远鲜活的。这些"童年基质"是儿童以特殊的方式告诉我们的,是儿童研究的结果。我们要尊重、相信这些成果,坚信"童年基质"就是坚信儿童的特性,要坚信儿童身心发展的规律的力量,坚信完整儿童培养的重要性。面对成长焦虑和童年危机的挑战,我们应当从容淡定、增强自信,自信之源就是完整儿童之"童年基质"的永恒性。

(二)坚守儿童教育的核心理念

上述所提及的"凭什么让儿童快乐"等观点,实在是对儿童发展现状、教育现象的误读、误判,如不纠正,肯定会误导儿童研究,误导儿童教育,最终误导儿童发展。我以为要准确解读和判断的有以下几个方面。

1. 对儿童的认识与发现远远没有到位

儿童是一座秘密的宝库,我们只是开采了一部分。一个公认的事实是,儿童随着社会的发展而发展,呈现一些新特点,形成一些新特征,而对这些新特点、新特征我们认识、发现很不够。此外,儿童世界的大门可以向伙伴、向闺蜜开放,却不一定向家长、向教师开放。一位初中班主任曾说:他们(学生)在花季里,而我们在花季外;他们在门内,而我们在门外;于是,他们在故事里,我们在故事外。门外的人怎能知道门内的故事呢?不难理解,对儿童的认识与发现永远是个过程，儿童研究永远是从此岸渡向彼岸。

2. 儿童站在课程、课堂的中央远远没有到位

站立在正中央，是一个相当精彩而又深刻的比喻，喻义鲜明，即让儿童成为教育、教学过程的主体。学生不仅是教育教学的对象，而且是发展需求的发出者，是教育教学活动的参与者，也完全可以成为创造者。站立在正中央，是言其长期以来，儿童一直处在边缘地带，是被动的学习者，而如今要改变，要让他们成为主人。课程、课堂的正中央，不只是学生站立，也不是说学生站立了，其他人就无法站立了，只要是学习者都应站立于中央。而当下，这一理念还没有真正的实现，绝不能先进理念刚一抬头，就将它按压下去，否认它、排斥它。

3. 儿童的解放、自由、快乐远远没有到位

真的搞不清楚"教育凭什么让儿童快乐"是根据什么得出的结论。这一结论之谬误是显而易见的，但凡有一点良知和常识的人都知道，解放、自由、快乐是儿童应有的权利，不是别人赋予的，更不是别人施舍和恩赐的，我们要问的是：教育凭什么不把解放、自由、快乐还给学生？我们还要反问：作为一个成人尤其是作为一个学者，你们凭什么自己要解放、自由、快乐，而不让儿童解放、自由、快乐呢？为什么对成人、儿童采取双重标准？这里暗含着另一个问题：对快乐、愉快的误读。快乐、愉快并不否认、排斥对勤奋、刻苦品质与精神的培养，快乐、愉快内在地包蕴着勤奋、刻苦及其所带来的快乐、愉快的体验。快乐、愉快与勤奋、快乐简单的二元对立的单一思维方式应当改变，让快乐、愉快的儿童基质永存。

以上几个"远远没有到位"不是杜撰的，而是客观存在的。倘若我们只看到成长焦虑和童年危机，而看不到当下儿童学习、成长的另一面，即看不到儿童教育本身存在的问题，是不可能准确地把握儿童学习、成长脉搏的，培养完整儿童必然是一句口号而已。其实，这些"远远没有到位"既是成长焦虑的现状，更是成长焦虑的真正原因，这才是最大的童年危机。"远远没有到位"的相反表达，正是儿童教育的核心理念，我们必须坚守。

三、儿童研究与儿童教育的反思与调整

对儿童研究、儿童教育形成的核心理念等应当坚信坚守，同时面对发展中的新问题、新要求、新挑战，还必须深入思考、积极应对，因为时代在发展，社会在改变，儿童已处在变化之中。因此，有必要对儿童研究、儿童发展来一番检讨与反思。认真检讨、深刻反思才能让坚信坚守站在一个新的高度上，坚信坚守才能更理性、更科学，儿童立场建构才能有更坚实的基础，有更明确的方向，儿童研究、儿童教育才能与时俱进。"作为'正统'的社会化理论出现了无力感状态"，而且糟糕的是，"这样的理论无力也导致了儿童社会学学科发展的滞后"，尤为值得关注的是，"在我国儿童社会学滞后发展的同时，欧美国家儿童社会研究却开始进入新的阶段"。[①] 不仅如此，儿童研究不只是教育学、社会学的任务，还呈现着跨学界研究的趋势。不言而喻，儿童研究不能单一，更不能狭隘，应该将其置于时代的大格局中，应有大视野，应有新进展、新突破。儿童研究的内容越来越丰富，以下问题亟须明确阐释。

（一）对儿童发展所处环境的认识和研究

儿童处在一个不断变化、不断创新的环境中，和以往所处的环境已很不相同了。在这样的环境中，儿童的所听、所闻、所想、所为也随之发生变化。

1. 儿童处在多重的生成中

以往家庭教育、学校教育是儿童生成的主要原因和渠道，而今社会教育已进入儿童生成的框架中；以往，课程、教科书是儿童生成的主要载体，而今新媒体、新技术已成为自选的课程和教科书；以往，把课程、教科书当作一个大大的世界，而今偌大的世界已成为课程、教科书了……多重生成，让儿童视野更开阔、心胸更开放，渠道、方式更多元。多重生成是好事，有利于完整儿童的发展。但多重生成中也会有陷阱和诱惑，可能会生成不健康、负面的东西。

---

① 威廉·A·科萨罗.童年社会学 [M].程福财，等，译.上海：上海社会科学院出版社，2014.

2. 儿童处在新技术的包围中

新技术让世界变平了，儿童可以用技术进入丰富多彩的世界。新技术不会因为你不喜欢就不进入教育，它的到来与进入是必然的。而儿童对新技术有特别的感情和特别的使用、操作欲望，不仅喜欢而且使用熟练、一学就会。技术永远是双刃剑，有可能撕裂儿童发展的完整性。怎么让儿童用好剑，同样是个难题。其实，科学技术的剑之双刃，不是其本身，而在于使用者。对新技术使用应当有正确的价值引导，让儿童使用新技术的过程成为价值澄清和选择的过程。

3. 儿童处在价值多元的困惑中

多重的生成、多变的技术、多样的文化，必然带来多元的价值。儿童正处在价值启蒙期，需要对他们进行价值澄清。犹如对待新技术，对儿童所面临的各种事物都要进行价值教育。所谓价值澄清，是帮助儿童对价值进行辨别、区分、选择。对以上儿童所处的新环境，我们并不是很清楚。新环境、新背景是儿童研究的新依据、新资源。认识新环境，认识新环境中的儿童，会促使儿童研究作些调整和改进。

（二）对儿童发展新特点的认识与研究

环境的变化，正在改变着儿童发展的特点。这些变化是悄悄的，却是鲜明的。

1. 儿童对成人的依赖性降低

儿童发展需要成人的关心、帮助，需要成人提供必要的条件，包括物质的、心理的、思想的、精神的。儿童对成人的依赖是必需的、必然的。但随着发展，这样的依赖性会逐渐降低。当下的状况是，依赖性降低的年龄阶段提前了，所依赖的要求更趋向情感、精神层面，依赖的方式也更直截了当。当然，这也是好事。问题是，儿童开始与成人疏离，而与知心伙伴、与网络、与网络中的虚拟人物亲近了，因此，儿童的真实情况成人并不清楚，甚至根本不了解，教育的盲目性加大了。

2. 儿童的异质性加大

儿童原本就是一个独特的存在，我就是我。但是长期以来，儿童概念褊狭为一个类的概念，注重的是一群儿童，忽略了儿童之间的个体差异。忽略差异性，必然忽略完整儿童的发展。因而教育难免缺少针对性，甚至产生盲目性。当下儿童个性越来越鲜明，差异性不断加大，儿童已成为异质性的群体。他们的需求不同、价值取向不同、发展方式不同，假若仍然是同一的内容和要求、同一的策略和方式，教育效果肯定不理想，很可能消弭了差异，遏止了个性发展。因此，因材施教应当成为儿童研究和儿童发展的重点。儿童研究应当越来越具体，儿童教育也应当越来越细致。

3. 儿童发展的非连续性逐步成为研究的又一重点

德国教育人类学家博尔诺夫提出了"非连续性教育"理论。他首先肯定了教育的连续性，正是由于连续性，儿童才能越来越完善。这一观点基本上揭示了教育过程的本质。但他紧接着说，"仅此还不够全面，还需要作一些重要修正"，那就是还需要非连续性，因为"在人类生命过程中非连续性成分具有根本性意义"。所谓非连续性，即关注和正确处理那些阻碍和干扰教育的因素，那些"令人不愉快的偶然事件"。[①] 显然，当下儿童发展中的"非连续成分"不断增加，在"塑造"、发展过程中，波折甚至中断现象不断增加，因此对儿童发展的不确定性也随之增加，对儿童的可能性应当有新的认识。非连续性教育理论更重视儿童发展中的非规划性、非功利性、非刻意性，促使儿童发展处在自然状态，从"塑造性"教育中、从设计中跳出来。我以为，这一理论应当进入儿童研究和儿童教育范畴。

（三）对有关理论视角的调整

1. 关于儿童社会学研究视角的调整

以往讨论儿童社会化发展，无形中把儿童当作被动的对象，是一个儿童被社会化的过程。但是，儿童在社会化进程中，地位与功能已发生了变化，儿童是积极的、创造性的社会行动者，他们积极地生产了他们自己特别的儿童文化，同时也参与到成人社会的生产之中。这种参与包含三种集体行动，儿童对成人世界信息与知识的创造性使用，儿童对一系列同辈文化的生产和参与，儿

---

① O·F·博尔诺夫. 教育人类学 [M]. 李其龙，等，译. 上海：华东师范大学出版社，1999.

童对成人文化再生产与发展的贡献。① 这一理论视角的调整，让儿童社会化过程更积极，从被社会化者转向积极的参与者、创造者和贡献者，环境可以改变人，人也可以创造环境，这一理论观点，在儿童发展中可以真正得到实现。于是，促进儿童的整体发展、深度发展意义十分重大。

2. 关于儿童世界理论视角的调整

长期以来，我们坚守了一个观点：儿童有自己的世界，儿童世界是独特的，是自洽的。但现实不断提醒我们，儿童世界的边界开始模糊，儿童世界之门逐步向成人世界打开，儿童总得融入成人世界。儿童世界的独立性、独特性、自洽性当然是正确的，但我们的理论只关注只研究这些特点，难免让儿童世界自我封闭起来。这样，成为社会的积极参与者也必然是一句空话，而且很可能让儿童不能在更广阔的社会情境里学习、探究、体验，妨碍儿童的视野和胸怀，影响儿童的成长。事实上，儿童世界的大门已向我们打开，儿童世界与成人世界的沟通、交流不断加强，我们必须主动地把成人世界大门同时向他们敞开，在互动中共同成长。当然，边界的模糊与打开，并不意味着儿童世界的消逝，而是让儿童成为交界上的观察者、对话者、建构者。

3. 关于儿童中心主义理论视角调整

杜威是儿童中心主义的倡导者。他强烈反对向儿童灌输盲目服从的意识。他认为，如果给儿童提供他们感兴趣的并和他们的生活经验相关的情境，儿童就能够独立地进行探索、实验和思考。但是，杜威并不支持极端的儿童中心主义教育。他主张，教育是儿童的当前经验不断改造的过程，而这种改造则是通过成年人的经验来实现的，即通过那种组织成我们称之为学问的真理体系来实现的。② 强调以儿童为中心，不能排除教师的主导地位；强调以儿童的学习为核心，不能排除教师高水平的教；强调儿童的自主、合作、探究学习，不能排除教师必要的传授。同样地，儿童世界好比大森林，森林里既有天使，也有魔鬼。同样地，儿童要解放，儿童也需要规范；儿童需要自由，儿童也需要规

---

① 威廉·A·科萨罗. 童年社会学 [M]. 程福财，等，译. 上海：上海社会科学院出版社，2014.
② 帕梅拉·博洛廷·约瑟夫，等. 课程文化 [M]. 余强，译. 杭州：浙江教育出版社，2008.

则；儿童需要快乐，儿童也需要磨砺，需要批评。日本的名言说得好："对孩子的行为，五件事中三件夸奖，两件批评，他会朝好的方向发展。"的确，以儿童为中心，不能绝对化，不能极端化，平衡的儿童中心主义才能培养完整儿童。

以上这些理论观点的调整或匡正，目的是一个：建立完整的儿童教育观，培养完整的儿童。

四、儿童研究的几大走向

儿童研究视角的调整，一定会促进儿童研究的转向，意味着儿童研究呈现出新的走向，带来研究的新命题。

（一）坚守儿童立场与国家核心价值观培育、践行的统一

儿童立场必须坚守，何况在实践中儿童立场还没有真正建立起来。但儿童立场的建立绝不是孤立的，不是与其他立场的建设相矛盾相冲突的，其必须与国家立场的建立、坚守相统一，与国家核心价值观的培育、践行相统一，教育要站在儿童立场上，引导儿童触摸国家核心价值观，让国家核心价值观成为儿童立场最根本的源泉和支撑，在儿童心灵深处埋下国家核心价值观的种子。道理并不难理解。

1. 儿童是有祖国的人

儿童是一个世界性的概念，儿童是全人类的宝贵财富和未来希望，我们为这个世界留下什么样的儿童，世界就有什么样的明天，儿童的明天即世界的未来。但一如"科学没有国家，科学家有祖国"，儿童是有祖国的人，他们生于斯、长于斯，是祖国的土地哺育了他们，是祖国的江河湖海滋养了他们，祖国早就在他们心灵深处烙上了国家的印记，国家的核心价值观早就沉淀在他们的心理结构之中。从核心价值观的角度看，儿童立场折射的正是他们所属祖国的核心价值观，国家核心价值观应附着在儿童立场中，照耀儿童立场，引领儿童立场。所以，儿童立场远离国家核心价值观，既不允许，又不可能。

2. 儿童是有民族文化之根之魂的人

儿童在民族文化土壤里萌芽、生长，将会长成好大一根树。树的根深深地

在文化土壤里蔓延、伸张，吮吸着民族文化的琼浆。尤其是中国儿童，五千多年的中华文化，让他们有民族的根与魂，在多元文化的激荡中站稳自己的脚跟。那绵延不绝的万里长城是他们的民族脊梁，滚滚向前的黄河长江是他们的文化血脉；那唐诗、宋词、元曲、明清小说铸就了他们的民族情感与智慧，汉字、母语锻造了他们的国家记忆；那春节的鞭炮、端午的粽子、中秋的月亮也让他们有永远的家国情怀……中华民族文化已成当代儿童的文化基因。所有这一切，都在孕育着中华民族的精神，培育着社会主义核心价值观。中国儿童正是站立在中华文化的基石上瞭望未来，中国儿童的立场是用中华文化核心价值观铸造而成的。

3. 个人与社会国家的价值取向应一致

从中国学生发展核心素养来看，"学生发展核心素养，主要是指学生应具备的，能够适应终身发展和社会发展需要的必备品格和关键能力"。这一界定，把学生终身发展的价值需求和社会发展的价值需求统一在一起。两种价值的统一很重要，如果只关注、满足社会发展需求的价值需求和取向，那么学生的终身发展和个性发展势必受到影响；反之，如果只关注、满足学生终身发展价值需求和取向，那么，学生就很有可能成为"精致的利己主义者"，而社会发展、国家发展的价值观就可能被边缘化，以致空无化。显然，个人的与社会的、国家的价值取向应当是统一的、一致的，是相互融通、相互支撑的。这样的互动关系本身就是一种价值认同和价值取向。

值得注意的是，当下的儿童研究，十分强调儿童立场的建设，还没有自觉地将国家核心价值观的培育、践行作为儿童立场研究的题中应有之义、应有之大义、应有之魂，这是应当引起警惕的。我们应将这个问题作为重大课题来研究，让社会主义核心价值观、伟大的中国梦在儿童立场的上空照耀，让儿童之光与国家核心价值观之光相映照。

（二）从儿童研究走向与儿童一起研究

儿童研究为了儿童。儿童研究不能没有儿童，不能没有完整的儿童。儿童研究的理论视角需要调整，研究的对象和主体，研究的内涵和方式也应拓展，那就是从儿童研究走向与儿童一起研究，抑或这样理解：儿童研究应当包含与儿童一起研究，这才是真正的儿童研究。

1. 与儿童一起研究的价值和意义追寻

儿童就是哲学家，从小就有哲学的思考和探究的愿望，并渴望有人和他一起讨论和研究。与儿童一起研究首先是因为儿童有内在的要求，也有研究的能力，但需要成人的陪伴和帮助。儿童研究应当顺应儿童的要求，但是与他一起研究，共同讨论，不仅帮助儿童成长，也在促进自己发展。与儿童一起研究的本质，是成人、研究者与儿童建构起研究共同体，共同为儿童也为成人的发展。这样的研究更注重从发现问题开始，到研究并解决问题结束，然后又开始下一轮研究，周而复始。与儿童一起研究，所发现、研究的问题是真问题，是原生态的问题，因而是真研究，因为一切都来自儿童本身。

从研究方式看，与儿童一起研究，是在儿童发展的"第一现场"、在问题和知识真正发生的情境中的研究，具有田野研究的性质和特点。这样的研究，更贴近实际，更贴近儿童，更注重实战，诞生的是扎根性理论。这样的研究实现的愿望和理念是：学校、教室是儿童研究所、实验室。与儿童一起研究，是儿童研究的新进展、新突破，促使儿童进入新阶段，臻于新境界，儿童发展也呈现新状态。

2. 与儿童一起研究的内涵与类型的框架思考

与儿童一起研究，基本内涵是：儿童与成人都是研究的主体，都是研究者，不分主次；研究的过程是协商、对话、合作的过程，没有权威，不存在谁服从谁的问题，大家都是合作者；研究的结果是分享、共生、共长的过程，即使形成研究论文，儿童在其中有着显著的地位，是重要的"著作者"。

就研究内容看，以研究儿童发展的问题为主体，而儿童发展问题几乎与整个生活的内涵、外延是相等的，可以说是研究儿童的整个世界。研究内容离不开学校、教师、同学，离不开课程、学习、课外活动，离不开家庭、家长，这是必然的也是必须的，但又不能局限于这些方面。在这些方面的背后是，与儿童一起去关注历史、现在、未来，关注国家、世界、人类，关注科技、经济、军事。研究内容有极大的开放度，不应局限，更不应限制。不过有一向度贯穿始终：对儿童进行研究，对"儿童研究"的研究，对"与儿童一起研究"的研究。不管什么内容，内心总有一根指南针：儿童生活与儿童发展。

由此，可以建构以下研究类型：与儿童共同研究，指导儿童进行研究，伴随儿童研究，对"儿童研究"的研究。与儿童共同研究，是不分彼此的，教师以共同体成员的身份参与；指导儿童进行研究，是教师指导下的儿童独立研究；伴随儿童研究，以儿童独立研究为主，教师不以指导者身份参与，而是以观察者、协助者的身份出现在儿童身旁；对"儿童研究"的研究，是与儿童一起，对儿童研究的态度、方法、能力进行研究，对所研究的话题、过程、结论进行回顾、反思和改进。无论哪种研究类型，成人、研究者都应发挥指导作用，而指导更多地体现为对儿童的提醒、点拨、建议、暗示等。

3. 与儿童一起研究，关键是良好生态的建构

与儿童一起研究，能不能展开、能不能有效果、能不能让儿童更乐意更努力地参与，关键看教师、成人的理念、态度，有什么样的理念就有什么样的研究架构，有什么样的态度就有什么样的研究形态。与儿童一起研究，最重要的成功，倒不是得出了什么样的结论、出了什么样的物化成果，而是建构了什么样的师生关系，建构了什么样的研究生态，而什么样的研究生态其实是什么样的教育生态。这样的生态，完整儿童的培养是不言而喻的。教师、成人的理念、态度究竟是什么样的？陶行知先生以诗的形式给了我们极好的建议："来！来！来！来到小孩子的队伍里，发现你的小孩。你不能教导小孩，除非是发现了你的小孩。来！来！来！来到小孩子的队伍里，了解你的小孩。你不能教导小孩，除非是了解了你的小孩。来！来！来！来到小孩子的队伍里，解放你的小孩。你不能教导小孩，除非是解放了你的小孩。来！来！来！来到小孩子的队伍里，信仰你的小孩。你不能教导小孩，除非是信仰了你的小孩。"最后一节的呼唤更深刻："来！来！来！来到小孩子的队伍里，变成一个小孩。你不能教导小孩，除非是变成了一个小孩。"

全诗照录，是因为陶先生把我们想说的又说不出来的都说了，说到了问题的要害和本质。"来！来！来"，深情、真诚、急切的呼唤，"来到小孩子的队伍里"，不就是与儿童一起研究吗？不就是最适合的研究方式吗？不就是最良好的研究生态吗？陶行知先生是伟大的人民教育家，是伟大的儿童研究者，是与儿童一起研究的典范。有陶先生的引路，儿童研究、与儿童一起研究，我们一路阳光一路前行。而完整儿童的培养与发展就在其中。

（三）从教学研究走向教学即儿童研究

教学改革必须进行儿童研究，儿童研究应是教学改革、教学研究的前提。但长期以来，我们往往是将教学研究与儿童研究分开来进行，形成"两张皮"，成了两回事，因而两者呈相互割立的状态，有时两者还会产生一些矛盾和冲突。这样的教学研究是低效的、无效的，而儿童立场研究则会显得空洞。而且这样分离式、分割式的研究，有悖于研究的宗旨，影响了研究的品质。正确的做法是，将教学研究与儿童研究结合在一起，使之融通起来，"两张皮"成为"一张皮"，两回事变成一回事。这样，"教学即儿童研究"的命题自然诞生了，而且逐渐成为儿童研究的新走向。

教学即儿童研究的基本内涵是：教学的过程就是儿童研究的过程，将儿童研究落实在教学过程中，成为教学实践、教学研究第一任务。比如，语文教学研究即是研究儿童是怎么学语文的，语文学科核心素养是怎么在儿童语文学习中得以落实和发展的，如此等等。这一研究走向呈现了以下特点：一是在先性。让儿童研究走在教学研究的前头，为教学研究提供基本概念和基本规律。在先性的目的，是让儿童站立在课堂、教学的核心位置。二是互动性。儿童研究与教学研究在相互关联中互动起来，相互渗透，相互促进，共同提高。三是生成性。儿童研究在教学改革和研究中得以落实、体现和提高，而教学改革则在儿童研究中走向教学的核心、走向深度，让教学改革走在科学规律之路上，教学改革过程真正成为研究的过程。在这一过程中，生成了新理念、新方法，让教师成为研究者、创造者。

教学即儿童研究并不是零起点的，我们经历过两个阶段：依凭教学经验，设置教学目标时考虑学生的实际情况；课改中，进行教学设计时专门有学情分析。这都是对的，但又远远不够，严格说来还不是真正意义上的教学即儿童研究，我们应进入第三个阶段——教学即儿童研究的真正实现。不过，前两个阶段已为我们作了一些铺垫，积累了一些好的做法。第三阶段的研究，需要形成一套较为完整的、具体的操作体系，包括策略、方法、途径，也包括现代技术所提供的平台和工具。操作体系可以支撑起教学即儿童的研究，可以撬动儿童的学习，但是我仍然坚定地认为，关键还是教师成为儿童研究者，只有真正地研究儿童，真正地与儿童一起研究，才能真正了解儿童、发现儿童，并从儿童中汲取智慧。也许，教室里只有"教师儿童""儿童教师"才能建构起完整意义上的儿童立场，教学即儿童研究这一研究的走向，最终成为我们的实践，成为我们的教学模式，成为育人模式。

极高明而道中庸：儿童立场的完整性

一、"儿童立场"研究与践行中亟须关注改进的问题

"儿童立场"是教育中的一个基本问题，也是一个根本问题。自从"儿童立场"概念提出后，引起了大家的密切关注，儿童研究开始聚焦于儿童立场，围绕儿童立场的实践更鲜明更坚定，也更自觉更积极。可以说，建构并坚守儿童立场，在实践层面，尤其在校长、教师的行动中已达成共识，而且非常努力地将儿童立场体现、落实在教育教学、教师发展和管理中，一种注重"儿童立场"的气象正在形成。在研究层面，学术界对儿童立场已予以关注，并给予肯定和支持，在报刊和有关著作中，研究儿童立场的也日益见多，促进了儿童立场、儿童研究的深入。总之，近几年儿童立场的研究，在认知层面、实践层面都有显著的进展，进步是可喜的。

当然，儿童立场的研究与践行也存在着一些不足和问题，我们可以作些梳理和概括。一是儿童立场建构的系统性不够。由儿童立场这一概念出发，应该建构起较为完整的体系，至少可以形成一个系统，而当下，概念还没有展开，体系还不太明晰，更没有结构化，没有完整建构起来。二是研究还缺少深度，没有形成核心论题，标志性的观点也不足，理论上探索空间还很大，有待开掘的问题不少，如何向深处掘进，是面临的又一问题。三是从中华文化传统中寻找有关论述刚刚开始，很多人觉得儿童立场只存在于西方文化中，是西方话语。其实，中华文化中一定有深邃的学术性标识概念，我们应当去发掘，让儿童立场彰显中国色彩。

以上三个方面问题是对儿童立场研究的挑战，我们必须有计划地去开展研究。此外，当下有一个问题值得我们关注，因为它日益紧迫，亟待深刻理解、

准确把握，并及时予以调整，否则既不利于实践的改进，又不利于理论的完善、深化。这一问题是：如何从整体上把握儿童立场的内涵、要义，处理好一些对应的关系，以辩证思维方式，确立一些原则，防止认识上、实践中的一些偏差，警惕儿童中心的片面化、极端化，从而让儿童立场凸显其完整性、辩证性，让实践循着规律走得更稳更远。

这一问题的揭示来自实践中的观察与思考。有些学校、有些教师将儿童立场封闭起来，没有与更宏大的背景相联系，难免对儿童立场的认识比较狭隘；有的只注重儿童立场的一个方面，而忽略另一个方面，比如对儿童更多的是积极肯定，而对儿童中存在的问题，没有采取必要的措施，宽容有余，严格要求不足，儿童教育有失偏颇；有时对价值引领的意识不强，或止于情境、生活的表面，而没有触及价值观，或止于价值的探究、澄清，而没有坚定而鲜明的价值引领。需要说明的是，当下，儿童立场的坚守、真正建构远没有到位，指出以上这些问题不是对儿童立场的纠偏，更不是否定，而是这些问题的调整、改进更有利于儿童立场的坚守与进一步建构。其实，儿童立场的完整性与理论问题密切相关。从儿童立场的完整性切入，也有利于理论的健全与完善。总之，儿童立场的完整性是今后儿童立场研究、践行的一个重要命题。

二、极高明而道中庸：儿童立场完整性的准确把握

"极高明而道中庸"是中国文化中的核心主题之一，是中华文化的思想精髓，彰显了中华民族的智慧。中庸思想充满辩证法：不守两端，取其中间；在"过"与"不及"间融合汇通。中庸之道用于儿童立场是恰当的，它是准确把握儿童立场完整性的思想武器与智慧之道。

儿童立场的完整性可以从以下两个方面进行讨论，加以澄清，使之明晰与明朗，以有利于儿童立场的深入研究与践行。

（一）价值立场层面的儿童立场完整性

如前文所述，儿童立场可以视作一种价值观，是教育改革以及教师发展的价值优先选择；儿童立场的研究、践行也是价值教育过程，离开正确价值观，

就无所谓儿童立场。

1. 关于儿童立场与国家立场

有一个问题我们关注与思考得不够，那就是当我们强调儿童立场的时候，往往较少谈国家立场，甚至只就儿童立场谈儿童立场，不自觉地把国家立场搁置一边，无意中将儿童立场与国家立场分离开来。其实，儿童立场与国家立场紧密相联。从理论上讲，有什么样的儿童就有什么样的民族，有什么样的儿童现在，就有什么样的民族未来。这一理念我们要坚信不疑，并要形成信念。儿童立场是有价值取向的，是有方向感的，它指向民族的现在，更指向民族的未来。因此，儿童立场要映射国家的核心价值观，要用社会主义核心价值观照耀儿童立场。立德树人根本任务下的儿童立场，是儿童立场的题中必有之义。这就是儿童立场在价值上的完整性。由于这一理论解释没有鲜明地提出，因而实践中儿童立场的完整性没有得到充分体现，价值立意以及开放程度也受到影响。倘若这一完整性不明确、不强调，儿童立场就有可能偏离社会主义核心价值观，立德树人的根本任务也不会得到落实。

儿童立场与国家立场的关联，要在一致性上下功夫。儿童立场是为了让伟大的中国梦成为每一个儿童自己的梦，让社会主义核心价值观植根于儿童心灵，帮助他们扣好人生第一粒扣子。要在引领性上下功夫。要以培养担当民族复兴大任的时代新人为目标引领，让儿童有理想、有本领、有担当，成为德智体美劳全面发展的社会主义建设者和接班人。要在落实上下功夫。国家立场、中华民族复兴的伟大梦想、立德树人的根本任务要在课程、教学、活动上落实、做细，否则，儿童立场缺失了理想与方向，儿童立场处在表层，就可能只成为一个口号，立场与行为脱节，教育就显得空洞与苍白。

2. 关于儿童个人发展与社会发展

在任何国家和地区、任何时代，个人发展总是与社会发展密不可分。社会发展是个人发展的背景与保证，没有社会的发展与进步，个人发展是一句空话；个人发展是社会发展的基础，也是社会发展的目的——让每个人得到充分发展，过上幸福的生活。值得注意的是，在很长一段时间，我们往往忽略个人发展的需求，因而学生的个性发展、创新精神与能力的培养得不到足够的关注和重视。基础教育课程改革以来，这一现象开始得到关注并有所扭转、改变，差异性教学、学生批判性思维培养、个性化的表现等有了明显加强，儿童立场上的儿童个性培养开始凸显起来。但是，另一个问题开始显露了出来，那就是往往把个人发展与社会发展脱离开来，注重个人发展需求而忽略了社会发展需求，尤其是一些学生以个人为中心，个人主义的意识开始膨胀，"精致的利己主义者"成了少数学生自觉或不自觉的追求，所谓的"佛系"，所谓的抢占"C位"，不仅获得了少数人的认同，而且成了一种现象。这是儿童立场研究与践行必须关注的问题。

　　杜威等一批教育家早就指出并批判了"儿童中心论"，警惕极端的片面的儿童观。[1]究其原因，除了经济、社会转型以及文化、价值多元的激荡等宏大原因外，在"学科中心、社会中心、儿童中心"三者关系中，理论上还没有给出一个准确、明晰的回答，寻找三者的平衡点确实难度很大，如何以人发展为中心，以学科、知识为基础，以社会发展为保障、福祉，是一个要永远回答的问题。当前，在阐释、践行儿童立场时，我们应当加强以下三方面的教育。一是加强国家认同教育，厚植爱国主义情怀。儿童是有祖国的人，儿童是属于祖国的，无论走到世界的哪里，都要牢记自己是中国人，中国人要有中国心、中国情、中国味，要有爱国情、强国志、报国行，像吴健雄那样：卓越的世界公民和一个永远的中国人。二是加强责任担当教育，厚植集体主义精神。促进个性健康发展，绝不是培养个人主义，而是用自己富有个性的创造性劳动，奉献祖国，奉献社会，奉献人类。挺起脊梁，做事担责，是中华民族的优秀传统和精神品质。责任担当在新时代要有新内涵、新要求。这些都要体现在儿童立场上。三是加强奋斗精神教育，厚植幸福是拼搏出来的理念与品质。幸福是教育的核心目的。童年生活要幸福，未来生活要更幸福，这是我们的共同追求。但幸福不是天上掉下来的，幸福是双手干出来的。在奋斗中，才能体悟集体力量的伟大，也才能感悟社会主义好，才能把个人的一切献给祖国，像"两弹一星"的英雄模范人物那样，干惊天动地的事，做隐姓埋名的人，把小我融入大我，"大我"强大了，"小我"才会有希望。

---

[1] 约翰·杜威.杜威教育论著选[M].赵祥麟，王承绪，编译.上海：华东师范大学出版社，1981：34.

（二）践行原则层面上儿童立场的完整性

除了价值层面以外，儿童立场的建立、践行、坚守应当有原则，原则是对儿童立场中另外一些对应关系的规定，从原则出发才能对儿童立场完整性的把握更准确。

1. 让儿童站立在中央与争"C位"：坚守儿童主体的原则

儿童站立在校园的正中央，站立在课程、课堂的正中央，是儿童立场的生动描述，是儿童立场的鲜明表征，是儿童的精神特质。这一要义的内涵同样是丰富的，在理解与把握上，同样不能有失偏颇。首先，要让儿童站起来。"站起来"也不是一般的身体的姿态，而是精神状态。站起来，意味着不能让儿童"矮下去"，只会仰视，而不会俯视和远视；更不能让儿童"跪着"，俯首帖耳，成了知识的附庸，分数的奴仆。站着的儿童是大写的儿童。其次，要让儿童站立起来。"站立"更显儿童的自尊、自信与自豪，"站立"意味着挺直腰杆，有宏大的志向、远大的视野和坚强的毅力，还有大任担当的意志和能力。站立着的儿童是中国新时代的好儿童。再次，让儿童站立在正中央。正中央，是儿童主体性的形象化表述，意味着要从边缘走到中心来，以凸显教育过程中儿童的主体地位，成为学习者、探究者、发现者，成为教育活动的发出者、设计者、创造者，成为学习的主人，成为自己的主人。站立在正中央的儿童是面向未来、走向世界的主人。

当下，让儿童站立在正中央的口号如此响亮，也如此生动形象，震动了教师的心灵。老师们说，让儿童站立在校园的正中央，重要的是站立在我们的心里。但是面对这一要义，也有质疑和误解。质疑是：让儿童站立在正中央，教师站到哪里去了？言下之意是，中央的位置只有一个，而教师的主导作用是不能忽略的。这一质疑不无道理。有的教师开玩笑地回应了这一质疑：为什么要与孩子争位置呢？这似乎有点调侃，其实意味深长。站立在正中央，是让儿童回到主体地位上来，并不否定教师的主导地位，教师站到哪里去的担忧是多余的。还有的误解是：站立在中央就是站立在"C位"。"C位"这一网络用语，强调的是争中心，争最佳位置，争第一。"正中央"绝不是个方位概念，而是强调主体地位的重要性，并言其合理性和科学性。我深以为，让儿童站立在正中央是真正站立在儿童立场上，争"C位"恰恰是对儿童立场的误解与异化，是当下在一些人的误导下，儿童个人中心主义膨胀的表现，要坚决反对。

2. 愉快教育与刻苦学习：挑战性原则

快乐是儿童应有的表情，而表情是内心欢悦的确证。毋庸置疑，教育应当让儿童永远快乐，永远洋溢微笑。愉快教育的实质是素质教育，追求的是真正的教育。但是有学者对愉快教育不但不以为然，而且愤愤不平，一次又一次地发出抨击的声音：凭什么让孩子快乐？他认为，当下儿童太快乐了，过于快乐了，结果是产生了一系列的副作用。这位学者如此抨击，我们倒是不以为然的。他至少存在三个问题：一是对教育现状，尤其是儿童生存现状的误判。拔苗助长、一心应试带来的童年忙碌、童年痛苦、童年危机是不争的事实，对此，怎能熟视无睹，作出错误判断呢？二是对愉快教育的误读。愉快教育并不否定更不排斥刻苦学习精神、态度、品质的培养，但这绝不意味着让儿童痛苦。学习应当是一个快乐的过程，是以苦为乐的过程，应当充满审美的愉悦，愉悦与刻苦不是非此即彼的关系，也不能让愉快与痛苦产生简单的对应关系。总之，对愉快教育应当正读。三是对教育、对儿童发展的误导。误判与误读的结果必然是误导。站在儿童立场上，教育究竟走到哪里去？儿童立场的内涵中是不是只有愉快的成分，而无刻苦学习的要求？的确需要审视与深思。

我们的态度是鲜明的：既要倡导学习的愉快，又要倡导学习的刻苦，这正是儿童立场的完整性、辩证性。现在的问题是，如何让愉快与刻苦结合起来、统一起来，其中有许多问题需要深入探讨。不过，我们可以找到一个交集点，以此来聚焦，并予以突破。这个交集点我以为是学习的挑战性。学习本身就是一种挑战，挑战才能带来真正的快乐和享受。学习的挑战，包括学习目标、学习任务和学习过程的挑战，而这一切又汇聚在学习的情境和学习活动中，在真实、丰富、复杂的学习情境中面对挑战，以积极的心态，投入学习活动中，发掘自己的学习潜能，勤奋刻苦，克服困难，研究并解决问题，完成学习任务，实现学习目标，提升学习水平和品质。在这个过程中，有刻苦也有快乐，刻苦与快乐产生互动，发生多次转换，说不定还有一些痛苦的体验。这样的学习才是有深度的，也才是儿童立场完整性的体现。

3. 解放儿童：自由与严格要求的原则

解放与规范、自由与规则一向是儿童教育中的难题，两者很难兼顾，很难平衡。值得注意的是，当下矛盾更加突出了，而且发生了一些转变，即由更强调规范，开始走向让儿童有更大的解放和更多的自由，而对解放、自由又没能把握得全面和准确，发生了一些偏差，出现了用自由遮蔽了规则、规范的现象，以至有可能成为一种倾向。实话实说，我对当下课堂里教师惯常的用语"棒！棒！棒！"并不反感也不反对，因为面对童年忙碌、童年困惑，儿童需要更多的肯定、鼓励，我们需要给他们更多的掌声和叫好声，我从孩子们脸上的表情，看到了肯定、鼓励、表扬带来的真切变化，看到解放儿童、让他们自由的必要性和他们自身得到解放的力量。从总体上看，当下对儿童的解放还很不够，远远没有到位，但在追求解放、自由的同时，发现了对儿童严格要求不够，守规则、遵规范开始淡化，甚至可能淡出。这就应当引起我们足够的重视。当然，这需要理论的支撑和平衡的智慧。

一是要完整地理解和把握陶行知的"解放观"。陶行知一直倡导儿童教育的"六大解放"，把学生的基本自由还给学生，但他也倡导对儿童必要的、严格的、规范的要求。其一，他坚持求真教育。他说："让真理赤裸裸的出来和小孩见面，不要给他穿上天使的衣服"，不要用"歪曲的理论"的黑云遮住真理，"真理是太阳"。[①] 教育要给儿童一个真实的完整的世界，社会、世界是需要规则的，需要规范。其二，他坚持知情意教育的完整。其中，陶行知这么论述意志教育："意志教育不是发扬个人盲目的意志，而是培养合于社会及历史发展的意志"。[②] 社会及历史的发展，需要意志，需要坚守规则、坚持规范的意志。其三，他坚持刻苦精神教育。他说得非常明确："必使学生得学之乐而耐学之苦，才是正轨"，若"趋乐避苦，这是哄骗孩子的糖果子"。[③] "正规"，也会表现在解放与自由的关系上。我们不能片面理解陶行知的解放观。

---

① 陶行知.中国大众教育问题[M]//方明编.陶行知教育名篇.北京：教育科学出版社，2006：252.
② 江苏省陶行知研究会、江苏省教育学会.陶行知教育言论集[M].北京：科学普及出版社，1998：120.
③ 同上。

二是要完整地理解和把握规范观。不可回避的是，中国文化传统中十分重视规范，十分讲求"礼"。"礼"是中华文化中的思想精髓，必须坚守、弘扬。但是，中国传统教育中对儿童规范得过多、过高、过急，在带来学生"守礼"的同时，也带来个性发展不够、创新精神不足的问题。这里也隐含着另一个理论问题：何为规范。赵汀阳在论述这一问题时说：规范来自对人性自由的尊重，规范的本质是对人性的解放，此时，与其说是对规范的尊重，不如说是对人性的尊重。① 因此，真正意义上的规范是人性的自由，反之，对自由的尊重也体现在对规范的尊重上。我们相信这样的判断：大家都规范了，大家也就自由了。我们要将自由与规范统一起来、结合起来。

三是要完整地理解和把握对学生的"惩戒观"。马云有个演讲。他说："最近网上有关于老师是否应该惩戒学生的讨论，我也非常关注。其实，不是老师要惩戒学生，而是要用规则惩戒那些破坏规则的学生。学生不是向老师低头，而是要向规则低头。"② 紧接着他又说："素质教育不是低质教育，素质教育不等于可以放松教育的标准，不等于教育不需要严格。"③ 一位企业家对教育、对教育原则、对教育惩戒理解、阐释得如此深刻，不得不引起我们教育人的深思。这也从另一个角度说明，儿童立场的完整性，对于儿童将来走向社会，成为对社会有贡献的人，是多么重要。

三、坚持儿童立场的完整性，关键是教师要提升理性认识，生长起教育智慧

坚守儿童立场，坚守儿童立场的完整性，对教师是一个极大的挑战，只有教师坚守儿童立场的完整性，才会有真正的儿童立场的完整性。这就需要教师在理性认识上进一步提升，需要有极高明而道中庸的思想观念，还需要生长起教育的实践智慧。

---

① 赵汀阳.论可能生活［M］.北京：中国人民大学出版社，2004：2.
② 马云.老师的眼界，就是学生的眼界［N］.解放日报，2019-08-02.
③ 同上。

极高明而道中庸,对教师而言要聚焦以下几个问题,在理论与实践的结合上下功夫。

(一)聚焦于儿童的主体地位的确立,引导儿童进行自我教育,在自我教育中,处理好学习、生活中的问题

澳门语文教材中选用了一篇文章,题目叫《打架》,故事性很强,不过,我认为它是真实的,来自儿童自己的生活。我阅读时不断发出笑声。故事的主人公是"我"和"罗二郎"。一天,他们俩打架了,因为"我"弄坏了罗二郎弟弟的玩具。他俩打得不可开交,两人扭倒在地,既不顾面子,又极要面子地撕扯。老师把他们叫到了辅导室,"我"心想老师一定会先处分我,谁知这一次,老师什么话也没说,让他们面对面彼此看看,看的结果当然是两个人都狼狈不堪。老师说:"这个房间这么小,待不下三个人,现在离放学还有一段时间,你们两人就好好地在里面面对面地处几个小时看看。当然要打几个小时也可以,骂几个小时也可以,互相瞪几个小时也可以……不管用什么方式,就是要面对面,不然,几个小时之后,还要重来。"老师说完,把门锁上出去了。就在面对面中,从开始的怒目而视、互相指责,到后来瞪得眼睛都转不动了,指责的话说完了,到后来一起笑起来,到后来掏出一片口香糖,互相招待,到后来下起了象棋,而且罗二郎学会了下棋。老师来了,看看"我",看看罗二郎,说:"你们不打了?"两人说不打了,然后偷偷地笑起来……

故事比我转述的精彩多了。故事告诉我们什么呢?孩子之间发生一些摩擦、矛盾、打架都是正常的,问题是老师怎么看待,怎么处理。这位老师的智慧,是让孩子们面对面,互相"照镜子",自己领悟,自己反思,自己和解。老师之所以有智慧,是因为他真正读懂了儿童,他看到了儿童的内心。儿童就是儿童,让儿童自己处理问题,进行自我教育,让儿童主体性真正确立起来——这就是儿童立场,儿童立场的完整性源自儿童的主体性与自主性。

(二)聚焦于一个重要命题:爱与意志,只要爱与意志互相牵起手来,儿童立场的完整性就在其中

美国存在主义和人本主义心理学家罗洛·梅写了一本书《爱与意志》。书的核心观点是:"没有爱的意志只是一种操纵,缺乏意志的爱,必然只是一种无谓的伤感。"① 作者坚定地认为,"爱与意志是互相依存不可分割的,二者是存在相互结合的过程",而且始终认为,"爱与意志"是一种价值观,"当我们内在的价值崩溃的最终后果进入到我们心灵中时,探索爱与意志的根源显得尤为重要"。② 爱与意志是一种对应关系,也可能相反相成,这是价值的完整性。用这种价值的完整性观照儿童立场的完整性,不是同样的道理吗?可以有这样的判断:儿童立场的完整性,说到底是爱与意志的统一与结合,是内心价值的确立。

(三)聚焦于儿童文化的研究,从儿童文化的视角去建构儿童立场的完整性

儿童学习、生活中发生的一切问题都是儿童文化的映射,儿童发展过程是一个文化过程,从文化视角来看,儿童立场是个文化建构问题。假若不从儿童文化视角去审视儿童立场的完整性,儿童立场的完整性将无法真正确立起来。

儿童文化之于儿童立场完整性的真正确立,要义有三。一是儿童文化应该让儿童立场置于社会情境中,这是由儿童文化的性质决定的。"按着格尔茨的观点,儿童文化不应该被视为因果力,而应被视为描述儿童社会关系的情境。"③ 因此,要"强调儿童是现在与未来复杂的延续变化的积极促成者,而不是旁观者"。④ 从格尔茨的这一观点来看,儿童立场及其完整性应在社会关系中确立。只有在更大的社会关系情境中,包括在未来的社会中让儿童立场去经历锻造,并接受挑战与考验。经受住考验的儿童立场,必将会呈现儿童文化的特质,因而完整性得到增强。这对教师是一个新挑战。二是儿童文化统一性与多样性的统一与结合。与整个文化一样,儿童文化既有多样性,又有统一性。其多样性,是因儿童的差异,包括对文化的认知及需求的差异形成的,因为多样性,儿童世界才是丰富多彩的;其统一性,是因为儿童世界又有共同的价值追求和基本的规则,因为统一性,儿童世界才有共同的规范,形成一种整体风

---

① 罗洛·梅.爱与意志[M].宏梅,梁华,译.北京:中国人民大学出版社,2012.
② 同上。
③ 艾莉森·詹姆斯,克里斯·简克斯,艾伦普劳特.童年论[M].何芳,译.上海:上海社会科学院出版社,2014:75.
④ 同上:76.

貌。教师要善于将儿童文化的多样性与统一性结合起来，带来儿童文化生态的健康，以此影响、促进儿童立场完整性的健全与发展。三是价值澄清与价值引领的统一、结合。文化的核心是价值观。我们与儿童都生活在一个价值世界里，价值观不仅影响儿童，也影响教师，而教师的价值观必然会自觉或不自觉地影响儿童价值观的发展。因此，教师自己要增强价值澄清的能力，对价值进行辨别，以价值敏锐性澄清不同的价值观，并进行选择，更为重要的是，要对儿童进行价值引领。这样，在正确价值观引领下儿童立场完整性的建构与发展才会有更坚实的基础与更明确的方向。

（四）要引导并帮助学生建立自己的行动规则

儿童需要规则，而规则是自由的前提与基础，自由则是规则的境界与目的。规则从哪里来？有三种途径和方法：一是引用其他国家、地区或学校的；二是由教师研制，让学生执行；三是由学生自己讨论、论证、制定，大家一致认可后去执行，教师起引领、帮助的作用。显然，第三种方法最能充分体现儿童立场，也最符合学生的需求，效果应当是最佳的。事实也正是如此，有的学校学生自己研制了"儿童公约""儿童行动准则""小主人行动誓言"等，正是由学生进行的制度建设，这一做法值得肯定，值得推广。

儿童立场的完整性，由于制度变革而有了基本的保证。和任何改革一样，改革改到深处，是制度的革新，逐步建构儿童自主成长的范式，儿童立场就在革新的制度中。

解放儿童：指南针的轴心

一、儿童发展是教育改革的指南针，是核心素养培育和发展之核心

在中国教育史上，陶行知是永远的。

永远的陶行知，是因为他人生的伟大，而人生的伟大又集中体现了他教育人生的辉煌。如果对陶行知的人生作一最为简洁概括的话，可以是两个字："来"与"去"。他说："人生天地间，各自有禀赋。为一大事来，做一大事去。"又说："捧着一颗心来，不带半根草去。"就在"来""去"间，我们看到了陶行知的大情怀、大抱负、大格局、大智慧，赤子之心、行知之志，永远激励着我们。在陶先生学成归来、在国内进行教育改革研究实践一百周年的今天，我们更加怀念他。

陶行知的"来去"，是在什么之间来去的？他的"来去"观又是为了什么？他的大事究竟是指什么？我以为他是在寻找教育的指南针。开始，他认为"我们真正的指南针只是实际生活"。这一判断是十分正确的，因为教育就是"给生活以教育，用生活来教育，为生活向前向上的需要而教育"。后来，陶行知实际上将儿童作为指南针。因为他坚定地认为儿童是生活的主人，是生活教育的主语，生活中没有儿童，生活是没有任何价值意义的，而儿童只有在生活中才是活的。不只如此，陶行知所有的教育主张都是指向人的，指向儿童的。比如，"千教万教教人求真，千学万学学做真人"的真教育，其中的"人"当然就是儿童。又如，"教人做主人，做自己的主人，做国家的主人，做世界的主人"的民主教育，显然，其中的"主人"就是今天的儿童。再如，"朝着最新最活的方面去做"的活教育，目的是让儿童活起来，朝着最新最美的方面发展。当然，还有他所倡导的科学教育、创造教育、乡村教育等，都是为了儿童

的发展，让儿童成为"一面社会的镜子"，成为"未来的主人翁"。将儿童作为教育改革的指南针，意义更深刻，既有重要的现实性、针对性，又具有长远的未来性。

将儿童作为教育改革的指南针，指向了教育改革的宗旨，指向了教育教学的核心与本质，将会让教育发生重要的转向，引导着教育改革的境界。自然想到当下改革的重大主题——学生发展核心素养。学生发展核心素养之核心是学生，儿童是核心素养同心圆的圆心，研究、实施核心素养的目的就是要解决培养什么样的人、怎样培养人的问题。落实立德树人根本任务，树人就是树今天的儿童，让他们成人、成才，成为社会主义事业的建设者、接班人。毋庸置疑，学生发展核心素养是课程教学改革的指南针，儿童发展是整个教育改革的指南针。因此，回顾、梳理、学习陶行知关于儿童是指南针的思想，从陶行知的思想宝库中汲取营养，坚持正确的儿童观，深化儿童研究，对于核心素养的研制和落地，是多么重要，对于建设具有中国特色、中国品格的课程、教学体系，意义多么重大。

二、陶行知的儿童研究是一个完整的体系，对核心素养的研制、实施有着广泛而深刻的启示

陶行知热爱儿童，把"整个儿心"献给儿童，用"整个儿教育"培养"完整儿童"，他建构的是关于"整个儿教育""完整儿童"的体系，在关于儿童是谁、培养什么样的儿童、怎样培养儿童等各方面都有十分精辟的论述和丰富的实践，因而在诸多方面启发我们如何研制学生发展核心素养，并使之真正落地。

一是关于儿童是谁，如何真正认识儿童的问题。首先陶行知认为儿童是活的。这似乎是个伪命题，其实不然，认为儿童的不活是客观存在着的。他指出，"我们办教育的人，总要把小孩子当作活的，莫要当作死的"。然后用地球作例子，说地球看起来是个不动的东西，其实每天每时都旋转不已，小孩也像这样，"他的能力知识，没有一天不在进行中求活"，这正是孩子"天性的特性"。在陶行知看来，儿童不仅是活的，而且是伟大的，因为他有巨大的潜能。

他先在《师范生的第二变》中说："小孩子的能力大得很；他能做许多您不能做的事，也能做许多您以为他不能做的事"。然后他写了一首《小孩不小歌》："人人都说小孩小，谁知人小心不小。你若小看小孩子，便比小孩还要小。"简简单单的四句，平白如话，却蕴含极为深刻的意思。我以为至少有三层意思：其一是小孩子年纪小，这是客观事实，但我们不能止于此；其二是小孩子"心不小"，即有志向、有潜力，因此不能小看他；其三是假如小看了，你就比小孩还要小，还不如小孩。这三层意思其实聚焦一个问题：儿童是一种可能性，可能性是儿童的最伟大之处。但是最伟大之处，不能遮盖儿童发展过程中的一切，比如错误，如何对待儿童的错误，挑战和考验着教育者的儿童观。陶行知有非常鲜明的观点："儿童不但有错误，而且常常有着许多错误。由于儿童年龄上的限制，缺乏经验，因而本身便包含着错误的可能性。"显然，陶行知把犯错也看作儿童的一种可能性，即可能性是有正反两种不同方向的。问题是我们的态度和方法的选择。陶行知说："教育者的任务除了积极发扬每个儿童固有的优点而外，正是要根据事实，肯定他们的错误，从而改正他们的错误。"这就是陶行知的积极的完整的儿童观。

　　陶行知给我们什么启示呢？我以为就是要在完整儿童观的指引下，促使教育发生三个重要转向。其一，教育要从注重知识，看重成绩、分数，坚决地转向人，转向儿童的发展。这是根本的转向，核心素养的提出，其中一个重要的目的就在此。其二，教育要从注重儿童的现实性，只看重儿童的现实表现，转向儿童的可能性。转向可能性就是关注儿童的未来发展性，这是教育的一种重要超越。而核心素养，正是立足于现实性、着眼于未来性的，引领儿童从现在走向未来。为了儿童的终身发展，让儿童成为终身学习者、发展者，这是教育变革的重大原则。其三，发挥儿童"心不小"的特点，从儿童简单地接受课程转向自主、积极地参与到课程的建构之中去，参与的过程就是学习、研究、发展的过程。这样，课程、教学中才能处处、时时闪现儿童的身影，而且以儿童为主体展开教育，这样才能闪耀儿童伟大的童心。

　　二是儿童应该成为什么样的人，即儿童发展目标问题。对此，陶行知有过明确的规定和表述。抗战时期，陶行知提出怎样办战时儿童教育，主要是"四种培养：手脑相长的小工人，追求真理的小学生，即知即传的小先生，百折不回的小战士"。然后他又进行了补充性的阐述:"引导学生团起来做追求真理的小学生;团起来做自觉觉人的小先生;团起来做手脑双挥的小工人;团起来做反抗侵略的小战士。"四个"团起来"既是策略和方法,又是目标和要求,还是一种状态。就生活教育而言,陶行知对乡村小学学生的发展目标概括为五种:"一、康健的体魄;二、农人的身手;三、科学的头脑;四、艺术的兴趣;五、改造社会的精神"。这五大目标,分别从五个领域提出,又是一个完整的结构。在普及教育阶段,陶行知从"小先生制"的角度,对儿童发展目标提出要求——前进的小先生要有四种精神:追求真理,即知即传,联合起来,百折不回。在这些目标要求的背后,陶行知论述了另一个问题:劳力与劳心。他的主张是"在劳力上劳心",这是"一切发明之母",可得"事物之真理"。后来,他又进一步作了解释:"造就手脑都会用的人","要使手脑联盟",这正是人的两个宝。这些论述,使儿童发展目标建立在时代要求的基础上,也建立在理论的基础之上。

值得关注的是,陶行知特别重视儿童的道德和能力。首先是儿童的道德素养。他说:"道德是做人的根本。根本一坏,纵然你有一些学问和本领,也无甚用处。并且,没有道德的人,学问和本领愈大,就为非作恶愈大。"他又确立公德与私德的概念:"私德为立身之本,公德为服务社会国家之本"。一个人既要有公德,又应有私德,无私德的人,公德也不会好。他提倡培养大德:"大德是大众之德",而"大众之德有三:一是觉悟;二是联合;三是争取解放"。陶行知将道德素养用"人格防"和"建筑人格长城"来作小结,他说:"建筑人格长城的基础,就是道德。"我们不妨将此称作陶行知的"道德宣言"。与此同时,陶行知又非常重视学生的能力,尤其是自主学习能力、探究能力和创造能力。"处处是创造之地,天天是创造之时,人人是创造之人",至今都响在我们耳畔,激荡着我们的心灵;"敢探未发明的新理,即是创造精神;敢入未开化的边疆,即是开辟精神",为我们探了新理、开了边疆。这些都是陶行知的"创造宣言"。

"道德宣言""创造宣言"不是孤立的,都在陶行知所提出的儿童发展目标要求框架中。如果将陶行知关于儿童发展的目标要求与当下学生发展核心素养作一比照,不难发现二者有着许多共通之处。第一,儿童发展目标要求既有普遍的要求，又凸显了不同时代、不同历史阶段的不同特点。当下的中国学生发展核心素养就是充分体现国家要求、时代要求和未来的期待的，核心素养具有稳定性，又具有发展性。第二，儿童发展目标要求应具有基本要求，又应凸显核心的、关键的内容，如陶行知的"道德宣言"和"创造宣言"。这两个宣言恰似核心素养的必备品格与关键能力。由此可知教育总是踩着时代的节拍走在规律之路上，学生发展核心素养并不是天上掉下来的，而是在中华文化的土壤里长出来的。第三，核心素养总得有实现的方式，让大家可捉摸可操作，同时又有鲜明的特点，如陶行知创立的"小先生制"。"小先生制"将目标要求、必备品格、关键能力集于一身，也就得以落实了。当然，当今中国学生发展核心素养更有时代性和未来性，是优秀教育传统的延续，绝不是照搬照套传统。

三是如何培养儿童，是培养策略、途径、方式的问题。陶行知形成了一整套操作体系。这一操作体系的核心思想是：知行合一和教学做合一。他把王阳明的"知是行之始，行是知之成"转了180度："行是知之始，知是行之成"。然后他作了概括："我的理论是'行知行'。"可见他的核心思想是行动，而这正好击中了中国学生的弊端："被先知后行的学说所麻醉，习惯成了自然，平日不肯行，不敢行，终于不能行，也就一无所知。"因此，他又发出一誓言："有行的勇气，才有知的收获。"这一核心思想支撑着他的教学做合一的主张："教一切、学一切都要以'做'为基础"，"做是学的中心，也是教的中心"。那么，"做"究竟是什么呢？"做是发明，是创造，是实验，是建设，是生产，是破坏，是奋斗，是探寻出路"，其特征是：行动、思想、新价值之产生。而"教学做合一不是别的，是生活法，是实现生活教育之方法"。教学做合一的具体方法是非常丰富的，其中他特别重视工具的使用，大家都比较熟悉。

培养儿童应当有实现方式，同样，核心素养的落实，也要寻找落地的力量和方式。陶行知启发我们，儿童是在自主实践中、在积极行动中发展起来的，核心素养的发展需要在情境中培育，从某个角度说，情境是由学习活动来营造的，而学习活动需要设计、编织。学习活动中必定让学习方式发生变革。我以为，知行合一、教学做合一，与核心素养要在课程、教学中实现的核心思想和方式完全是适合的。陶行知在上个世纪二三十年代就为我们今天铺下了一条道，我们该怎么坚持走下去，并走出新路来呢？这实在是一种新考验，考验着我们的勇气、理念、智慧和能力。

三、从"来到小孩子的队伍里"做起

先从陶行知的一首诗说起。陶行知曾应陈鹤琴邀请为"儿童教育社"写社歌，社歌的名字叫《教师歌》。这首诗写得太好了，现全文录抄于下：

来！来！来！来到小孩子的队伍里，发现你的小孩。你不能教导小孩，除非是发现了你的小孩。

来！来！来！来到小孩子的队伍里，了解你的小孩。你不能教导小孩，除非是了解了你的小孩。

来！来！来！来到小孩子的队伍里，解放你的小孩。你不能教导小孩，除非是解放了你的小孩。

来！来！来！来到小孩子的队伍里，信仰你的小孩。你不能教导小孩，除非是信仰了你的小孩。

来！来！来！来到小孩子的队伍里，变成一个小孩。你不能教导小孩，除非是变成了一个小孩。

我一次又一次朗读，一次又一次地读给大家听，每读一次，总觉得陶行知正面对着我们微笑，期待着我们的回答。我们该怎么回答陶先生呢？首先我们要准确理解这首诗。这首诗的主题我以为是解放儿童，解放儿童是指南针的轴心。只有解放儿童才能真正发展儿童，否则儿童的自主、发展都是一句空话。于是陶行知提出了"五大解放"："解放儿童的头脑，使他们可以想。解放儿童的嘴巴，使他们可以谈。解放儿童的双手，使他们可以玩、可以干。解放儿童的时间，使他们的生命不会被稻草塞满。解放儿童的空间，使他们的歌声可以在宇宙中飘荡。"后来，他又增加一个："解放他的眼睛，使他能看。"我以为，儿童的"六大解放"在今天完全是适用的，而且具有强烈的针对性和冲击力。不解放儿童，不让他们自主、积极地去实践、去探究、去体验、去内化，哪来的核心素养，哪来的创新精神、实践能力？遗憾的是，当下的教育仍然以不同的方式在不同的方面束缚儿童，用知识、分数填塞了他们的头脑，用所谓的标准答案堵住他们的嘴巴，用简单重读的训练捆绑他们的双手，用作业、培训、考试、竞赛塞满他们的时间，他们的空间也被绑架了，眼睛只盯着书本了。这种现状不改变，核心素养的培育、发展无从谈起。而核心素养正是要改变这样的现状。

　　为此，陶行知为我们设计了一条思路。首先，要赶快到儿童世界中，连续五个"来！来！来"，多么急切的呼唤，我们不能无动于衷。其次，围绕解放儿童，要做几件重要的事：了解、发现、信仰（不是一般的信任）。这几件事是解放的前提与基础，陶行知用"你不能……除非……"的句式强调了必须具备的条件。最后，也是最为关键的是自己变成孩子。变成孩子，不是生理意义、物质意义的，而是在情感上、在心理上、在思维方式上、在立场上，就是陈鹤琴所说的，让我们重温自己的童年，再做一回儿童；也是蒙台梭利所定义的——"作为教师的儿童"；亦是李吉林所自我认定的——"一个长大的儿童"……当教师心里永远住着一个儿童，他一定会走进儿童世界，一定会在充满简单之美的儿童世界里有新的发现、新的进步。

　　学生发展核心素养是课程改革、教学改革的风向标，它内在有个指南针，指向了儿童，聚焦于儿童的发展，其轴心是解放儿童。我们继续去寻找、把握指南针，依据指南针，听从核心素养的召唤，去深化改革，落实立德树人的根本任务。谢谢陶行知的指导和启发。

用核心价值观照亮个性化教育

一、"个性学生与个性化教育"价值意义的认知，在新时代应当有新的提升

个性学生及个性化教育，可以说是个老话题，已经讨论了不知多少次，当今仍要讨论，看来也是个永恒的话题。我甚至认为，只要有教育的存在，个性化教育的话题就存在，但是，在新时代，我们对它应当有新的认知。我们可以将这个话题作个概括：个性化教育的时代阐释。

（一）"个性学生与个性化教育"聚焦于人

人不仅是个"类"的概念，更具有"个人"的独特性，丧失人的独特性，便失去了人的本质属性。世界之所以丰富多彩，正是因为世界是由异质的人构成的。康德在《论教育》中指出，"一切陶冶都始于个人"，"千篇一律所导致的结果只能是所有的人都按照相同原则处事。这些原则对于他们来说，只会变成第二天性"。不难看出，"个性学生与个性化教育"是回到人的独特性上去，回到人的本质属性上去。

立德树人是教育改革发展的根本任务。立德树人，首先是人的问题，也就是树人的问题，这是"以人为本"在教育中的具体体现与落实。培养担当民族复兴大任的时代新人，绝不是培养同质化的人；有理想、有本领、有担当，是对时代新人的共同要求。而只有每个学生都具有健康的个性，有理想、有本领、有担当，才会是个丰富多彩的群体，民族才会有希望。置于立德树人根本任务之下，"个性学生与个性化教育"才会闪烁时代色彩，才会有大方向、大目标。

（二）"个性学生与个性化教育"指向创新精神的培养

著名的"钱学森之问"就是培养学生创新精神、培养创新人才之问。但问题是，这么多年来，还没有真正破解。近来，我们又迎来"任正非之问"：华为的核心技术的发明与创生，关键是教育问题，教育究竟怎么改革，才能为创新时代、为中国的原创技术、为民族未来培养创新人才？如果学生创新精神培养的问题不能有突破性进展，那么"钱学森之问""任正非之问"只能永远搁置在高处，只有回响而无根本性解答。

习近平总书记在全国教育大会上再次提出，要构建更高水平的育人体系、创新人才培养模式，并强调要"坚决克服唯分数、唯升学、唯文凭、唯论文、唯帽子的顽瘴痼疾，从根本上解决教育评价指挥棒问题"。克服"五唯"正是要扭转评价方向、落实育人机制，促进学生的个性发展，具有创新思维，开创新领域，开创新技术，开创新知识。个性是创新的前提与基础，而教育担负着健康个性发展的人才培养的重任。

（三）"个性化学生与个性化教育"是对教育现状的反思与抨击

教育改革包括教学改革，正在改变着教育的现状，并且已有了可喜的进展。新的曙光站在未来之处，照耀着我们，召唤着我们，鼓舞着我们。但是，我们还不能过于乐观，教育现状常常令我们担忧，"教育之痛"仍然存在。"早上起得最早的是我，晚上回来最迟的是我，作业最多的是我，负担最重的是我还是我"的现状改变不大；"不要给我背不动的书包，给我带得走的能力"的理想目标远未实现；以解放为核心的制度变革没有到位，相反，制度仍在束缚学生，甚至在扼杀学生创造力的现象还很严重。这样的现状，如何培养创新人才？

教育现状的深处是教育制度，至今应试教育制度还没有被彻底地否定。其中一个重要的原因是：有人认为，人活在世上，总得应付各种考试，应试是现代人必备的素养，因此，应试教育是合理的、必需的。这既是一种误解，也折射出当下对应试教育制度的不舍和留恋。也许"个性学生与个性化教育"并不能从根本上改变现状，但需要这样的呐喊，需要这样的警惕，需要这样的轰击，哪怕是一种澄清，都是有意义、有价值的。

（四）"个性学生与个性化教育"是对学生核心素养培养的回应

培养并发展学生核心素养，在发达国家、地区和重要的国际组织那里已成为课程改革、教育改革的一个重点。美国研制了21世纪学生核心素养的框架，强调发展三大技能：学习与创新技能，信息、技术媒体技能，生活与职业技能。日本突出学生的三大能力：基础能力、思维能力、实践能力，就思维能力而言，着力培养逻辑思维能力、批判性思维能力、元认知思维能力、适应性思维能力、创造性思维能力等。这些能力无不指向学生的创造性，通过核心素养培养促进学生个性发展，以学生个性发展面向未来的创新时代。我们应当有这样的判断：核心素养是以学生创造性精神为核心的。

中国学生发展核心素养框架已经以课题组的名义发表了，我们认为其核心也是以培养发展学生创造精神、实践能力与社会责任感为重点的。全国教育大会上，习近平总书记又提出在六个方面下功夫，这六个方面，其指向也是学生的核心素养。在这六方面下功夫，具有创造精神的新时代学生一定会更健康地成长起来。"个性学生与个性化教育"是对核心素养的回应，这一回应是十分积极的，帮助我们从另一个视角去看待和对待学生发展核心素养。

二、"个性学生与个性化教育"亟须澄清的几个要点

我们寻求最好的教育。适合的才是最好的，适合的教育才能培养有健康个性的学生。个性学生与个性化教育固然有许多技术问题、方法问题、途径问题，但更有一些深层次的理论问题必须搞清楚。比如什么叫个性，什么叫个性学生，什么是个性化教育……其间，一定会涉及讨论问题的视角与方式，还夹杂着价值和意义问题。如果用一句话来概括，那就是一定要从更加积极的方面去认识与理解，准确把握几个要点。

（一）个性发展的价值方向与价值立场问题

个性发展、个性教育是不能离开价值评判的，也不能持价值中立的态度。

生活中价值处处存在，价值让生活有意义、有方向。当今社会是一个文化多元的社会，价值也是多元的。学生对价值辨别能力还很弱，常常处在困惑之中，有时还会发生价值观扭曲。因此，我们必须对价值进行澄清，帮助、引导学生形成正确的价值取向。不可否认，个性一定有健康的，也一定有不健康的，而健康或不健康与价值取向紧紧联系在一起，正确价值观引领下的个性发展才是健康的，否则就是不健康的。所谓个性学生，一定是指有健康个性的学生；所谓个性化教育一定是指促进学生个性健康发展的教育，绝对不能离开价值教育而对个性发展泛泛而谈，更不能让错误价值观进入学生个性发展中，成为个性发展的内涵。这就是个性化教育的价值立场、价值方向，必须鲜明、坚定。

（二）个性的独特性与整体性

个性有不同的学科视角，哲学上的个性是指与共性相对应的独特性。教育史上提到的个性，是在一个人的生理和心理素质基础上，在一定的社会历史条件下，通过教育与社会实践活动而形成和发展的。由于每个人所经历的具体生活各不相同，所以每一个人的个性都有不同于别人的特点。心理学所说的个性是指具有一定社会属性的个人的统一心理系统，是一种心理倾向和心理特征的有机结合。尽管学科视角不同，个性的特征分析、概括都是相同的，那就是个性具有独特性，又具有整体性。不注重独特性，就无所谓个性；同样，不注重整体性，个性会孤立，发生偏颇。

风格，是在艺术创作活动中客体与主体的本质联系，通过艺术作品表现出来的整体风貌和鲜明的独特性。可以说无独特性就无风格可言，独特性是风格的本质属性；但一个人的独特性离不开他的整体性，个性折射出整体性，个性是整体风貌的一个具体表现。学生有不同的认知风格、学习风格，表现出不同的个性，实践中，我们对学生个性的独特性关注是很不够的。此外，我们也不能只顾及个性而忽略整体性，这样的个性化教育是不全面的，这样形成的学生个性很有可能是不稳定的、不健康的。从这个角度看，学生的个性化教育应建立在全面发展的基础之上，有个性的学生应当是全面发展的人。将个性与共性结合起来，正是教育哲学上的一个重要命题，也正是教育实践中的一个重要命题，是教师实践智慧的体现。

（三）个性与社会性发展

人的个性发展与社会性发展紧密地联系在一起。个性离不开社会性发展，个性也是一个人社会性发展的一部分，是社会性发展的一个重要表现，或者说是社会性发展的一种形态。这印证了马克思主义的一个重要理论观点：人是社会关系的总和，人生活在社会中，关注个性发展，必定关注社会性发展。因此，我们绝不能只关注个性发展，而忘却了社会性发展，两者要结合在一起，统一起来。

2016年中国学生发展核心素养的界定是：经过一定阶段教育后，既能促进学生终身发展需求，又能促进社会发展的必备品格与关键能力。个人发展、社会发展两者是统一的，是互动的。如果只考虑学生个人发展需求，而丢弃社会发展需求，那么我们培养的是精致的利己主义者；反之，假如我们只关心社会发展需求，而丢弃学生个人发展需求，那么学生的个性就会被淹没。核心素养的中国表达，明确了个性发展与社会性发展的关系，明确了个性发展的价值取向。同时，在中国学生发展核心素养体系中，"社会参与"是一个重要的素养维度。总之，我们讨论学生个性发展，在充分关注学生的个性特点，促进学生的独特性发展的同时，要将其与社会性发展结合、统一起来。

（四）心理倾向与个性发展的丰富形态

从心理学看，个性是一个人的心理倾向所形成的心理特点。每个学生都有自己的心理倾向，形成了不同的个性，因此我们绝不能用一种心理倾向，一种心理特点去衡量和要求所有学生。个性发展有不同的形态，有不同的表现形式；个性也呈现在学生发展的不同领域，有不同的追求。有的学生个性是外向的，有的则是内向的，有的是热烈的，有的则是沉潜的；有的是敏感的、快捷的，有的则是迟缓的；有的倾向于人文学科，有的则倾向于自然学科……形态不同、方式不同、领域不同，个性世界五彩斑斓、丰富多彩，这才是健康的个性化教育生态。倘若评判的尺子只有一把，那么个性世界趋同，也就无个性可言。

有教师有这样的疑问：学生的个性究竟能不能改变？针对这个问题我们可以有以下视角。其一，涉及学生个性的稳定性与发展性问题。个性肯定具有相对稳定性，否则就没有什么个性可言。但是稳定不是静止，更不是僵化的，个性也具有发展性，否则还提个性化教育干吗？个性化教育的前提正是基于个性的发展性特点。其二，涉及学生的行为模式问题，个性稳定后常常通过行为模式来呈现。也就是说，行为模式一旦形成，个性就稳定下来了。那么，要改变学生个性，就非改变学生的行为模式不可。其三，涉及改变什么样的个性。毫无疑问，要改变学生不健康的个性。这里又要回到第一个要点，即引导学生进行价值澄清和价值选择。

（五）想象力发展是学生个性发展的核心价值之一

众所周知，个性是创造性的前提，促进学生个性发展，根本目的就是培养学生的创新精神。创新精神培养应当是"个性学生与个性化教育"的核心价值。最近读了几首孩子们写的诗，写得真好，好在他们有无限的想象力。比如《鞋》这首诗："一双双鞋，就像一辆辆小汽车。白天，它载着人们东奔西跑，晚上回来，在鞋架上，诉说着白天发生的故事。"把鞋比作小汽车，形象、生动、贴切，可是大人们很难想到；又把鞋比作人，互相讲述故事，诉说白天的经历。个性的自由释放了孩子的想象力，想象力必然带来创造力。中国孩子需要这样的想象力，把个性发展的核心价值聚焦于想象力和创造力，中华民族的复兴才是有希望的。

值得注意的是，富有想象力的孩子，常常"不守纪律""不懂得规矩"；富有创造力的孩子，也常常表现出一种"破坏力"，甚至是"摧毁力"。总之，富有想象力、创造力的孩子个性非常鲜明。健康的个性，尤其是极富想象力和创造性的孩子，总是与自由精神联系在一起。自由是人存在的本质，自由是创造的保姆，舍弃自由精神便是舍弃创造精神。孩子的个性，好似一件外衣，外衣只是一种表象，内心却跳动着一颗不安分守己的心，活跃着无数的想法，也许稚嫩，也许可笑，也许错误，却是那么珍贵。

（六）"个性学生与个性化教育"要扎根在立德树人这一根本任务上

"个性学生与个性化教育"说到底是"培养什么样的人，怎样培养人"的问题。对此我们已经有了非常明确的方向，即立德树人。立德树人是教育改革发展的根本任务，也是教育改革发展的根本方向。立德树人具有鲜明的中国特色，因为它是从丰厚的中国传统文化土壤里长出来的，体现了中华民族育人的初心。我们要培养能担当民族复兴大任的时代新人，从小学会做人，从小学会立志，从小学会创造。同时，要通过立德去树人，德育不能代替一切，但德育可以统领其他各育，渗透在其他各育之中，五育协同，形成合力。再有，立德树人要解决为谁培养人的问题，我们的回答同样鲜明、坚定：培养社会主义的建设者与接班人。

"个性学生与个性化教育"是立德树人的题中应有之义和重要之义，在立德树人大框架之中，个性化教育、个性学生的发展才有方向感，才有大视野、大格局，也才有真正实现的可能。应当明确的是，在坚定理想信念、厚植爱国主义情怀、加强品德修养、增长知识见识、培养奋斗精神、增强综合素质六个方面下功夫，既是对"个性学生与个性化教育"的方向性、目标性规定，又内在地包含着"个性学生与个性化教育"的意蕴。无论在哪个方面下功夫，我们都在鼓励学生增强创新的自信，志存高远、敢于担当、不懈奋斗，这样扎根于立德树人根本任务的"个性学生与个性化教育"才有了更宏大的背景，有了更高的价值立意。

三、"个性学生与个性化教育"关键是制度变革与教师自己的改变

"个性学生与个性化教育"话题具有牵引性、推动性和深刻性。所谓牵引性，是指这一话题可以牵引教育有关方面的改革；所谓推进性，是指这一话题可以有力地推进课程改革、教学改革；所谓深刻性是指这一话题，触碰到理念问题、制度问题。

（一）制度应当创新

"个性学生与个性化教育"需要制度支撑，建立健全有关机制。一是评价制度与方法的改革创新。评价不只是诊断，更不是为了挑选和淘汰。重庆巴蜀小学提出评价要从"是什么人"走向"成为什么样的人"，这一评价理念具有前瞻性和深刻性，引导着评价制度和方法的深度变革。二是考试制度与方法的

改革与创新。考试的重点要从对知识的考核转向对学生核心素养，尤其是对创新精神和实践能力的考查，考试的方式方法也应多样化。三是学生管理制度与方法的改革与创新。这方面改革的空间还很大，如免修制、免考制、跳级制（包括跳科不跳级的制度）、小先生制；为学生提供更多创新的平台与机会，如学生的创作工作坊、学生个人展示会、学生论坛、报告会、学生轮值主席制等，都是个性发展的平台与机会。

制度变革的核心是解放学生。制度对所有人公平。制度为的是行为规范、遵守规范，但这不是制度及其管理的核心，制度及其管理的核心是解放人。此时对规范的尊重，不如说是对人性的尊重，对自由的尊重。必须指出的是，当下的管理制度仅止于规范，离解放学生这一核心还有很大的距离。这与我们文化传统中过于注重规范的文化习俗有关，我们要摆脱这一传统的文化习俗，进行制度的突破性变革，让学生走向自由和创造。

（二）教师必须改变

联合国教科文组织在《教育——财富蕴藏其中》提出，学生要"学会认知，学会做事，学会共同生活，学会生存"，这是学生发展的四个支柱。2003年联合国教科文组织又提出第五个学会，即学会改变，成了第五个支柱。这五个支柱同样可以支撑教师专业发展。面对迅速改变着的社会，面对新技术的不断涌现，面对深度变革着的教育，包括面对着发展中、改变着的学生，教师怎么改变？"个性学生与个性化教育"正是对教师专业发展的新挑战，是教师学会改变的高平台、好机会。我们可以这么认为，要进行个性化教育，教师首先要确立个性化教育的理念，把握个性化教育的方式方法；要培养个性学生，教师首先要做有个性、有创造性的教师。一是要将儿童研究当作自己的"第一专业"，作为教师的"第一基本功"。只有真正了解学生，才能发现学生，促进学生个性的健康发展。我们要将蒙台梭利在《童年的秘密》中说的"他（儿童）来到这个世界，可是世界不了解他，不接纳他"改写过来："他来到这个世界，世界了解他，悦纳他，发现了他，发展了他"，于是我们破解了童年的秘密。二是要建立多重学科视角。随着知识的发展与创新，学科走向了融合，我们可以从不同的学科视角，用不同的学科方法来研究问题、解决问题。如前文所述，个性问题，既有心理学的视角，也有教育学的、社会学的、哲学的等视角，视角的融合有利于从不同的角度，从整体上把握个性化教育问题。这就要求教师多读点书，开拓知识视野，开阔思维的广度，让自己更加丰富起来，更加贴近学生，走进儿童的心灵深处。三是要学会讲故事。故事让时间人格化，讲述故事提供了一个可以分享的世界。教师应是个会讲故事的人，应是一个有故事的人，应是和学生共同创造故事的人。让故事呈现个性化教育的理念，让故事折射出个性的光辉。四是要树立学习的榜样。她在《于漪与教育教学求索》扉页上写道："一辈子做教师，一辈子学做教师。"她还说，一走上讲台，生命就开始歌唱。是的，我们的生命要为学生而歌唱，为培养有社会责任感、创新精神和实践能力的有个性的学生而歌唱，为中华民族的未来而歌唱。这是新时代的一支教师之歌。

（三）"个性学生与个性化教育"是个文化过程

我们应在文化的进步中迈向个性化教育的境界。个性化教育的过程是一个文化教育的过程，是不断提升文化认同的过程。中华民族的优秀文化，是万里长城，是黄河长江；中华民族的优秀文化，是唐诗、宋词、元曲、明清小说，是春节的鞭炮、端午的粽子、中秋的月亮。这些文化符号带来民族认同：我是中国人，中华民族是伟大的民族。强调民族认同的时候，还要强化国家认同，当下更为紧迫的问题是国家认同，此外还有社会主义认同，包括共产主义认同。习近平总书记说，每一个学生要有爱国情，强国志，报国行。爱国的情感，强国的志向，报国的行动，这才是最为深刻的个性化教育，是我们需要培养的"个性学生"。

培养新时代好儿童

——儿童研究的着眼点

一、对新时代好儿童内涵的认识和理解

（一）新时代的好儿童应该有梦想

新时代的好儿童一定有许多的特征，时代对他们也有许多的要求，其中最重要的一点就是应该有自己的梦想。有梦想的儿童，才是新时代的好儿童。新时代好儿童的少年梦是应该呼应中国梦的。儿童梦、少年梦就应该是中国梦，而中国梦又照耀着儿童梦和少年梦。这个梦就是中华民族的伟大复兴。新时代的好儿童，如果不把个人梦想和民族复兴的大任联系起来，相互映照起来，就不能说是新时代的好儿童。

换个角度说，儿童立场不是孤立的，如果把儿童立场和国家立场以及中华民族复兴的立场联系起来，儿童立场的价值就得到了根本的体现；把儿童价值和国家的发展价值，和民族复兴的价值联系在了一起，这才是真正意义上的儿童立场的价值。

（二）新时代的好儿童应该具备"三个有"

党的十九大报告提出新时代的儿童应该有理想、有本领、有担当。新时代的好儿童首先应该有理想。有理想首先要有志向，实现中华民族伟大复兴的伟大理想。新时代好儿童应该有本领，有真才实学，增长知识见识。新时代儿童还应该有担当，就是我们一直以来所强调的社会责任感。有理想、有本领、有担当，其实是对学生核心素养的又一诠释。大家对中国学生发展核心素养已经

有了诸多研究。中国对发展学生核心素养，不仅界定为关键能力，还界定为必备品格。在修订高中课程标准的时候，在"关键能力"和"必备品格"前面又加上正确价值观念。正确价值观念、必备品格和关键能力，是和有理想、有本领、有担当自然而又紧密地联系在一起的。新时代好儿童的"三个有"指向学生发展核心素养，指向了价值观念、必备品格和关键能力。

（三）新时代好儿童的发展应该符合国际发展大趋势的要求

经合组织（OECD）在各个国家抽取15岁的学生进行阅读、数学和科学三方面素养的评估，这项评估被称为PISA测试。OECD最近又推出了一个新的项目，不是测量学生的认知水平、关键能力，而是评估社会与情感技能素养。他们认为，小学生乃至中学生，走向成功和幸福的标志根本不是金钱，不是所谓的成就，也不是名望，而是他们的社会与情感技能和积极的生活态度。OECD把社会与情感技能纳入评估，对儿童发展研究是非常有启发的。因此，新时代的好儿童还应该具备如下素养：责任感，自信（新加坡教育强调培养自信的人、有学习能力的人、乐于奉献的人、心系祖国的公民），平行思维，动机，持久力，创造力，等等。新时代的儿童，不仅要为中国作出贡献，还应有国际视野，应该走向世界，走向未来，为人类的进步和发展作出自己的贡献。

（四）新时代的好儿童要做到三个"从小学习"

习近平总书记强调"少年儿童要从小学习做人，从小学习立志，从小学习创造"。这既是学生发展核心素养的重要元素和特征，又是新时代好儿童重要的成长途径。总之，新时代好儿童应该是德智体美劳全面发展的社会主义建设者和接班人，应当在坚定理想信念、厚植爱国主义情怀、加强品德修养、增长知识见识、培养奋斗精神、增强综合素质上下功夫。从事儿童教育，进行儿童研究，建立儿童哲学，认识理念必须有新的提升，应该有新视野、大格局，应该注入新的内涵，寻找新的研究路径。

二、对新时代儿童教育和儿童研究的再认识、再把握

新时代的儿童教育具有新时代的特点。新时代是一个发展的概念，它和历史传统是相互衔接的，而不是截然分开的。这就让我们想到了文化的释义：不忘本来，吸收外来，面向未来。新时代的好儿童，不能忘掉他的本来，还要吸收外来的新理论、新思想、新经验，同时还要面向未来。新时代儿童的发展，是可持续发展的。

（一）新时代好儿童应该从中华传统文化深处走来

新时代好儿童是世界的，但儿童首先是有祖国的。儿童不知道自己的祖国、不爱祖国，就会失去在世界上站稳脚跟的根基。新时代的好儿童要具有民族魂。中华民族优秀文化源远流长、博大精深，其本色和底色就是伦理道德。孟子对中华文化的伦理道德有非常精彩深刻的论述。他说一个人应该有"四心"，那就是恻隐之心、羞恶之心、辞让之心和是非之心。没有恻隐之心、羞恶之心、辞让之心、是非之心，非人也。从"四心"生出了"四端"：仁、义、礼、智。中华传统文化对道德伦理教育十分重视。我们应该为新时代的儿童打上中华传统文化的底色。我们今天提出"立德树人"的根本任务，其实是在中华民族育人的初心上提出来的。

（二）新时代好儿童的发展要坚持并且彰显儿童的基质

一个范式创造一个世界。今天我们研究新时代新儿童的教育，就是创造一个新范式，创造一个新世界，甚至是创造一个新时代。面对新技术，童年不会消失。儿童的基质是与生俱来的，是永远存活在儿童的内心的。只要这种基质存在，而且还会有新发展，儿童就不会消失。对新时代儿童教育，培养新时代好儿童，应该回到儿童的基质上去。由此，我提出"四个回到"。

一是回到儿童原来的意义上去。从中世纪的绘画作品里可以看到儿童，但是那些儿童的肌肉像大人那么发达，穿的是成人的服装。那个时候，儿童和童年的概念还没有真正诞生，他们只不过是一个个小大人。"儿童"概念出现以后，大家都在思索儿童的本意，儿童的原意是什么。拉丁文中儿童意味着自

由。儿童，就是自由者。自由，是儿童的基质。如果失去了自由，就不是真的儿童了。今天的儿童教育和儿童研究，应该回到儿童这个本来的意思上去。自由是创造的保姆，儿童是一个创造者，但是他的创造需要呵护。自由是对他最大最好的呵护。儿童不仅是个自由者，也是一个探究者。蒙台梭利把儿童称作上帝派来的密探。他们来到成人世界以后，看到成人世界那么复杂，台上握手台下踢脚，儿童感到非常失望。所以印度诗人、诺贝尔文学奖得主泰戈尔说：我的孩子们，带着你们的纯洁和生命，到他们中间去吧。一来到他们中间，他们立即安静下来了，停止了喧嚣，停止了争斗。儿童是可以拯救成人世界的。学者们认为，无论是自由者，还是游戏者，对周围世界都感到惊异，而对周围世界的惊异就产生了哲学。从这个意义上看，儿童应该是一个哲学家。

二是回到儿童完整的生活世界中去。儿童，有自己的生活。他生活在哪里？复旦大学哲学系教授俞吾金分析了儿童的生活世界。他认为儿童生活在三个世界：现实世界、理想世界、虚拟世界。但是实践中我们只看到了儿童现实的生活世界，而现实的生活世界是由学习、读书、作业、考试、分数、升学等组成的，儿童感到沉重的压力。现实生活世界需要改造。还要关注儿童的理想世界。新时代好儿童应该有理想，但是在应试教育体制下，儿童理想被成人所绑架。儿童还生活在一个虚拟的世界里。虚拟世界让儿童感觉特别亲切，也最容易进入。儿童能在最短的时间里获得最丰富的信息。但是在虚拟世界里他们也面临许多诱惑和陷阱，产生价值困惑。教育只看到了儿童的一个世界，看不到他们完整的世界又怎么能培养出完整的儿童呢？值得注意的是，三个世界的价值往往不一致，会发生冲突。如何引导儿童在生活中培养正确的价值观念和必备品德，应该是儿童教育所面临的一个重要问题。南京市琅琊路小学在探索破解这个难题。"快乐做主人"就是探索"立德树人"的一种范式，目标就是培养新时代的好儿童，让他们担当起民族复兴大任。特级教师薛法根的组块教学实验引发了强烈反响。组块教学的根本意义在于教师和儿童一起编织完整的语文生活，乃至整个生活。认识儿童、发现儿童，培养新时代的好儿童，必须回到儿童的生活世界中去。在儿童生活的世界里，才能发现他们的基质，培养新时代好儿童。

三是回到儿童的最伟大之处。儿童最伟大之处是什么？是可能性、不确定性、未来性、创造性。对于儿童可能性的认识，有很多的描述和肯定。俄罗斯诗人沃罗申有句名言："儿童是未被承认的天才。"我们只有看到了儿童的可能性，才能让教育来个转向。有个故事对我启发特别大，我将它写入了《儿童立场》这本书里。有位物理学家一天接到母校的电话，告知他最敬爱的物理老师病逝了，学校将于某日为其举办追悼会。物理学家回复一定要参加老师的追悼会。在追悼会上，他遇到了敬爱的数学老师。于是，他走上前去对数学老师说："老师，您是我敬爱的老师。但是有句话我一直没告诉您，今天在这个场合我想告诉您，我说了您别生气。"他说的是什么呢？他说当年自己的数学非常好，于是向数学老师提出申请，是否可以免修，但老师没有同意。他找到物理老师，老师说他物理学得很好，数学也不错，况且免修是为了更好地修，于是同意他免修，最终他成为物理学家。物理学家意味深长地说了一段话："老师啊，如果说您给了我一个游泳池的话，那么物理老师给了我一个广阔的海洋。"儿童的可能性，在什么地方能得到实现呢？我们应该给他海洋，也应该给他游泳池，给他一条清澈的小溪流也是很好的。但问题是在应试教育体制背景下，教师不知不觉地把学生带到一条小河沟里，教师和学生都可能翻船。可能性的提出，让我们回到儿童的最伟大之处；可能性的提出，让我们的教育不再停留在现实里。现实性非常重要，但仅有现实性是不够的，还要从现实性走向可能性。可能性在哪里？可能性在现实性中潜伏着。儿童教育就是从儿童现实性中发现他未来的可能性，如此，儿童教育才会走得更高更远更好。

四是回到儿童游戏方式上去。我们要进行游戏研究，在游戏中发现儿童。游戏是儿童的生活方式，游戏是他的本性。美国心理学家还分析，在游戏的时候，人的心理状态会发生变化，这叫心流。这种心流是一种兴奋以至亢奋的状态。用美学家的话来说，要让儿童处在沸腾的情绪和生活中。这样，他的情感智力和社会的认知能力能得到充分的发展。回到儿童，回到游戏，从某种程度上来说，是回到儿童的身体，回到儿童的身体哲学。身体不仅是认知发展的基础，身体本身也参与到认知过程中去，这种"回到"是具有前瞻性的。

（三）儿童教育研究要把握新时代儿童发展的新特点和新走向

儿童是从传统文化深处走过来的，他的基质存活着。但是毕竟时代不同了，这个时代给儿童带来了许多新的影响，它改变了儿童，让儿童有了许多新的特点，因而，儿童研究与教育也应发生变化。

新时代儿童教育发展还表现在"一低""一大"和"一重点"中。所谓"一低"，就是儿童对成人依赖性的降低。过去，儿童总要依赖成人。但是现在，儿童对成人的依赖开始变化了，不仅依赖性降低的年龄提前了，所依赖的内容和方式也发生了变化。这种对成人依赖性的降低，是不是好事呢？我们该如何处理呢？我们如何在儿童发展过程中处理好成人和儿童的依赖关系，转变教育方式呢？"一大"是指儿童的差异性发展加大，更重视个性发展。《资本论》和《共产党宣言》提出了人的全面发展，准确地说不是人的全面发展，而是每一个人的全面发展。只有每个人发展了，才有一切人的发展。儿童教育、儿童研究，培养新时代的好儿童，必须具体深入到每一个儿童对象上去。这样的研究才是真实的。"一重点"那就是非连续性发展。德国人类学家博尔诺夫在《教育人类学》中有一个重要概念，那就是儿童有连续性发展，还有非连续性发展。可是我们长期以来重视儿童的连续性发展，对非连续性发展是不重视的。所谓非连续性发展，是指在发展过程当中有许多意外的事情发生，儿童不可能全部按照成人的设计去发展。因此，当非连续性因素到来的时候，儿童、教师和家长往往会惊慌失措，因为他们毫无思想准备。我们在进行儿童研究促进儿童发展的过程中，如何帮助家长和孩子正确对待那些意想不到的偶然的事件呢？如何来应对这种风险呢？这也是当下儿童教育所面临的问题之一。

第五篇

教师发展新论域

篇首语
换一次呼吸

在春节假期的最后一天,我认认真真地读完了关于高中课改的一些专业刊物。

读完后,由高中课改想到了教师发展,由教师发展想到教师发展的理论视野。我深深地呼了一口气,像是换了一次呼吸。记得罗曼·罗兰在《米开朗基罗传》的序中说过这样的话:每个人每年至少有一次要登上高山。在高山之巅,脉管里的血液、肺中的呼吸,像是换了一遍。我将此称作高峰体验。如今,读书,讨论课改,讨论教师发展,就有这样的体悟和感觉,很真切。教师可能更关注自己所教的学科,这当然是重要的,也是必需的;教师可能更关注课程如何操作、如何实施,使之落地,这同样重要,是必需的。不过,只关注这些是不够的,只有学科视野,没有课程视野,是不行的;只有形而下的"器",没有形而上的"道",也是不行的。我们应登上课程的高峰,俯瞰那一片课程的青山绿水,领略那课程高峰上的祥云、彩霞,领略这些如柏拉图所说的"完美的永恒存在"——课程思想、理念、文化。此时,教师会换一次呼吸。

换一次呼吸,究竟意味着什么?怎么去换掉肺中原有的空气?

换一次呼吸,意味着一次深深的呼吸。"求木之长者,必固其根本;欲流之远者,必浚其泉源。"比如,高中课程改革要回到其根本上去,回到其泉源之处,那就是让我们重新认识高中教育的定位、性质与任务。无疑,普通高中教育是基础教育的最后阶段,也是一个特殊阶段,不仅要为升入大学、接受高等教育作准备,也要为职业发展和适应社会生活作准备。这种多样化发展的需求越来越强烈、越来越鲜明,但高中仍处在打基础阶段,固其根本才能求木之长,浚其泉源才能欲流之远。比如,教师发展,必须回到教师的本义上去,回到教师本分上去,回到教师发展的基本问题上去。这样的呼吸深沉而新鲜。

换一次呼吸,意味着对自己的深深认识。面对课程修订,我们的自我认识就是"知止"二字。《大学》告诉我们要"知止"。知止,就是每个人要明确、认同各自的身份,按照自己的身份来做自己应该做的事情,尽自己应该尽的责任与义务,比如说父止于慈、子止于孝,这就叫"止"。不言而喻,面对高中课程的修订,对于教师发展,对于教师发展的理论认知,我们的责任与义务就是"止于"理解,"止于"把握,"止于"创造性实施,"止于"为培养能担当民族复兴大任的时代新人打好基础,尽自己的教育之责。这样的呼吸深刻而重大。

换一次呼吸,意味着要"得大自在"。得大自在,要求极高,比如仙逝的国学大师饶宗颐,他在辽阔无垠的学海之中得大自在。课程、课程改革也是一片广博而深远的大海啊。在大海中游泳,向着彼岸,需要技术和工具,更需要方向、勇气和毅力。因此,课程中的呼吸需要丰富自己、充实自己,开阔视野,真正把握学生发展核心素养、学科核心素养,摆脱教学的纯技术现象。即使是技术问题也需要人文素养的滋养与支撑。比如,在准备工具箱的时候,别忘了在里面放一本《尤利西斯》小说,换一次呼吸,让自己处于自在状态。自在状态即自由状态,亦即创造状态,那就要让自己"得大"起来,就像泰戈尔所言,"在海螺里能听得见海啸"一样。从根本意义上说,得大自在,就是要增强课改自信、文化自信,建设具有中国特色、国际视野的高中课程和中国教师发展的理论体系。这样的呼吸才是伟大的、神圣的。

换一次呼吸,用联合国教科文组织的话来说,就是要学会改变;用日本关于核心素养的论述来说,就是要培养适应性思维;用美国学者的观点来说,就是教师要学会"断气";用个人发展的理论来说,就是自我更迭……教师发展呈现新的走向,教师发展的理论也有新视域,面对新的变化,我们的确要换一次呼吸,让自己在吸收新理论中不断地"再圣化"。

春天里的教师之歌

——走创新的教师发展之路

改革开放 40 年,是中华民族历史上一个伟大的阶段。正是在这历史的转折中,中华民族形成了辉煌的集体记忆。如今,集体记忆已化为一个个激动、振奋的情景:千帆竞发,百舸争流,到中流击水,为了中华民族美好的未来。

在改革的大军中,有一支队伍高唱着育人的青春之歌,闪烁着异样的光彩。队伍中有斯霞、霍懋征、于漪、李吉林……,当然还有那刚刚告别青春的中年教师,还有刚走上工作岗位的年轻教师。他们有个坚定的信念:我们是人民教师,要为祖国教育事业贡献力量。他们满怀着对党对祖国的无限忠诚,满怀着历史责任感、现实紧迫感、时代使命感,拼搏在改革开放的大潮中,日夜兼程,风雨无阻。是改革开放给了他们最好的年代,激发了他们巨大的生命力;他们又以自己的理想和行动创造了自己的历史。春天里,一支教师之歌,响彻教育的长空。

历史学家以深邃的目光注视着中国的改革开放。其实,历史学家早就告诉世界,历史不仅仅是一连串的事件,更重要的是历史赋予事件的意义,"历史研究的基本单位,应该是比国家更大的文明"。今天回顾改革开放 40 年,是为了在对事件解释的活动中,发现把握历史的规律,为祖国去创造更文明的历史,因为"真正的历史,只能由那些在历史中发现和接受了某种方向感的人撰写"。

如果作个大致的梳理,40 年的改革开放为教师队伍建设开辟了一条新路。这条路是教师队伍建设法治化、专业化、高素质发展之路,其总主题是"做中国好教师",其基本要求是"学高为师,身正为范",其核心任务是"教书育人",其发展路径是法治与专业化发展同时展开,其根本目的是建设教育强国,全面提高教育质量和民族素质。教师之歌高扬着时代的主旋律。

一、改革开放40年，以"教师法"施行为标志，教师队伍开始走上法治化之路

改革开放之始，邓小平就指出，开发人力资源应当是我国长期发展的最重要的基本国策，他有个历史性的判断："我国的经济，到建国一百周年时，可能接近发达国家的水平，我们这样说，根据之一，就是在这段时间里，我们完全有能力把教育搞上去"，"一个十亿人口的大国，教育搞上去了，人才资源的巨大优势是任何国家比不了的。有了人才优势，再加上先进的社会主义制度，我们的目标就有把握达到"。这就是为什么把发展教育放在战略首位的深刻含义。但是，一个不争的事实是，当时还没有从全局上把优先发展教育的战略地位真正落在实处，还只是停留在口头上和文件中，讲起来重要，但要解决问题就不那么重要了。百年大计，教育为本，而教育大计，教师为本；振兴民族的希望在教育，而振兴教育的希望在教师。如何让"教师为本"落到实处，已被提上了中国教育改革发展的议事日程，已成为基本国策实现必须有举措的紧迫议题。从另一个角度看，发展教育，认识固然重要，文化舆论氛围固然重要，道德良知固然重要，领导重视也固然重要，但没有制度的保障，那一个个"重要"都不能真正实现，"固然"也会被排斥在外。走以法治教之路是改革开放时代的必然选择，以法治教，首先让教师发展有法律保障，也是必然选择。

庆幸的是，经过认真、深入的调查和研究，通过反复论证和修改，经全国人民代表大会常务委员会批准，中国历史上第一部教师法——《中华人民共和国教师法》诞生了，并于1994年1月1日起施行。这不仅是我国教育发展史上的一件大事，也是我国人民政治生活中的一件大事。"教师法"的施行，"对于进一步落实教育的战略地位，依法培养一支具有良好思想品德修养和业务素质的教师队伍，进一步深化教育改革，建立具有中国特色的社会主义教育体系，都有着重要的现实意义和深远的历史意义。应当说，'教师法'是关系到民族前途和国家命运的具有根本性的大法"。全国人大教科文卫委员会的有关汇报材料，对"教师法"施行的重大意义作了准确阐释。

紧接着，全国人大如何宣传贯彻"教师法"，对各级政府提出了要求，即为教师切实解决一些具体问题，一是待遇问题，二是拖欠工资问题，三是住房问题，四是医疗问题。后来，这些具体问题都逐步得到了解决，尤其是拖欠教师工资的难题，依法得到了突破性破解。在"教师法"实施十周年时，全国人大又对"教师法"的贯彻落实进行了检查，有学者还为此发表了守望与期待的文章。这些都有力地说明，"教师法"从法律上维护并保障了教师的合法权益，同时说明，关于教师队伍建设，依法执教的意识不断增强，这是一个极大的进步。

值得注意的是，解决教师工作生活上的具体问题，改善教师待遇的同时，"教师法"还从法律的角度，对教师队伍自身建设，作了明确的规定，体现了中国特色和时代特点。一是把教师队伍建设放在更大背景下来思考来认识。"教师法"是在进一步扩大开放，在党的十四大确立建设社会主义市场经济体制，加强民主和法制建设的形势下制定的。由于国际市场竞争的加剧，世界高新科技发展日新月异，各方面的建设对人才的数量和质量的要求都在逐步提高，因此，教育担负的任务日益繁重，教师对此应有开阔的视野，紧迫的责任感，自觉的努力，提高自己的思想品德和业务水平。二是要以开放的态度，对教师队伍建设加强制度建设。"教师法"在总结我国教师队伍建设经验的同时，借鉴了国外一些先进的管理制度和做法，确立完善了有关教师的资格认定、任用、培养机制、考核、奖励等一整套法律制度，为建立更加完善的管理机制、加强教师队伍建设提供了法律依据。三是从法律角度，规定了教师教书育人的责任，要求更明确。要求教师遵守宪法、法律和职业道德，为人师表，贯彻国家的教育方针，关心、爱护全体学生，尊重学生人格，促进学生全面发展，不断提高教育教学业务水平，完成教育教学任务。这些规定与要求，都具有法制性，方向与责任更明。

事实证明，改革开放40年，中国教育开始走上了法治道路，尤其是，"教师法"开启了教师队伍建设的法治化进程，这在中国教育发展史上将写下重要一页。

二、改革开放 40 年，以教师专业标准为标志，教师队伍建设开始走上专业化之路

"教师法"对教师身份作了法律规定："教师是履行教育教学职责的专业人员，承担着教书育人，培养社会主义事业建设者和接班人，提高民族素质的使命。"教师为"专业人员"，在中国教育发展中，是第一次对专业身份的确认。尽管在日常工作及其用语中，都言及教师的专业身份，但从未有过法律上的认定，也未得到法律的保护。这样的法律规定，不仅提升了教师专业地位，也提升了教师的社会地位，同时，对教师专业发展提出了更高要求。

从国内外的文献来看，所谓专业具有以下几点："第一，专业是以系统的、高度专门化的、复杂而深奥的知识和技能为基础的；第二，具有不可替代性，从业人员必须经过长期系统学习和训练，并通过严格考核，方可取得专业资格；第三，有其明确具体规范的专业标准"。以上三个要义其实是关于实现教师专业化的三个必备条件，对照要求与条件来考察我国教师的专业发展现状，前两个尽管还需长期努力，但正在逐步实现中，而第三个条件还不具备。换个角度看，第三个条件的满足，可以有力、有效地促成前两个条件的达成。从国际潮流看，教师专业化已成趋势，促使教师的教学活动成为高度复杂化和具有高度创造性的专业活动，已成共同追求和走向。自 1980 年，发达国家和地区纷纷制定教师专业标准，提出规约性的标准框架，并运用于教师专业的检定、认证与考核，逐步形成了较为完善的教师专业发展标准体系。这些经验值得我国学习、借鉴。我国亟待制定专业发展标准，以赶上世界教师专业发展的潮流。

改革开放给教师专业发展带来新机遇，也带来新动力，创造了新条件。经过较长时间的调查、研究，综合国内外的经验，终于研制成我国中小学、幼儿园教师专业标准，并于 2012 年 2 月 10 日正式颁行。这是继"教师法"施行后，我国教师队伍建设的又一件大事，是一个重要的历史节点和标志，教师发展又开始了新的旅程——专业发展之路。这是执行"教师法"的一个具体措施，是我国教师专业化进程中的重要里程碑，同样要载入史册。

中小学、幼儿园教师专业标准，明确了发展的目标和要求，构建了三个坐标，即道德坐标、知识坐标与能力坐标，对教师的基本素养和要求进行了细

致、专业的梳理和规范。这三个坐标，整合在一起，就是教师发展的专业坐标，也是教师发展坐标。三大坐标与国际上的专业态度、专业知识、专业技能三大范畴或维度相吻合，同时又彰显了中国特色和中国风格。比如，专业态度方面突出了专业价值与精神，并提出借助相应的外在行为表现来判定其发展水平；比如，在专业知识方面，形成了学科知识、教学知识、学生知识以及教育学知识；又比如在专业技能方面，明确教学技能是以教学为核心，教师在教学活动过程中形成并表现出来的影响教学活动的质量，决定教学活动的实施、成效的技术和能力的总和。完全可以认定，中国教师专业标准，为教师专业发展，无论在实践方面，还是在理论方面，都作出了创造性探索，提供了中国方案和中国经验。我们可引以为豪。

由教师专业标准引领，教育部又研究制定了《中小学幼儿园教师培训课程指导标准》。"指导标准"涵盖义务教育阶段语文、数学、化学学科（其他学科标准陆续研制出台），提出对教师的教育教学能力进行科学诊断，设置针对性培训课程，分类、分科、分层实施五年一周期的教师全员培训。"指导标准"出台，被认为是落实专业标准的关键举措，成为教师未来发展的学科指南。尤其是"指导标准"中，以实践为核心，以问题导向，以精准为原则，进行平实化表达，为培训提供了标准、依据，也提供了策略和方法。"指导标准"意味着教师专业发展进入了学科教学的核心部位，越来越具体，越来越落实。我国教师专业发展进入了实质性阶段。

三、改革开放 40 年，以"全国教书育人楷模"评选为标志，教师队伍建设走上师德提升之路

在我们的记忆中，不少教师成了我们的榜样，鼓舞着我们前进，他们是"全国教书育人楷模"。我们永远记着"全国教书育人楷模"张丽莉。张丽莉，黑龙江省佳木斯市第十九中学初三（3）班班主任，一名从业五年的普通教师。在突如其来的车祸面前，挺身而出，为抢救学生被卷入车下遭到碾压，造成双腿粉碎性骨折，高位截肢。在生命垂危昏迷多天后，张老师醒来第一句话是：那几个孩子没事吧！她被评为第一届"全国教书育人楷模"。她说："不要把我

当作英雄，我只是尽了自己应尽的责任。希望自己赶快好起来，回到讲台，继续为孩子们上课。"

我们还永远怀念周小燕老师，这位歌唱家、声乐教育家，被称为"中国夜莺"。在第二届"全国教书育人楷模"颁奖典礼上，她说自己是足球运动员，已踢了上半场，还要踢下半场，下半场还要进两个球。她的歌声，伴随着球场上永远的奔跑和"进球"的健美身影，印刻在教师学生们的心中。

我们永远怀念黄大年教授。他获得2017年度"全国教书育人楷模"特别奖。他说"我是有祖国的人"。他矢志不渝实践科技报国理想，倾尽心血为国育才，报效人民，殚精竭虑，经常工作到凌晨。这位科学家因病去世，生命为祖国澎湃。他虽然没登上颁奖典礼的舞台，却永远站立在高峰，成为教师、科学家的楷模。当然，还有不少教师楷模。"全国教书育人楷模"评选与颁奖，犹如另一个教师节，在这样节日里，老师们除了欢乐，还有自豪与自信，更有心灵受到洗礼以及得到提升的生命感悟。"全国教书育人楷模"的评选，让教师再一次受到具体、形象、生动而深刻的师德教育。

评选"全国教书育人楷模"是党中央对教师的尊重和鼓舞。为切实贯彻《国家中长期教育改革和发展规划纲要（2010—2020年）》，大力宣传人民教师教书育人的感人事迹，鼓励广大教师和教育工作者投身教育事业，科学实践，创造性工作，大力弘扬人民教师的高尚师德师风，在全社会进一步营造尊师重教的良好风尚，教育部联合中央主要媒体和教育媒体，于2010年8月8日启动"全国教书育人楷模"评选。回顾这一评奖举措，回忆"全国教书育人楷模"的事迹，我们不难有一个重要判断："全国教书育人楷模"评选，传播了热爱祖国、服务人民、教书育人、为人师表的正能量，践行着社会主义核心价值观，标志着新时期的师德教育走上了提升之路。教书育人成为教师的崇高使命，也成为教师的人格特征与教育智慧的象征。教师队伍建设需要这样的标志。

四、改革开放40年，以课程教学改革为契机，教师努力成为创造者，一大批名师快速成长

基础教育课程改革是我国教师队伍建设中一个重大历史事件。2001年，

教育部颁发了《基础教育课程改革纲要（试行）》，标志着课程改革正式启动。此后，课改如火如荼，席卷全国中小学幼儿园，教师一直处于改革的沸腾状态。课程功能与课改目标、课程结构、课程内容、课程实施、课程评价、课程管理六个方面的改革目标，成为教师研究、实验、改革的重点与兴奋点。2014年，经国务院批准，教育部颁布了《关于全面深化课程改革 落实立德树人的根本任务的意见》，促进了课程改革向深处推进。

立德树人的根本任务引领着课程改革的方向，中国学生发展核心素养体系的研制，成为课程标准修订的依据和教学改革的目标，课堂教学有了明确的落脚点。十九大召开后，课程改革进入新时代，立德树人的根本方向更坚定，发展素质教育的理念更明确，让每个学生享有公平而有质量的教育的目标更鲜明，为培养有理想、有本领、有担当的时代新人的着眼点更高远也更扎实。

课程改革成了教师专业发展的重要契机和平台。正是在课程改革的不断深入中，教师积极主动参与，深入研究，不断进步，专业水平显著提高。教师队伍建设迈开了新步伐，名师成长也呈现了新局面、新状态。主要表现为：其一，课改提升了教师的育人意识和境界。课改初期，就确定了课改的宗旨：促进每一个学生发展，为中华民族复兴奠基。进入新时代后，课改有了更高目标：培养担当民族复兴大任的时代新人。老师们立德树人的意识更强，任务更明，行动趋于自觉，课程育人、学科育人、教学育人的范式正在努力探索中。其实，这是教师专业的又一次跃升。其二，课改提升了课程意识和课程能力。在课改中，教师基于学科，又超越学科，开始确立了课程意识，开阔了教学的课程背景，逐步明晰了课程框架，以此寻找学科教学在课程体系中的地位，在更大的视野里开发课程，创造性地实施课程，课程能力逐步增强。其三，课改提升了教学能力，努力从根本上改变课堂教学。变革教学方式，进而变更学习方式，已成为教学改革的关键与重点，自主、合作、探究式学习方式正在推进中实现，课堂教学改革开始回到教学的基本问题上去，探索、发现、把握教学规律。其四，课改提升了教师的研究能力、创造能力。教师在课改中，立足于"忠实执行"的取向，又走向研究，走向实验，一些教师已成为课程、教学的研究者、创造者。

值得关注的是，改革开放 40 年催开了教师们的心智，激发了他们无限的生命创造潜能，名师培养、名师成长已成为各地、各学校共同的追求，掀起了一股股热潮。在这一股股热潮中，教师教学主张的凝练、教学风格的追求、教学模式的探索、名师工作室的设立、发展共同体的构建等，显现出名师发展的多彩姿态和行走方式。名师成长是教师专业发展、优秀教师培养的一大热点。

五、走进新时代，"四有"教师的要求，引领教师队伍走上创新发展之路

坚持改革开放是以习近平同志为核心的党中央的重大战略决策。40年的改革开放，中国特色社会主义进入了新时代。建设教育强国是中华民族伟大复兴的基础工程，教师队伍建设面临着新形势、新任务、新要求，也面临着新机遇、新挑战、新动力。新时代要造就高素质专业化创新型教师队伍，这就意味着教师队伍建设要走上创新之路。

走上创新之路，教师之歌有个主旋律，那就是"做中国好教师"。习总书记2016年9月9日教师节前夕，来到母校北京市八一学校，与师生代表座谈时说："一个人遇到好老师是人生的幸运，一个学校拥有好老师是学校的光荣，一个民族源源不断地涌现出一批又一批好老师则是民族的希望。"他接着说："党和国家事业发展需要一支宏大的师德高尚、业务精湛、结构合理、充满活力的高素质专业化教师队伍，需要一大批好老师。"习总书记强调做"好老师"，强调"宏大""一批又一批"，教师队伍建设的目标是"高素质专业化"。我领会，习总书记不是不提倡名师，而是更提倡做好教师；名师首先是好教师，只有做好教师才能成长为名师；做好教师，是面向所有教师的，具有普遍意义。习总书记的讲话是个重要导向，为教师队伍建设指明了方向。

什么是好教师？习总书记在2014年9月9日与北师大师生代表座谈时，给出了明确的回答："好老师没有统一的模式，可以各有千秋，各显身手，但有一些共同的、必不可少的特质。"他指出，第一，要有理想信念；第二，要有道德情操；第三，要有扎实学识；第四，要有仁爱之心。这些特质是个结构，指向了好教师的高素质专业化的整体提升。后来，习总书记又指出，好教

师要做学生的引路人：做学生锤炼品格、学习知识、创新思维、奉献祖国的引路人。这是习总书记在对好教师的特质描述和概括的基础上，对教书育人的功能的明确定位。引路，是为学生发展指明方向，引路人，将学生作为发展的主体。好教师就是学生优秀的引路人，好教师的教书育人就在引路中。

习总书记的指示是新时代加强教师队伍建设、培养好教师的战略指针和基本遵循。为此，新时代教师队伍建设要走创新之路，创新教师队伍建设的理念，创新发展机制，创新工作方式方法，创新教师发展路径，造就党和人民满意的高素质专业化创新型的教师队伍目标是可以实现的。

教师队伍建设的法治之路、专业之路、优质之路、创新之路，只是个起点，但理想总是在前头召唤，社会主义核心价值观总是在天空照耀，我们一定会从起点出发，走向远方。教师队伍建设之路是条光明之路，教师之歌永远是青春之歌。

视野、格局与格调：教师发展的另一论域

一、研究并促进教师发展，应该有新视角，提出新命题

教师发展的视野、格局与格调是教师事业发展中一个十分重要的命题，应引起足够的重视，亟待研究，以为教师发展、名师成长辟一条新的思路。其重要意义还可以以下讨论的视角，对一些问题作一点深度反思。

关于教师发展概念的再思考。教师是专业工作者，有明确、具体的专业标准。专业性具有不可替代性。教师的专业让教师有了独特的价值尊严，因此，提出教师专业发展命题极为重要，意义深远。事实证明，在教师专业发展的命题与践行中，教师的专业水平有了明显提升，专业性得到增强。中共中央、国务院关于加强新时代教师队伍建设的意见，也明确提出要培养高素质、专业化、创造型的教师队伍。教师专业发展的旗帜要高举起来，必须坚持。不过，我们应当对此有个整体的辩证理解与把握。教师是个完整的人，教师发展是个系统，各要素之间是相互联系、相互渗透、相互支撑的，教师专业发展是其中一个重要的有机组成部分，专业发展不可与其他要素分离，不可游离于教师发展的整体，也不可孤立存在。何况，用爱因斯坦的观点来看，人的发展主要看他的闲暇时间的安排与状态。教师职场内与职场外的生活紧密相连，互相影响。职场外的生活状态会带到职场内，有时会让职场内的生活状态更积极、更快乐。同样，职场内的生活也会迁移到职场外。这种内外的融通，让教师成为一个完整的人，成为内心丰富的人。有一个现象值得注意：一个在职场内专业发展好的教师，如果家庭生活、休闲生活存在问题，或者把职场内发生的不良情绪带到家庭，那么就会造成内心的冲突与冲撞。为了更有利于教师的人格健康，也为了更有利于促进教师的专业发展，从策略上讲，我以为提"教师发

展"为宜，而且这更有利于教师的未来发展；况且"教师发展"本身就内蕴着教师专业发展。若此，教师发展的视野与格局就会更大一些。

关于教师发展理论的再思考。当下教师专业发展有目标引领，有内容规定，有规划，有步骤，有成果预设，这些设计都具有科学性、合理性，教师专业发展正在有序展开。但是，这其中有个问题，即有时候我们往往将发展过程看得过于顺畅，理想的色彩比较重，因此不乏有急功近利的色彩，带来一些浮躁，步子不扎实，过程不充分。教师专业发展、教师发展是一个充满不确定因素的过程，有不少的变数。可是，这些我们关注、重视得还很不够。这里涉及教师发展的理论问题。德国著名教育学家O·F·博尔诺夫在他的《教育人类学》中，对学生的学习、发展提出了一个"非连续性发展理论"。他认为，"人似乎不可能一直保持在一个发展高度或者持续向前发展。人的生活更多地由于习性和疲乏而被'损耗'，因此而陷入非其存在本意的退化状态，"亦即"使人生的连续性中断，使人发生转折"。[①] 他还认为，"这种干扰不只是一种令人不愉快的偶然事件，而是深深地埋藏于人类存在的本质中。……在人类生命过程中非连续成分具有根本性意义"。[②] 尽管他是从存在主义哲学角度提出的，但无疑是正确的，而我们往往是忽略的，因此当"连续性中断"到来时，我们便毫无准备，有时手足无措，影响了发展。将教师事业发展置于人生过程中，关注人性、人生，这样的视野是开阔的，以此带来的格局是大的。我们需要修正、调整、完善教师发展理论，以理论推动教师发展的实践。

关于教师发展路径的再思考。教师专业发展、教师发展的路径我们是明晰的，实施也是有成效的。概括起来无非是，读书、实践、反思、研究、调整改进、总结提炼等，而且对不同的教师这些因素或环节的逻辑起点可以不同，可以形成不同秩序和链条，实践证明这些路径是科学的、有效的。但是，面对或践行这一路径，有些问题开始暴露，有的问题才开始凸显出来。一是"路径依赖"。有些人认为，只要按这样的路径去走，必定有成效，也必定达成预设目

---

① O·F·博尔诺夫.教育人类学[M].李其龙，等，译.上海：华东师范大学出版社，1999.

② 同上。

标，收获成功。其实，我们只有成为这些活动的发出者、创造者的时候，成为这些规律主体或主人的时候才可能成功。对"路径依赖"我们必须反思、改进。二是"路径发现"。这些环节、路径的背后或深处隐藏着什么理念，或让它们生成什么样的意蕴，投射出什么样的深层认知，我们并不关注，也并不知道，没去探究和发现。这样的探究和发现其实是对发展路径的跳离或超越。我以为，跳离、超越的结果定是多样的，而且其中必定有视野、格局、格调问题。三是新路径的寻找与创造。于漪老师之所以不断走向高端，是因为她的情怀、胸怀，她的价值理想、价值追求，是因为实践智慧和理性的支撑。于漪老师已走上了一个更高境界，她的发展路径充满着高瞻性、深刻性。显然，这样的高瞻、深刻与视野、格局、格调分不开。

以上视角的审视，让我们对教师发展有了新视角、新命题、新实践的思考和设计，教师发展的视野、格局、格调应作为新命题来讨论和研究。

二、教师发展视野、格局、格调的主要内涵与操作要义

视野、格局、格调，是一个整体，它们相互依存，相互支撑，也相互促进，只有从整体上把握，才能真正有效地推进教师发展。这本身就是一种视野、格局与格调。不过，三者又有各自的内涵和特点，注重他们的差异，才能让三者有机融通起来，同时从不同的角度和侧面，让教师在发展过程中彰显不同的特点，形成不同的风格。因此，有必要对三者的内涵和操作要义分别加以讨论。

（一）教师发展的视野：视域、思维与见识

视野的宽与窄、远与近、大与小，对于人的发展，其重要性不言而喻。大家熟知的《井底之蛙》，正是以故事的方式将视野的价值、意义寓于其中。这一人类智慧的凝练，生动地告诉我们，只有跳出"井底"，站到"井栏上"才能瞭望天空，瞭望远方，瞭望整个世界。雕塑家吴为山当年去无锡工艺美校学习，父亲送他过江去，写了首诗："坐井观天终是小，大江放眼快扬帆。"哲学家尼采也曾引用中国这一古老的寓言，并且说："在自己的日常生活与工作中，无意间回头望去，或是远眺，便能看到群山、森林，抑或是远处的地平线等

等，这类稳定的线条，对我们至关重要。"他还说："心中有光，才能看到希望之光。"[①] 当下教师发展中就有类似的问题，用"井底之蛙"来喻指显然不太合适，但视域不宽、不大确是事实，正是这一原因，在很大程度上影响、阻碍了教师成长。

所谓视野，从字面上看，并不难理解，那就是目之所及。但是"目"常受"心"的影响，目之所及的实质应是心之所及，那就是尼采所说的"心中有光"。我们可以对视野的内涵作些分解。其一，视野是指的视域，即所看问题的范围，由范围扩展、转换、凝聚为范畴。无疑，视域越宽越大，对现象、问题的观察会更整体、更全面、更准确，与此同时，内心世界会更丰富，也会更有勇气。其二，视野指向思维，即远眺时的内心思考的方式。在偌大的视域中，人的思维会富有激情，更加活跃，有新的想象。思维方式的变化，又让人眼明目亮，目光投向更远的地方。从某种角度看，视野的打开是思路的打开。其三，视野是指的胸怀。记得印度大哲学家克里希那穆提说过，人总是为自己画一个圈，把自己包围在里面，以为世界就这么大。心胸有多大，视野就有多广大。

视野的宽与窄、大与小，关键在于打开，在于自己内心的敞开。《文心雕龙》里有"思接千载，视通万里"的精辟论述。其原话是："文之思也，其神远矣。故寂然凝虑，思接千载；悄焉动容，视通万里。"意思是，此言思心之用，不限于身观，专心致志地思考，思绪连接古今，心为所动，情为所感。这些虽说的是文学创作，教师发展不同样如此吗？

视野的开阔，我们可以形成以下共识：视野的打开、放开，可以增长见识，培育大志向。见识比知识更重要，志向在见识上提升，此为一。对教师而言，视野的打开、放开，就是要基于学科，又要超越学科，确立大学科视野；要基于教育，又要超越教育，确立大教育视野；不要就教育论教育，要有大生活的视野。此为二。视野指的是教师发展的宽度，而发展的宽度在于目光、心之光要向外向上向前，犹如飞机驾驶员，翱翔在辽阔的蓝天。此为三。这些可以视为打开视野的操作要义。

---

① 尼采.尼采的心灵咒语［M］.白取春彦，编.曹逸冰，译.南京：江苏文艺出版社，2011.

（二）教师发展的格局：气度、气势与价值大原

格局，有多种意思，构成多重意义。其中一个义项是：布局。布局的深意是谋略后的设计与安排，但格局的意思不止于此。在我们的工作、处事和日常生活中，人们常常用"格局"来形容一个人的气度、气势。中国几千年的传统文化中，对气度、气势有不少精彩的记述与描绘。有一篇文章，以《三国演义》中的周瑜的气度、气势与格局，以及由此带来的结果为例，说周瑜做事有大格局，比如赤壁之战的完胜；但周瑜做人却没有大格局，器量狭小，气度逼仄，结果被一些小事气死。这一案例想证明的论点是：气度大，有气势，是一种大格局；而一个人的格局决定自己的人生结局，格局大，结局好，格局小，结局难料。这样的结论颇有人生哲学的味道，是对的。

谚语说，"再大的饼，也大不过烙它的锅"，"天大的馒头，也是蒸笼蒸的"。"锅""蒸笼"决定饼与馒头的大小，这不言而喻。那么，锅与蒸笼喻指什么呢？当然是喻指格局，但是还是要回到哲学上去理解，我以为最终喻指的是价值，是价值观。人生活在价值世界中，价值包围着你的生活，不是这种价值观，就是那种价值观，价值观左右着你生活的态度与方式，驾驭着你的头脑，影响着教师发展的方向、态度、方式。再往深处看，有什么样的价值观，就有什么样的人生意义，就有什么样的发展格局，最终让你成为什么样的人。因此教师发展必须找到或造就那"大锅""大蒸笼"，必须重视自己的价值观的铸造，使自己的格局大起来。这就是价值观所带来的发展厚度。

司马云杰提出"价值大原"的概念。他所说的"价值大原"是指中华文化中的"道"。他又解释，"中华文化哲学的'道'，……也就是宇宙法则的价值，思维肯定形式与抽象形式"[1]，而问题往往在于我们不断割断生活与形而上学的联系。"假若割断了联系，脱离了国家民族文化哲学的大原，变得小知而不能大决，小能而不能大成，顾于小物而不知大论。亟变而多私，失去了大美与崇高及至真至善的追求"[2]。意思很明确，价值大原关乎着大知、大论、大决、大能、大成、大美，以及至真至善。我以为价值大原源于对核心价值观的深度

---

[1] 司马云杰. 文化价值论 [M]. 西安：陕西人民出版社，2003：序言 2-3.
[2] 同上。

认知、准确把握和真正确立。毋庸置疑，价值大原与人生的意义及人生格局密切相关，甚至起着决定性作用。用这一认识来观照教师发展，结论应该是一样的：教师发展格局需要有对价值大原的追求。

不可回避，当下教师发展的格局问题，还没有引起足够的重视。发展过程中，有些教师还处在发展的技术层面，缺少对技术的超越，没有走向价值认知、价值澄清和价值追求，在价值与技术之间发生了一些碰撞，甚至发生了冲突。从具体表现看，教师发展还没有呈现出大开大合的状态。用通俗的话来说，显得有点"小气"，"锅"小了，"蒸笼"也小了。如何从形而下的"器"提升到形而上的"道"，进一步将"器"与"道"结合起来，应是发展的又一突破口。其解决办法是，教师要建构起自己发展的价值坐标。

教师的价值坐标，其轴心是做"四有"好教师，做学生的四个引路人；其横坐标当是教师发展的核心要素及要求，其纵坐标当是发展的程度与水平；坐标所建构的是时空结构，上空是社会主义核心价值观的照耀，即价值大原的照耀，时空结构中，闪烁着的是教师所追求的教育理想，是人生核心价值观，是教师的理想、信念、使命、责任担当。可见教师发展，首先是将自己的发展价值坐标建构起来，有什么样的价值坐标，就有什么样的发展格局，就有什么样的发展布局。布局大、格局大，就会有大气度、大气势，就会有大知、大论、大能、大决、大成、大美，发展的境界就会越来越高。

（三）教师发展的格调：品位、深度与境界

视野、格局与格调自然而又紧密地联系在一起，大视野、大格局很重要，高格调也很重要，可以说，大视野、大格局，往往凝练、体现在高格调上；也可以说，视野强调教师发展的视域与宽度，格局强调教师的气度与厚度，而格调强调教师发展的品位与高度，三者结合在一起，教师发展才会"立"起来，以整体风貌呈现教师发展的态势，也会预示发展的前景。

格调也是多义的，其基本意思指的是品位、深度、境界等，格调之高意即品位之高、境界之高。格调高，教师的发展才会有高的品位，高的境界，也才会彰显人生的意义。反之，高格调也会影响教师发展的视野与格局，应用高度来带动教师发展的宽度与厚度。道理很简单，从某个角度看，高格调不仅成为

教师发展的标识与境界，也会成为教师发展的一种动力，犹如高峰体验一样，让教师回到大地上时获得一种永恒的感觉。

从品位角度看，教师发展的格调应当有以下追求。

道德品位。道德是人生旅途上的光源，幸福、智慧、审美都与道德联系在一起，抑或说道德是幸福、智慧、审美的核心。所谓道德的格调，是提升自己的私德、公德和美德，成为超越学科的道德教师。道德教师，一是对道德之于学生发展、之于自己发展、之于社会进步的价值意义，有深刻的认知，有一种"道德自觉"；二是讲道德、有道德，是学生道德学习的榜样；三是以道德方式展开教育过程、实施教育；四是结合所教学科、活动或管理，有机进行道德教育。道德水平的高度决定着教师发展的高度。

文化品位。文化的进步让我们迈向发展的自由境界，文化性知识也是教师专业知识结构中不可或缺的重要部分，文化底蕴、文化品格、文化气质，及其所带来的文化意蕴，显现出教师发展的文化气象。教师的文化品位之高最终表现为文化自觉。费孝通先生的"各美其美，美人之美，美美与共，天下大同"是对文化自觉的审美诠释。教师的文化自觉应表现为知道文化是从哪里来的，文化要走向哪里，尤其是其中的文化责任担当。教师应当是读书人，"文化人"，是知识分子，是新时代的"先生"。

理论品位。教师的感性丰富，与实践亲近，感性中的直觉思维尤为可贵，因此，感性应是灿烂的，对于感性我们不能有半点的菲薄。但是教师只有丰富的感性还不够，还必须有理性，有理性支撑。一如文化性知识一样，条件性知识也是教师专业知识中不可缺少的部分，而条件性知识主要是教育科学理论及其他理论知识，包括哲学知识。理论，帮助我们进行理性思考，走向思考的深度，让自己成为一棵"有思想的芦苇"。正是理论的支撑，才会让教师从实践者走向实践家。[1] 实践家与实践者的显著区别，我以为主要是理论、理性深度上的差别。教师的格调与理论是密切相关的。

审美品位。审美是教育的最高境界，也是人生的最高境界。审美境界是自由境界、创造境界。教师的审美品位，主要体现在：对美的喜爱与追求，对美

---

[1] 佐藤学.课程与教师[M].钟启泉,译.北京：教育科学出版社，2003：241.

的事物的欣赏，有美的形象和气质，让生活充满意义；让教育教学充满审美意义，让教育教学过程成为学生美的历程，学习活动中充满着愉悦的审美体验，而且和学生共同创造美。

教师的格调往往聚焦于教师的教学风格。教学风格是教师成熟的标志、成功的标志，是教师专业生活的集中体现，也是打开未来之门的一把钥匙，是教师发展的最高境界。风格是思想的雕塑，思想是风格的血液。怀特海说："在风格之上，知识之上，还有一样模糊的东西，那就是力量。风格是力量的形成形式，是对力量的约束。"[①] 他说的力量，实质是思想的力量。记得黑格尔在《美学》中说过，风格是种习惯。如此等等。风格，教学风格，是格调的凝练；提升格调，需要追求教学风格。

宽度、厚度、高度，构建起了教师发展的"立方体"，这一立方体将在教育大地上高高耸立起来，闪烁异样的光彩。

三、教师作为一个学习者的存在，让视野、格局、格调敞亮、高扬起来

教师的身份、角色有多重界定，这些界定都有道理，都凝练并彰显着教师的专业尊严，闪亮着教师的价值光芒。今天，我们想从一个角度去阐释：作为学习者的教师。"作为学习者的教师"是 OECD 对教师教学的国际调查的主题。这一主题揭示了教师的本质，具有深刻性、现代性、未来性，当然就具有引领性。

学习，是时代的话语，是世界性的话语。自从终身学习理念被提出，对学习的解读越来越丰富。联合国教科文组织也在多个国际教育报告中对学习作了论述，2015 年，在《反思教育：向"全球共同利益"的理念转变？》中，对学习又作了阐释，其要旨是，学习既是手段，又是目标，既是结果，又是过程；既是个人的事，又是集体的努力。[②] 固然，这一界定是针对学生的学习而言的，

---

① 怀特海.教育的目的[M].庄莲平，王立中，译注.上海：文汇出版社，2012：18.
② 联合国教科文组织.反思教育：向"全球共同利益"的理念转变？[M].联合国教科文组织总部中文科，译.北京：教育科学出版社，2015.

却完全适合教师。这些阐释，其实再次重申并阐释了学习者这一核心理念。因此，经合组织将教师定性为学习者是教师发展的重要国际走向。其实，《论语》中的"三人行，必有我师焉"早就倡导学习，倡导合作学习，倡导学习者的理念。所以，"作为学习者的教师"的深刻性、现代性、未来性是有其文化根源的，"作为学习者的中国教师"更体现了中华文化的思想精髓，具有标识性意义。

问题还在于学习什么。佐藤学的论述对我们启发很大。他从实践论的角度将学习分为三个方面：认知性、文化性实践，社会性、政治性实践，伦理性、存在性实践；认知性、文化性实践旨在建构客体的关系与意义，社会性、政治性实践旨在建构课堂中的人际关系，伦理性、存在性实践旨在建构自身内部关系。① 如上文所述，这些维度是针对学生的学习所言的，却也完全适合作为学习者教师的学习。当下教师的学习更多地集中在教师的认知性、文化性学习上，严格地说，其中的文化性学习仍然很不够；相比之下，社会性、政治性的学习和伦理性、存在性学习则显得更弱，甚至是缺失的。完整的学习实践，才能让教师成为完整的学习者，不言而喻，完整的学习才会让教师的心灵世界更完整、更丰富，视野也就会更宽，格局更大，格调更高。

作为学习者的教师又关联着两个问题：作为儿童研究者的教师和作为创造者的教师。作为学习者的教师，要学习研究，学会研究。作为研究者的教师，教学即研究，教师应当是研究者。研究所关涉的领域是多方面的：课程的、教学的、管理的、家校合作的、专业发展的……这些都要研究，都要学会研究，而这一切都应指向儿童（当然也指向自己的专业成长），都应聚焦于儿童研究上。蒙台梭利说，童年是有秘密的，而研究童年的秘密"将使我们能够发现人类的秘密"②，无论是童年的秘密，还是人类的秘密，都是"生命本身的秘密——这种创造性的力量从受孕的那个时刻起就指导着人的肌体"③。值得注意的是，"他在这世界中……然而这世界并不了解他"，我们不必披上"谦虚的罩衣"，因此，还没有让儿童从学会走路开始，让他有"第二次降生"。④ 我们一

---

① 佐藤学.课程与教师[M].钟启泉，译.北京：教育科学出版社，2003：327-328.
② 玛丽亚·蒙台梭利.童年的秘密[M].马荣根，译.北京：人民教育出版社，2005.
③ 同上.
④ 同上.

定要掀开那所谓的"谦虚的罩衣",解开童年的秘密,发掘那神秘的创造的力量,让他们获得第二次出生的机会,成为幸福的儿童。让教育走上幸福之路,让儿童幸福起来,这是崇高的格调,宏大的视野与格局。

教师是创造者。教育说到底是教师创造的,学校说到底是教师创造的。作为创造者的教师,把教师的发展推向了制高点。如蒙台梭利所言,创造力早就镌刻在教师的生命中,今天提出作为创造者的教师,就是回到教师的生命之中去,让生命价值得到尊重,得到开发。这一回归,关键是解放教师,减掉教师不必要的负担,让教师的心智展开,让教师心灵自由起来,而自由是人存在的本质,自由是教师创造的保姆。解放教师的过程同时也是赋权的过程,当开放与赋权相遇,教师必定增能,开阔了视野,放大了格局,格调的提升也就在其中了。必须指出的是,当下教师作为创造者遇到了一些困难和问题,除了生态与机制问题外,教师也受到一些价值观影响。就在教师节前一天,在访谈中,有教师问我,是怎么看待"佛系"的。"佛系"的大概意思是"你不要烦我,我也不烦你"。这种看淡一切的生活态度和方式,我当然是不赞同的。解放教师绝不是让他们清闲,绝不是让他们与世隔绝、与时代相隔离,也绝不是丢弃正确价值观。若此,怎能创造?怎能有大视野、大格局、高格调?所以,教师要改变自己,自己解放自己,自己创造自己。

作为学习者的教师,当下最为根本的是要做中国立德树人的好教师。将立德树人落实在课程、教学、活动、管理中。立德树人是教育改革、发展的根本任务,也是教师发展的根本方向与根本任务,这是教师发展的大视野、大格局、高格调。我们应当为此而奋斗。

论教师的非连续性发展

一、教师发展、名师成长的检视：我们需要寻找新的理论视角与支撑

复兴始于教师。对一个民族是这样，对教育更是如此。因此，将教师队伍建设的重要性无论提到什么样的高度都是合理的，是不为过的。教育改革，尤其是课程改革的深化，又一次让我们觉醒：谁赢得今天的教师，谁就赢得明天的课程；谁拥有优秀的教师，谁就拥有优秀的教育。毋庸置疑，我们应坚定这样的信念：教师是课程改革、教育改革决胜"最后一公里"的关键因素，教师甚或就是"最后一公里"。

改革过程，事实正是如此。教师专业发展的普遍共识正演化为扎扎实实的行动，用风生水起来描述是恰如其分的。尤其是推动名师的成长，其热度越来越高涨，目标越来越明确，措施越来越加强，平台越来越多也越来越"高级"。这些现象都折射出各地和学校对名师培养急迫的心态，这当然是种进步，值得欣慰。但是，改革的规律告诉我们，改到深处总要回过头去看一看。此"看"就是再思考，就是反思，用学术的话来说是种检讨。反思是正常的，检讨是必要的，在"最后一公里"的关头，反思、检讨显得更有必要和更为重要。这样做，绝不是否定，而是为了让改革更好地走向前，走向深处。我们应当是成熟的改革者。

我对教师专业发展，尤其是名师成长作了一番回顾，对现状作了一些分析，初步梳理出以下一些值得关注和研究的问题。

从发展动力看，外推力仍然过强，"被发展"的色彩仍然过重。这一现象和问题几年前就显现出来了，大家就此重点作了讨论，而至今仍未得到根本改

变,还似有趋重的倾向。究其原因是复杂的,至少有以下两大原因。其一,当下教师的压力过大,负担过重,除了上课、批改作业外,还有受不完的培训、写不完的材料、参加不完的比赛;还要应付来自各方面的检查、评估和各种社会活动,不断扩大的学校教育功能最后都落在教师身上。忙、累成了教师基本的生存状态,他们已无暇顾及自己的进一步提升了,发展的内在动力在消减、淡化。其二,在教师发展的管理上,目标过高、要求过急、规范过多,留给教师的时间、空间越来越少、越来越小,不少地区和学校还提出这样的口号:教师发展需要"赶",名师发展需要"逼"。"赶"与"逼"不失为一种策略,但它们绝不是教师发展的上策和良策。这种强大的外力,无形中削弱了教师发展的内在动力。而内在动力的弱化,必然使教师发展处在"被"的状态。

从设定的发展目标看,目的性过强,刻意追求的色彩过重。教师发展、名师成长不能没有目标引领,发展目标既是价值愿景,又是价值承诺,目标可以引领发展、督促发展、检验发展。但心理学研究成果告诉我们,如果目的性过强,要求过急,就会产生"目的颤抖",造成心理障碍,因担心而焦急,因焦急而害怕,最终导致目标达成的失败,这是典型的适得其反。目的性过强带来的是目标适宜性的缺失,往深处看,其实是功利主义的作祟,是浮躁心态的具体体现,而这样的浮躁往往又会演化为浮华和浮夸。教师发展、名师成长应是一个自然的过程,尽管需要追求,但即便有追求也应当处在自然状态,而非刻意追求,借用老子的观点就是要"处下"。[1] 凡是违背发展常态的,都不能走向希望的彼岸。

从预设的发展计划来看,计划性过强、过细、过"硬",理想化的色彩过重。教师发展是个过程,这个过程是由阶段、路径组成的。如同目标的设定,有计划的发展,才能确保教师发展的规范性,确保目标的逐步实现。但是,教师发展是个特殊的过程,不能过于理想化。首先,教师是人,而人永远是个未完成的过程,充满着诸多的不确定性,这些不确定性是不可预料的,更是不可控的,因此,所谓计划只能是个大体的框架和路径的设计,不可能过于具体、细致。其次,教师的工作既具有群体性,又具有个体性,充满着创造,而自由

---

[1] 刘固盛.《道德经》带给我们的文化自信[N].光明日报,2017-06-24.

是创造的保姆。过于缜密的计划很有可能影响教师的自由创造。如何让计划具有弹性，让计划留有个体支配的空间，是个十分重要的命题。第三，教师又具有鲜明的差异，有不同的发展基础，有不同的发展需求，呈现不同的发展状态，当然应有不同的发展计划与路径。大一统的发展计划，会过于刻板化，也会过于理想化。

从发展的策略和方式看，工作室（坊）等策略方式过于单一，教师"路径依赖"色彩过重。假若到各处走一走，或者把各种资料看一看，各种经验介绍听一听，满眼满耳的是工作室、工作坊、联盟、共同体，还有越来越多的教育家培养工程等。应当承认，这些载体很落实，载体已成了较高的平台，成效还是比较明显的。不过问题也是比较明显的。一是缺少因地制宜的创造性；二是工作室（坊）等的领衔人比较强势，有时指点变成了指指点点，指令多于指导；三是有的举措是不能用工程来实施的，比如教育家培养，问题还在于某些工程完全工程化、技术化了。上述原因导致一些培养对象的"路径依赖"，创造激情渐渐退去、淡出。教师发展的策略应是灵活的，方式方法应是多样的，适合的才是最好的，让教师创造才是最为根本的大策略。

从预定的成果看，出成果的要求过急，物化的要求和刻板表达的色彩过重。预定的成果大多是论文、著作、奖项，关注教师的生命成长很不够；即使有关于学生发展的成果，也只是空泛的描述，抑或是考试成绩的比较、少数同学典型个案的介绍；论文的表达、著作的框架几乎大同小异。实际上这些要求为难了教师。

以上问题可以梳理为：当下教师发展，尤其是名师成长，大多是理想化发展，缺少对教师发展复杂性的研究与把握；从总体上看，功利化发展色彩比较突出，缺少对教师发展生命意义的关注和关怀；技术化发展也比较突出，缺少对教师核心理念的实质性转化的具体策略和方法；从本质上看，当下教师发展控制性过强，缺少对教师创新品质培养的研究与把握。对这些问题的揭示与剖析，我想努力表达批判思维的三种品质：怀疑精神、积极态度和开放思维，尤其是持十分积极态度。我的结论是：对于教师发展，尤其是名师成长，我们应寻找新的理论支撑和新的思路。

二、新理论视角：非连续发展的本质及特征

（一）从连续性教育、非连续性教育到连续性发展、非连续性发展

我们需要寻找新的理论。

德国著名教育人类学家O·F·博尔诺夫在其著作《教育人类学》中，吸收存在主义哲学思想中的一些观点，提出了非连续性教育的思想，并作了较为充分的论述。他指出，以往的各种教育学派认为教育是一种连续性的活动，儿童通过这种教育循序渐进，不断趋向完善。而这一过程通常称为塑造过程。他认为，这一观点是正确的，基本上揭示了教育过程的本质。但他又指出，这一观点不全面，还需要作修正。他说："因为这一观点把阻碍和干扰教育导致教育失误或完全失败仅仅归结为偶然的、来自外部的干扰，而这本来是应当避免的，而且原则上也是可以避免的，这种干扰无论如何无关教育大局。"真的是偶然的、来自外部的？真的是可以避免的？真的是无关教育大局的吗？博尔诺夫持怀疑、反对的态度。他说："这种干扰不只是一种令人不愉快的偶然事件，而是深深地埋藏于人类存在的本质中，从这些事件中表现出一种新的、迄今尚被忽视的人类存在的基本方面，它使连续性发展的观念趋于破灭或者至少表明有很大的局限性。"[1]在博尔诺夫作了上述说明后，他作出如下结论："在人类生命过程中非连续性成分具有根本性的意义，同时由此必然产生与此相应的教育之非连续性形式。"[2]然后，他把危机、唤醒、号召、告诫和遭遇等视为非连续性的教育形式。

显然，博尔诺夫是站在存在主义的立场，从人类学的视角来论述的。实事求是地说，他的论述还不是十分精准，表述也不是十分严谨，比如有时表述为非连续性教育，有时表述为非连续性形式，二者还没有严格区分；有的表述还比较绝对，比如他认为连续性发展观念可以趋于破灭等。[3]但是，他以教育

---

[1] O·F·博尔诺夫.教育人类学[M].李其龙，等，译.上海：华东师范大学出版社，1999.

[2] 同上。

[3] 同上。

人类学家开阔的视野和敏锐性，提出了非连续性教育，并认定这样的教育具有"根本性的意义"，我以为这是一种理论的新视角、新观点，对教育理论发展和学术繁荣具有重要的价值启示，同样会开阔我们的理论思维，引导我们从另一向度去寻找新的理论支撑。

理论是可以迁移的。

由连续性教育和非连续性教育，自然想到教师发展：教师发展有连续性发展和非连续性发展吗？我认为是有的。这样的迁移是必要的，也是合理的。道理并不复杂。教育是影响人、促进人发展的活动和过程，连续性教育，基于学生的可塑性，促进学生的发展；同样，非连续性教育，基于学生生命生长过程中不可避免的各种干扰，教会学生积极应对，从另一个角度促进学生发展。总之，教育与人的发展几乎是同义语，因而迁移到教师发展上去是自然的、必然的；从连续性教育、非连续性教育引申出教师的连续性发展、非连续性发展也是自然的、必然的。

（二）教师非连续性发展的本质和基本特征

的确，无论是学生教育还是教师发展，都应基于人生命成长的规律与特点，首先是对生命的尊重和关怀，抑或说，教育或发展本质上是生命生长的活动和过程，一定要关注人类存在的基本方面，深入到人类存在的本质中去。非连续性发展的本质就是把教师发展镶嵌在教师的生命之中，将发展过程与生命成长过程融为一体。而对生命的尊重和关怀，正是对自由的尊重和关怀，正是对创造精神、创造能力的尊重和关怀。可见，生命性、创造性是教师非连续性发展的本质。这一本质属性一下子将教师发展命题提升到一个新高度。

在这样的前提下，教师非连续性发展呈现出以下特点。

其一，自然性。教师发展是一个自然的过程，在这一过程中，既会遇到许多令人愉快的事，也一定会遇到各种干扰甚至是危机，这都是人生命成长中的一个部分，用博尔诺夫的话来说，这些已"深深地埋藏于人类存在的本质中了"，是正常的。因此，我们不必惊慌，一帆风顺不是发展的常态，由干扰、危机带来的不快、苦恼、茫然以及我们的积极行动，才是自然的状态。因此，教师发展的计划性要与自然发展相契合。由此，我们还应领悟，人的生命及其发展往往是不确定的、多变的，教师发展的使命与智慧就是让自己把握好方向，形成发展的主旋律，做一个有追求的教师，在自然状态中促进自己，丰富自己，提升自己。自然的才是合适的，才是最好的。

其二，非功利主义性。教师发展命题本身就具有一定的功利性，适宜的功利有利于教师发展。但我们必须反对功利主义。所谓非功利主义，即不是为发展而发展，不是为某个特定的利益而发展。这里有几个问题需要厘清。教师发展、名师成长要不要有明确而具体的目标？回答是肯定的，但不能让目标过高过急，否则会产生"目的颤抖"。目标实质是价值取向与价值定位，目标实现应是价值澄清与引领的过程。教师发展、名师成长要不要有物化的成果？回答当然是肯定的，但物化成果只是一种形态，即使是物化成果也应为学生发展服务，物化的背后或深处应是精神、理念、思想的支撑与滋养。教师发展、名师成长要不要执着追求？回答仍然是肯定的，但值得注意的是，我们应当明确为什么而执着，执着引导有方向感；执着追求的过程，仍是自然发展的过程，是非刻意的，而执着让自然追求更有力度，更充满精神追求，更有思想的张力。总之，非功利主义是一种审美追求，是一种审美性，是教师发展、名师成长的崇高境界。

其三，准备性。博尔诺夫指出，"人似乎不可能一直保持在一个发展高度或者持续地向前发展，人的生活更多地由于习性和疲乏而被'损耗'，由此而陷入其存在本意的退化状态"[1]，因而会发生"人生连续性中断"[2]。我们该怎么办？博尔诺夫提出要作出各种积极的准备，尤其是心理准备。教师发展、名师成长的过程正是这样。一要将那些"中断"进行转化，让"中断期"成为转折期，让转化、转折成为发展的契机。二要唤醒人的良知，开发人的道德意识，使自己鼓起劲来，而不是畏惧、退缩。三要有明天性。明天性是未来性，是对美好未来的憧憬，用明天来激励今天。明天性是对"中断性"最好的诊治，是发展最重要的接续。相信"中断"是暂时的，是正常的，"中断"后迎来新的

---

[1] O·F·博尔诺夫.教育人类学[M].李其龙，等，译.上海：华东师范大学出版社，1999.

[2] 同上。

发展。这些是最积极最重要的准备。

以上几个观点,博尔诺夫在理论上有个概括:非连续性体现的是"教育器官学"观点,是积极的教育;而连续性则体现的是"教育工艺学"观点,是消极的教育。[①] 据此我们还认为,非连续性发展是对连续性发展的补充、矫正甚至是反正,可以视其为教师发展的新的理论视角、新的理论思路。对此,我们应当毫不犹豫地借鉴、吸收,以丰富、完善教师发展理论,引领教师在科学的轨道上更有效地发展。

三、非连续性发展理论下的教师发展、名师成长:实现程度与实施建议

马克思说:"理论在一个国家实现的程度,总是取决于这个国家的需要程度。"[②] 实现程度呼唤着需要程度,同样,现实的需要程度呼唤着理论的实现程度。当下的状况很清楚:教师发展、名师成长的需要程度很高,前文所剖析的那些问题正是现实需要的表征,而理论又不能满足实践的需要。此时,非连续性发展理论可以在满足现实需要的同时,让理论有实现的可能。所以,我们应当进一步建构实现的基本框架。这一框架中,当下最为重要的是运用非连续性发展理论研究非连续性发展引领教师发展的实践路径。

据此提出以下三个方面的建议。

首先,教师发展、名师成长要以人为目的,注重生命关怀,尊重并开发教师作为人的价值,克服技术化倾向。

教师是人,具有人的最高价值。人永远是目的,因为人有自己的最高价值,而人的最高价值正是人本身。老子在《道德经》里论述人的价值:"道大、天大、地大、人亦大。域中有四大,而人居其一焉。"这是老子对人之价值的极大弘扬,"身重于物"成了老子关于人的价值观。非连续性发展正是将教师

---

① O·F·博尔诺夫.教育人类学[M].李其龙,等,译.上海:华东师范大学出版社,1999.
② 中共中央马克思恩格斯列宁斯大林著作编译局.马克思恩格斯选集(第一卷)[M].北京:人民出版社,1995.

当作一个生命体，对生命应当关怀，而对生命的真正关怀，不是将生命视作物，将教师发展过程无形中工具化、技术化，相反，应极大地尊重并开发教师的生命价值。实事求是地说，当下教师发展、名师成长中，对此关注、关心、关怀是很不够的，工具化、技术化的现象还是比较普遍的，倾向还是比较明显的。

为了克服这一问题和倾向，应当给教师以更多的尊重、更多的关怀、更多的自由、更多的鼓励，让他们有更多的自主权，表现为更多的决策权、计划权、调整权等，做自己发展的主人，而不是成为发展的工具，甚至成为发展的奴仆。一个十分重要的提醒是，发展应为教师服务，绝不是教师为发展服务；让人的价值永远走在发展的最前面，让教师的幸福永远走在发展的最前面；教师发展、名师成长的最佳状态是：打开。将生命打开，呈现生命的光彩，呈现生命的最伟大之处——可能性。向生活打开，发展本身是生活，在生活中发展，积极的生活态度和创造的方式，是最好的发展动力、状态，也是最好的发展神态。向未来打开，教师总是要走向未来，从当下走向未来，用未来引领今天的发展。教师的发展意义、生命价值就在打开的过程中。这多元化的打开，让教师发展、名师成长拥有大视野，形成大格局，走向"大未来"。

其次，教师发展、名师成长要以自然发展为基调，注重人性化关怀，尊重个体发展需求与特点，克服功利化倾向。

当下教师发展、名师成长过程中，功利化现象比较突出。功利化追求必定带来刻意化色彩。而功利、刻意又会扭曲教师发展的规律，久而久之，又会扭曲教师的心态，而且会破坏研究的品质和学术氛围。这样的发展必须坚决反对。非连续性发展理论提示我们，任何人的发展都是一种自然的过程，发展中产生这样那样的困惑、困难以及各种干扰都是自然现象，即使是发生危机，也都是正常的，一如博尔诺夫所言，这是"生命过程中非连续性成分"[①]；所谓非连续性发展的根本意义就在于在"非连续性成分"表露时，"中断期"发生时，我们该如何对待。正确对待、积极处理好这些"非连续性成分"的过程就是发展过程，也很可能是一次新的跃升。反过来看，假若我们没有确立自然发展

---

① O·F·博尔诺夫. 教育人类学 [M]. 李其龙，等，译. 上海：华东师范大学出版社，1999.

理念、作好心理预备，完全可能会惊慌失措。这样的发展才是真实的，非刻意的，正是在真实、复杂的情境中，在自然状态中，教师的核心素养得到培育和发展。

以自然为基调的发展，一定会充分考量教师发展的特殊性：不同的发展基础，不同的发展需求，也呈现不同的发展特点和态势，这就必须对教师进行个性化关怀，注重个别化指导，让每个教师发展都处在自然发展过程中。我以为，以管理的角度看，管理、指导的原则是：更少限定、更多服务，促使教师更优发展。更少限定，不是不要计划，不要规范，不要要求，更不是限制，而是让必要的限定，成为教师发展的契机和平台；更多服务，是给教师更大的空间、更多的自由、更有效的指导；更优发展，是基于自身基础、需求和特点的有效发展。

在教师发展中，我们要特别关注青年的发展。一年入格，三年合格，五年"出格"，还有各种阶梯性的要求都有道理，而且颇有成效。因为青年教师发展不能没有要求，不能没有规矩，不能不严格。不过，与此同时，也要较为深入地研究青年教师的发展心理，把握他们的发展特点，因势利导，促进他们发展。100多年前，"青春期"还不存在，美国心理学家斯伯利·霍尔第一次提出，在童年与成年之间有一个特殊的转换阶段，他们需要一段额外的时间，才能顺利过渡到成年人的角色，于是青春期概念诞生了，青春期教育发展起来了。100年后，另一位美国心理学家杰弗瑞·简森·阿内特又将18～29岁单独拎出来，作为一个独特的生命阶段，称为"正式形成的成年期"。阿内特的调查研究显示，这个年龄阶段的年轻人还没有进入一个正常的成年的持久的责任里，因此他提出另一个概念：推迟的成年。[①] 这项调查研究的结论还有很多值得商榷的地方，但还是符合当下青年教师发展特点的。根据"正在形成的成年期"，针对"推迟的成年"，我们对青年教师发展该怎样更准确地把握，还需要深入研究这一新课题。

再次，将非连续性发展与连续性发展结合起来，统一起来，取得平衡，从整体上促进教师发展。

---

① 陈赛.三十不立：推迟的成年[J].三联生活周刊，2017（26）.

其实，非连续性发展早已存活于我们的生活中，只不过我们没有去关注它、发现它和利用它，还处在不自觉的状态，因而没能有效促进教师发展。当我们给予非连续性发展理论特别关注和高度肯定的时候，另一个问题必须同时引起关注和思考，即在认可、肯定非连续性发展理论及其实践有着突出优点、优势的同时，也有明显的不足和缺陷，主要是：它对外在推动力于教师发展应有意义价值的否定，对教师应有目标引领价值的肯定不足，对教师应有计划和阶段的漠视，对教师发展中发生各种干扰事件偶然性的排斥，等等。事实是，内在动力固然重要，但外在动力是动力系统中不可或缺的一部分；教师发展、名师成长，既是不可预测的，又是可以规划的；既是不可控的，又是可以调节的；似是没有阶段的，但阶段是客观存在的。因此，在我们对连续性发展理论进行修正的时候，对非连续性发展同样要加以修正。任何理论都不能独步天下，解决一切问题，某种理论在守卫自己边界的同时还应向其他理论打开，互相借鉴，互相融合。不言而喻，推动教师发展、名师成长，还应将非连续性发展与连续性发展结合起来，统一起来，让发展取得平衡。

两种理论的结合、统一、平衡应聚焦于人——教师身上，回归人的本源，坚定相信教师的可发展性、可塑性以及成功的可能性，坚持用价值来引领，激发教师的价值认知和追求的激情，亦即不仅要关注教师的存在，更要关注教师这一存在者。关注存在，往往是客观性的，也可能是技术化的，而关注存在者才是对人的价值的认知和尊重。回到人这一主题上，两种理论才能真正融合起来，教师发展、名师成长才能平衡起来。

需要说明的是，当下教师发展仍要在非连续性发展理论指导下进行，在强调两者统一的同时，绝不能把非连续性发展理论淹没掉，这绝不是此文的本义。

教师专业发展的新追求

教师职业从经验化、随意化到专业化，经历了一个较长的发展过程。20世纪80年代以来，教师专业化形成了世界性的潮流。社会所需求的高水平的教师不仅是有知识、有学问的人，而且是有道德、有理想、有专业追求的人；不仅是高起点的人，而且是终身学习、不断自我更新的人；不仅是教学行家，而且是教育专家。因此，我们要加快推进教师专业化发展，构建符合时代要求的教师教育的知识体系和技能要求，建立健全教师教育制度，提高教师的专业水平。

学科是教师的重要专业，是教师安身立命之本，失掉学科专业，教师可能会丢失专业发展的根基。但当下教师的学科专业还存在一些问题，这主要是"先天不足"和"后天不力"造成的。所谓先天不足，是指在学校时，专业学得不扎实，有的学科专业基础薄弱，导致在教学中常露出破绽，有时还会闹出笑话。所谓后天不力，是指工作后对学科新知识学习得不够，对学科发展的走向也了解、把握得不够，常落后于学科的发展。因此，任何时候都不能轻视教师专业发展，更不能丢弃学科专业的发展，否则，不可能成为一个优秀的教师。

值得注意的是，当下教师的专业发展，更多的是学科专业，甚至囿于学科专业。这不得不使我们思考这样一个问题：难道教师专业发展，只是学科专业发展吗？在学科专业之外，抑或说在学科专业之上，还有没有更为重要的"大专业"呢？答案是肯定的。

一、案例的启示：专业发展应当超越学科

一是钱伟长对专业的理解和追求。钱伟长是物理学家，学科专业（理论物

理)很鲜明,很优秀。不过,他既是物理学家,又是社会活动家,还是大学校长。当记者问他,他的专业究竟是什么时,钱伟长的回答是:我没有专业,如果说我有专业,那就是服从祖国需要。这绝不是钱伟长的戏说。明明有专业,为什么说没有?因为专业是可以超越学科的。为什么说专业就是服从祖国需要?因为有比学科更"大"的专业。这使我们需要不断地追问自己:我有像钱先生那样的对专业宽阔的认知和把握吗?

二是章培恒教授对专业的理解和追求。章培恒是复旦大学教授,我国著名的文史专家。他和骆玉明教授合著的《中国文学发展简史》,因以"文学的发展伴随着人性的进步"的观点,构造了中国文学的发展历史,引起学界的关注和赞誉。他读博士时,导师要求他一开始不要读文学史的书,甚至不要读文学方面的书。开始他还不理解,后来回过头来看才明白,为了文学史,必须跳出文学史。推而言之,为了某专业有时必须跳出这一专业,最后再回到专业上来。看来,专业的成功,不只是得力于学科本身,相反,可能得益于其他专业。

三是南京师大附中对专业的理解和追求。南师大附中的校史馆里有一份珍贵的资料,是 20 世纪二三十年代关于教师到当时的中央大学进修时选修课程的规定。该规定有三条:首先,选修与自己所教学科无关的课程;其次,选修与自己所教学科靠近的课程;最后,选修自己所教的学科课程。这是对专业的一种深度理解,即各学科之间的知识是相互融通、相互影响、共生共长的。如果把学科专业孤立起来,无形之中便斩断了与其他学科的联系,必然会失去本学科专业的支撑。因此,任何学科都不能"独善其身",尤其是在当下。

以上三个案例说明了一个道理,即教师专业发展,必须确立超越的理念——超越学科,超越单一的知识结构。如果局限于学科,教师的专业发展很难有新的突破。

二、知识的视角:教师要有较完整的知识结构

我们不能否认知识对教师专业发展的重要价值。知识就是力量,其本意不在知识本身,而在知识传播的过程。但问题是我们需要什么样的知识观,需要

什么样的知识。教师的知识结构包括以下四个方面。

其一，学科知识。教师需要以学科专业知识为基础，缺乏学科知识，教师就不可能具备学科身份，更不可能成为一个优秀的教师。学科知识涉及一个领域的各方面，拿语文来说，有文学知识、文体知识、语言逻辑知识，甚至还应有文学批评、文艺评论的知识，等等。

其二，学科教学知识。学科教学知识是把钥匙，它可以帮助自己打开学科之门，以最有效的方式，把学科知识传授给学生。单有学科知识，而缺乏学科教学知识，教师只能是个书生，而不可能是教学能手。学科教学知识是实践性知识，必须在实践中建构形成；学科教学知识是个体性知识，必须在实践中建构形成自己的经验和自我认识；学科教学知识是情境性知识，必须在情境中体验、领悟、提炼。

其三，条件性知识。条件性知识主要指基本的教育理论知识，如教育学、心理学、教育社会学等。它的获得，一靠读书，二靠运用，三靠总结、提炼。这些知识就存活于自己的教学实践和教学案例中，关键是要靠自己去反思和感悟。

其四，文化性知识。从表面看，文化性知识与学科教学无关，但实际上，它与教学有着本质的联系。它需要教师在大量阅读与丰富多彩的文化活动中不断提高自己，逐步形成自己的文化人格，然后自然地渗透在教学过程中。

以上四种知识不是孤立的，而是相互联系、相互渗透、相辅相成的。它们各有各的作用，各有各的特点。当下教师专业知识存在的重要问题是，知识结构还未完全形成，即教师的专业知识还不完整；各类知识的学习都需要加强，而学科知识略显单薄，学科教学知识尚显陈旧，条件性知识与教学实践脱节，文化性知识较为狭窄；各类知识是如何联系、如何影响的，其间的关系还不清楚等。鉴于此，教师的专业知识结构亟待完善，也亟待研究。

从诸多的实践经验看，建构与完善教师的知识结构，其基本的途径和重要的方式是阅读和实践。但当下教师的阅读状况是阅读量过少，阅读面过窄，阅读还未真正成为教师的学习方式、工作方式和生活方式。同时，缺少经典的阅读，只是满足于时尚刊物和社会新闻的阅读，缺少深度。至于实践，主要指阅读后对知识的实践运用，有目的有计划地试验，并在实践中领悟、反思、改进，而这样的实践，教师还应该进一步加强。

三、哲学的论点：应把儿童研究当作第一专业

美国哈佛大学现代教学论专家达克沃斯有一个十分重要的观点：教学即儿童研究。她认为，教学与儿童研究不是两回事，而是一回事。这意思非常明确，即要进行教学就必须对儿童进行研究，而且教学本身就是儿童研究，就是儿童研究过程。我以为，这是新的教学观，它对教师专业发展有着重大启示：儿童研究是教师的专业，而且超越所有学科，是教师的第一专业、第一必需功课。首先，儿童研究是一种学问，而不是一种技艺，此学问理所当然是教师共同的专业。其次，虽然我们天天和儿童打交道，但未必了解儿童并具备这样的学问，因而必须钻研。最后，长期以来，教师们轻慢、忽略了关于儿童的学问，必须补上这一课。由此可见，儿童研究这第一专业发展是很艰难的。

儿童研究这第一专业内涵十分丰富，那就是认识儿童、发现儿童、发展儿童。我们在研究儿童时，一定要把握最基本的方式，即观察方式。研究儿童要从观察儿童开始，观察不只是一种技术，最有效的观察是要走进儿童的生活，走进儿童的心灵世界，去倾听、关怀、理解他们。深度的观察是蕴含在教师与儿童的生活、对话和发生的故事中的。我对教师与儿童的关系有一个比喻，即教师是上帝派到儿童世界去的文化使者。他应该以尊重、平等、协商的方式去了解儿童。说到底，文化使者就是儿童研究者，也是儿童发展的引领者。他在对儿童的观察、研究中，使自己的第一专业得到了发展。

四、理想的境界：成为一个智慧教师

智慧是一个人综合素质的表现，可以说，教师的专业发展最终集中体现在教育智慧上，教师的理想境界是成为一个智慧的教师。

孔子曰："知者乐水，仁者乐山。知者动，仁者静。知者乐，仁者寿。"在儒家文化中，在中华民族文化的视野里，仁与智是评价人格最重要的标准，是人格完美的体现。智慧教师不只有智慧，而且有仁者的情怀，有道德之心。我

们也应当把仁与智当作评判智慧教师和教师人格的重要标准。所以，做智慧教师是教师专业发展的最高境界。

事实上，教师有智慧教师，也有"愚蠢"教师，当然更多的教师还处在向智慧教师努力迈进的过程中。智慧教师可以让儿童有一个幸福的童年，而且会为其持续发展、未来幸福打下良好的基础；反之，"愚蠢"的教师有可能在无意之中给学生的童年留下"伤口"。台湾的两位女作家三毛和席慕容不同的命运，和她们童年时代不同教师对她们的影响有关。三毛永远抹不掉数学老师在她眼睛周围画黑眼圈带给她的阴影，以至童年的"伤口"最终发作，让这位才华横溢的女作家用自杀的行为过早地结束了自己宝贵的生命。席慕容则不同，她永远忘不了数学老师辅导她做数学题时的目光，那目光中有慈祥、信任、鼓励和期待。她说，至今写作时，那目光还在她眼前闪烁。显然，席慕容的数学老师是个智慧的教师，至少她的这一教育行为是智慧的。

因此，做一个智慧教师是多么重要，他的一言一行、一举一动是否恰当，有可能影响学生今后的前途和命运。我认为，做个智慧教师要具备一些核心的要素。其中之一，就是有良好的综合素养，进而形成"智慧人格"。"智慧人格"是我通过实践感悟出来的，还需要深入、具体地讨论，以便明晰其边界和内涵。我初步认为，教师的智慧人格有以下特征，即有"四心"。一是爱心。真心爱所有的学生，就像一位优秀教师每天要问自己的三个问题一样：我今天爱学生了吗？我会爱学生吗？学生感受到我的爱了吗？爱是一种智慧，爱能生成智慧。爱心是智慧人格的核心和基础。二是童心。蒙台梭利说自己是作为教师的儿童，陈鹤琴说重新做一回儿童，李吉林说自己是一个长大的儿童，他们都保持了可贵的童心。童心就是真诚之心、赤子之心、创造之心。智慧教师是最具有创造性的。三是平等心。平等心就是公平地对待每一个学生，对教育对象绝无选择，绝无歧视，绝无淘汰，每一个学生都重要，每一个学生都优秀。这样的教育是公平、民主的教育，这样的教师是智慧的。四是平常心。教育有规律，学生成长有规律，这是一个渐进的过程，需要"按部就班"，需要等待，不能拔苗助长，不能急功近利，不能盲目前进。教师的智慧人格需要文化的濡养，需要文化的自觉，需要在实践中锤炼。

让爱走在教育的前头

一、爱,人类生存和发展的共同主题

十多年前我读了《德兰修女传》。德兰修女矮小瘦弱,人们抬头看到的是那张皱纹纵横的脸,但她庄严的讲话,是那么质朴,又那么美妙。她创立的基金会有着千亿美金的资金,世界上最有钱的公司都乐意无偿捐钱给她。但她住的地方除了电灯外,唯一的电器就是一部电话;她穿的衣服一共三套,自己换洗,只穿凉鞋,没有袜子。她带着爱的光芒在无限的大地上行走,把无限的爱带给了穷人、流浪的人、垂死的人、饥饿的人。她用整个人生邀请我们,邀请我们选择爱与光明。因而,她成为最没有争议、最令人钦佩的诺贝尔和平奖得主;在大型调查中,她是最受青少年崇拜的人。

德兰修女的一生都在爱中行走。她用自己的一生告诉我们,爱是人类存在的理由;爱,让人类、让人生、让世界充满意义、充满和谐、充满希望。爱是一种力量,正如但丁所说的:"爱推动着日月星辰的运行。"[1] 不仅如此,爱还推动着人类的发展,推动着世界的进步。爱让我们追求高尚,追求伟大,罗素说过:"高尚的生活是受爱激励并由知识导引的生活。"[2] 爱是神圣的,泰戈尔说:"上帝就是灵魂里永远在休息的情爱。"[3] 因而爱会使人的灵魂安宁、纯洁和神圣。爱是不能被要求的,它发自内心。爱要给予,正如一位印度商人题写给德

---

[1] 华姿. 德兰修女传——在爱中行走[M]. 济南:山东画报出版社,2005.
[2] 同上。
[3] 同上。

兰修女的那五句话："沉默的果实是祈祷，祈祷的果实是信仰，信仰的果实是仁爱，仁爱的果实是服务，服务的果实是和平。"①可见，爱连接着信仰、服务和感激。爱是相互的，和平祈祷词里说："不求被爱，但去爱。"②爱是不求回报的。我不敢说，爱就是教育，但我敢说，爱是教育的一种力量和方式。教育是要引导人们去学会爱，学会同情，学会感激，学会服务，教育需要爱来推动，需要让爱渗透其中。从这个意义上说，爱要走在教育的前头。

二、从中华传统文化中汲取爱的智慧

中华民族是崇尚爱、追求爱、善于爱的民族，爱的文化是中华传统文化的重要组成部分。让爱走在教育的前头，必须从中华传统文化中汲取养分，寻找爱之源、爱之力。

中华传统文化中的爱，不仅是一种道德，而且是一种智慧，这种智慧具体而生动。首先，中华民族的爱是对生命意义的肯定和赞美。中华传统文明追求人与自然的亲和，追求人与人之间的和谐，因而在精神意义上肯定生命，将死亡看作生命的转化。因而，生命是无限的。"无限—有限的缝隙被爱填满"，"无限像父亲般拥抱我们，又像朋友一样与我们散步"③，这是大智慧。庄子说："大知闲闲，小知间间。"闲闲，宏大也，关爱宇宙，关爱人生，关爱生命，关爱人的内心世界，这是大智者对爱的理解和态度，是一种大爱。

其次，中华传统文化中爱的智慧关注人与人之间的交往，爱和美德在交往中产生。众所周知，儒家伦理道德中最重要的元素是"仁"，"仁"是中华传统美德的根本。"仁"的造字特别富有意蕴，从甲骨文到小篆，其形体都作"二人"会意，意即古人心中的人不是单独、孤立存在的，而是表征了一种人与人之间的交往关系。爱内蕴于交往，在交往中才产生爱。"仁"最早的涵义是"亲人"。《说文解字》说："亲，仁也。"又说："仁，亲也。"亲与仁，开始主要指

---

① 华姿. 德兰修女传——在爱中行走 [M]. 济南：山东画报出版社，2005.
② 同上.
③ 毛峰. 神秘主义诗学 [M]. 北京：生活·读书·新知三联书店，1998.

家庭成员间、氏族亲人间要"亲爱"。随着时代演变,"仁"的涵义逐步扩大,由亲人扩展到爱人,由爱人扩展到"事人"——为他人服务。"仁爱"提示我们,人与人之间要交往,不仅要爱亲人,还要爱其他人,不仅要爱人,还要为别人服务。因此,爱不仅是一种情感,而且是一种能力。

再次,爱的智慧还体现在反对等级歧视中。孔子主张仁爱,墨子则主张兼爱。墨子说:"兼相爱,别相恶。"别,差别、差等也;别,天下祸害之根源。所以,兼爱的核心是:爱无差等。这种反对等级歧视、提倡无差等的兼爱思想,直抵爱的本质,意义深刻。兼爱的智慧提示我们,爱是不能选择的,爱是面向所有人的,尤其是要爱那些处于弱势地位的人。后来,兼爱又发展为"周爱""尽爱",更强调爱一切应爱的人。这是多宽阔的胸怀!平等、民主、公平的理念在"兼爱"中尽可找到。

最后,中华文化表达爱的方式也是很智慧的,这就是诗性智慧。"中国文化的本体是诗,其精神方式是诗学,其文化基因库是《诗经》,其精神峰顶是唐诗。一言以蔽之,中国文化是诗性文化。"[①] 的确,这种诗性智慧使我们表达爱的情感更含蓄、更简洁,更富意蕴和广阔的想象力。在《诗经》、唐诗宋词的吟诵中,我们都有深深的体验和久久的怀想。

三、师爱:超越母爱的教育爱

斯霞老师的"童心母爱"至今都是崇高的、伟大的。发扬"童心母爱"精神,对于教育来说是任何时候都不能怀疑,更不能丢弃的。

母爱是给予性的,是不求回报的,用流行的话说,就是"因为爱所以爱",爱本身就是目的。教师的爱应该具有母爱的特性:是学生就得爱。对学生的爱不需要理由,爱学生是教师的天职,爱学生,不求学生回报,甚至不求学生感激。值得指出的是,当今一些教师缺少母爱的情怀和精神,一些学生对爱的期盼与渴求得不到满足,学生情感、心理上的缺陷不能不说和教师对学生缺少关爱有一定关系。在商品经济发达、物欲膨胀而人文精神淡化的今天,提倡母爱

---

① 刘士林. 中国诗性文化 [M]. 南京:江苏人民出版社,1994.

更有意义、更为重要。母爱，是教师的美德。

其实，斯霞的爱不仅是母爱，而且是一种教师爱。教师爱并不等同于母爱，教师爱是对母爱的超越，是教育爱。

其一，教师爱扬弃了母爱中的私性。学生虽不是自己的孩子，但教师把学生当作自己的孩子来爱。生活中，学生也往往把老师当作自己的父母。一位高三的学生在收到大学录取通知书后给数学老师写了封信，信的开头就说："老师，请原谅，因为我曾经骗了你。父母在我很小的时候就离婚了，我想在学校里寻找到失落的父爱。可是，教外语的男教师，因我成绩不好，当众宣布放弃我；教语文的男教师，因为我背不出《赤壁赋》，让我当众站在那儿，羞愧难当；只有你——教数学的男教师，为我添置寒衣，为我无偿补习数学——其实我的数学很好，只是为了看看你能不能给我父爱……"此时这位老师才知道，学生也在每天考验着教师，这是爱的考验。扬弃了私性的教师爱面向所有的学生，追求爱的普遍性，追求教育的公平、公正。

其二，教师爱注重教育的科学性。"因为爱所以爱"固然可贵，但爱同样要讲究科学性，否则容易导致盲目地爱，而没有教育。教师爱注重教育目的，按照党的教育方针，用爱的方式促进学生素质的全面提高。而如果仅有母爱的话，则可能导致教育偏差，导致孩子不全面甚至是片面地发展。教师爱遵循教育规律，即从学生身心发展规律及个性特点出发，以平和的心态、积极的方式，循序渐进地引发学生内在力量的苏醒与生成，从而使得教育的节律更为和谐，更适合学生自身发展的特点。而如果仅有母爱的话，则可能操之过急，揠苗助长，违背孩子的成长规律，结果只会是把爱变成了害。教师爱注重教育的客观性，对学生既充满激情又充满理性，实事求是地分析学生的优点、缺点及发展可能性，因而教育更具针对性，更全面、更有效。而如果仅有母爱的话，则可能一叶障目，或只见孩子的优点，或把孩子看得一无是处。教师爱是一种有"度"的爱，是一种科学的爱。

其三，教师爱是稳定的。教师对学生的爱一以贯之，日复一日，年复一年，爱在教育中行走。教师用爱点燃教育的火炬，学生在爱中陶冶高尚的情感，在教育中提升爱的品质。教师爱的稳定性首先表现为非情境性。在不同情境中，教师的爱永远不会消失。情境改变的只是爱的方式、爱的形式，而决不会改变爱的温度、深度。爱的非情境性是教师成熟的特征，是教师具有的优秀品质的表征。其次，教师爱的稳定性表现为非情绪性。教师是有情感的，因而也会有情绪的波动、心理的变化，但教师应当清楚地知道，在学生面前的任意言行都是教育活动的开始。故而，教师需要及时调整情绪，不以自己心情的好坏影响对学生的态度，不弱化对学生真挚的爱。教师爱的非情绪性，表明教师既有爱的激情，又有爱的理性。

其四，教师爱聚焦在童心上。英国著名人类学家莫理斯说过："创造力就是童心不灭"，"创造力从根本上说就是儿童品性在成年时期的延续"；法国学者波德莱尔也认为："天才只不过是借助意志的行动而被重新发现的童年"；我国学者王国维说："伟大的词人之所以能够写出伟大的作品，是因为他们拥有童心"。[①] 教师爱儿童，就要珍爱儿童的童心，珍爱童心就是珍爱人的创造性，这是教师对学生最大、最崇高的爱。

四、以微小的方式生长爱

德兰修女常说："我们常常无法做伟大的事，但我们可以用伟大的爱去做些小事。"[②] 是的，爱的伟大，并不意味着一定是轰轰烈烈，爱的方式并不决定爱的意义。事实上，那些因爱而燃烧的灵魂常常选择以微小的方式成长。

微小的方式首先是指对那些具体小事、细节的态度。小事不小，细节可能决定成败。教育无小事，细节隐藏着成功的密码，对待小事和细节的态度往往反映一个人对事物意义认识的水平和程度，也往往反映一个人的品质和习惯。学生，尤其是小学生，不可能经历许多惊天动地的大事，但每天生活中遭遇的一件件细小事情却在锻造着他们的性格，他们正在以一种微小的方式生长着爱的崇高情感和品质。

微小的方式也意味着处理小事、细节的具体办法和行为。微小的方式应该

---

① 刘晓东. 儿童文化与儿童教育 [M]. 北京：教育科学出版社，2006.
② 克里希那穆提. 世界在你心中 [M]. 胡因梦，译. 深圳：深圳报业集团出版社，2007.

是真实的。真实的爱出自内心，是自觉的，因而也是真诚、可贵的。微小的方式应该是默默的、细腻的、不事张扬的，默默中充满激情，细腻中体现细心、周到。微小的方式应当是对人尊重的方式，因为爱如果没有尊重，就可能异化为支配和占有。微小的方式还是培养意志品质和行为习惯的重要方法，"一屋不扫，何以扫天下"，小事恰能锤炼富贵不淫、贫贱不移、威武不屈的君子品格。

"爱绝不是一种浪漫倾向。"微小的方式引导着学生认真做事。一要做自己喜欢的事，用喜欢的方式做事。让孩子真正像孩子，让爱的小事产生快乐的情感和幸福的体验。二要做应该做的事。喜欢的不一定是应该的，应该的却一定是遵循道德标准的。当然，应该做的事也要用喜欢的方式、快快乐乐地去做。三要做必须做的事。学生守则和行为规范所要求的就是学生必须做且必须做好的事。

让爱走在教育的前头，教育就开始了；让爱走在教育的前头，教育就会温暖人心，这样的教育也才会走进我们的心里。也许，让爱走在教育的前头，正是对爱的教育的一种破解与追崇。

第六篇

做好教师：永远激荡的心愿

篇首语

做好教师：一个永远激荡的心愿

我永远记着自己是个教师，而且要做一个好教师——在任何时候，永远。

上小学时，我就想做个好教师。

大概是一年级的时候，语文老师教我们学习注音字母，我学得一塌糊涂，一次老师叫我上黑板听写几个注音字母，我乱写一通，根本不会。不是不用功，不是听写不认真，而是老师自己也不会，她乱教一气，以己昏昏，怎能使人昭昭？当时我就想，如果我是教师，一定要给小朋友讲得清清楚楚。

三年级的时候，开始写作文了。记得一次作文课分两天上，第一天写草稿，第二天修改，誊写在作文本子上。现在想来，这是个好办法，作文草稿完成后，不要急着誊写在作文上，让它"沉淀沉淀"，直到现在，我都有让文章沉淀的习惯。不知怎的，那天草稿纸怎么找都找不到，急得像热锅上的蚂蚁。老师看出来了，帮我一起找，还是没找到。她问我："你还记得写的吗？"当时我很奇怪，自己写的怎么会不记得呢？我立即回答："记得啊！"老师半信半疑地看着我，似乎还有点欣赏。我拿起笔来，从头到尾写了一遍，还作了些许的修改，那作文得了高分。现在回想起来，当学生有困难的时候，老师一定要关心，老师脸上的任何微妙的表情，孩子都能捕捉到，都能体会到。也就是从那一刻起，我相信自己的记性是好的。现在，好多次，在作了讲座后，总有老师问我："你记忆力很强，能说说是怎么锻炼出来的吗？"我都没有很明确地回答过，现在我可以告诉各位：记忆力强的确是有天赋的，但天赋要得到别人的关注和赏识，它才会被激发，自信地生长起来，逐步强大起来，老师的赏识与鼓励最为重要。记性好的教师可以准确地讲知识、背诵美文、详细地讲故事，还可以细数学生的进步，学生在惊讶中便受到了鼓励。

到了五六年级的时候，我挺关注老师们的工作的，总想知道老师是怎么读书、怎么生活的，他们也写作文吗？有好几次我常常到校长吴志仪老师的宿舍外去"逛"，每次总看到，吴校长的宿舍里有一叠书，从地板一直往上叠，已和桌子差不多高了。有老师告诉我，这是吴校长的日记，她每天都写，一天不落。噢，老师也写作文，她的作文叫日记，日记日记天天记，一天不记就要忘记。那叠和桌子一样高的日记本至今都刻印在我的脑海中，已近70年了。那些叠起的日记本常常幻化为一本本书，幻化为一个校长、一个老师在灯下学习、备课的身影，"好文章在孤灯下"的昆剧唱词一直在我耳边回响，在我脑海里盘旋。后来，我做了教师，也做了校长，直到退休，虽然没有写日记，但是写了一些文章，有时无意中把写作的文稿、出版的书也叠加在一起，也会有书桌那么高。这是不是老校长对我潜移默化的影响呢？小学生喜欢模仿，模仿也是教育的方式，没有什么不好。教师一定要记住：你的一言一行，学生都在关注你，都在模仿你。

六年级，快毕业了，大家有点兴奋，又有一点不舍。毕业典礼校长让我主持，记得那时校长已换成季校长了。她让我站在台上，她在台边，只是请校长致辞时才站到台中央去。她把舞台留给了我，让我站在舞台的正中央。其实，她让我明白，毕业典礼，是学生的典礼，礼始、礼成，都是学生来决定的。后来，我作为保送生，免试，进了南通中学读书。这是我一生中唯一的一次免试，这经历和体验，几乎鼓励了我一辈子。站在舞台中央的学生一定会更自主、更自信。

于是，我坚信，从小学开始，老师们就为我树立了榜样，我也以老师们为榜样，喜欢当老师，决心努力做一个学生喜欢的好老师。

后来，读完了初中，考了师范学校，那时，我未来的职业就定下来了：当老师。在师范学校学习时，我对自己的定位与要求是：我是准教师，要为做教师，为做好教师作准备。三年师范学校生活中，我遇到了几位终身难忘的好教师，是他们让我知道了怎么做教师，怎么做才是好教师，是他们一直在我前面引领着我，有几位虽已病逝，可他们永远活在我心中，激励着我，护佑着我。

程敷玮老师是我一、二年级的班主任，教我语文。家里贫寒，冬天我没有棉裤穿，没有棉鞋穿，冻得瑟瑟发抖，是程老师给我送来棉裤。清清楚楚地记得，当时一股暖流流遍全身。什么叫爱生如子？什么叫雪中送炭？无需多作解释，一切都在那条带来温暖的棉裤里了。快毕业时，到程老师家去，程老师拿出字帖，问我喜欢哪种字体，我说不上，只说都喜欢，不过最喜欢的还是那清秀而又遒劲的，因为，程老师写的字就是这样的。到了三年级，换了班主任，是陈蓉秀老师，她也是中师毕业，但后来上了华东师范大学，学中文。有时，她会讲起华师大的那条丽娃河。自陈老师讲过，我就一直向往着丽娃河，最近几年常去华师大开会，总喜欢在丽娃河边走几遍，替在法国度晚年的陈老师向丽娃河问几声：丽娃河，你好！大概是一次班会吧，陈老师讲着讲着，说起了这样的话："有的人活着，他已经死了；有的人死了，他还活着……把名字刻入石头的，名字比尸首烂得更早；只要春风吹到的地方，到处是青青的野草……"她好像还是在讲话，一如平常，其实正在朗诵臧克家为纪念鲁迅先生写的一首诗。哦，全班同学都听呆了，好啊！诗写得好，陈老师朗诵得好！自此，我知道，杰出的朗诵就像生活中的讲话，自然，平实，没有刻意的雕琢，拿腔拿调。陈老师的这次朗诵，让我终身受用。陈老师，谢谢您！程老师、陈老师，她们是好教师。程老师刚病逝，程老师，您一路走好。陈老师，祝您永远年轻，您是我们学生心目中被学生赞美的人。

　　羌以任老师比我大不了几岁，大概六岁吧。他没有教过我，没给我上过一堂课，但是他一直在给我上课，是我心目中最好的老师，影响了我的情操、格局，影响了我的爱好倾向、生活方式，影响了我的思维品质和表达能力，可以说影响了我的人生。他帮助我备课，还帮助不少特级教师备课，他为特级教师备课时，我基本参与，听他简明、扼要、画龙点睛的分析，别出心裁的设计架构，时时迸发出智慧之光，让我们心中一亮，敞开了一扇窗、一扇门；又让我们站到田野里，长起一棵树，开起一丛花，极目四望，处处曙光。他给我们排演话剧，指导朗诵，是编剧，又是导演，他从不示范表演，只是指点、启发，不是教我们演戏，而是教我们在舞台上怎么生活。当我做了小学教师，他还给我批改过小学生的作文本子。我后来用硃笔批改、写评语，就是受羌老师的影响。和羌老师在一起有说不完的故事，他留给我的是两个字：智慧；留给我的印象是：潇洒生活、自在教书。遗憾的是69岁他就走了。自此，每当清明，只要回南通，我就会去给他扫墓，献上一束花，说上几句话。我永远记住，好教师是有个性的，好教师是智慧之师，好教师是学生的人生导师。

　　1984年离开小学，到了江苏省教育厅工作，分管基础教育。我离不开校园，离不开课堂，听惯了校园里的歌声、笑声和叽叽喳喳的吵闹声。我常到全省各地的中小学去，走一走，在教室门口看一看，听一听，和孩子们聊几句。教师的情结永远在，做好教师的心愿一直牢记在心头。

　　2003年年初，我退休了，我将自己定位于没有退休的老教师。我不敢说自己是好教师，但是，我可以自豪地说：我一直在努力，一直在争取。

　　做好教师，我永远激荡、沸腾、燃烧着的心愿！

追随时代,写出自己的地平线报告

我耳畔一直回响着一首歌:《我和我的祖国》。"我的祖国和我,像海和浪花一朵,浪是海的赤子,海是那浪的依托。每当大海在微笑,我是笑的旋涡,我分担着海的忧愁,分享海的欢乐。"

我心里一直回响着两句话:我是有祖国的人,生命为祖国澎湃;教师,一个精神灿烂的人。只有生命为祖国而澎湃,精神才会灿烂;精神灿烂的人,才会为祖国放声歌唱。

我手中一直握着三样工具:笔、书本、黑板。用笔写好教书育人的故事,用书滋养孩子们的身与心,用黑板演绎未来的理想。三样工具编织了我教育壮美的诗篇,美的诗句飞向湛蓝的天空,向着太阳微笑。

而这一切都发生在那张讲台——三尺,但在我心里,它,无边无涯,连着蓝天、大海,连着山巅、田野,连着古与今、中与外。我爱这一讲台,我的血脉在那喷张,我的生命在那延续。其实,那张讲台连着的是那远方的地平线。我瞭望地平线,追逐地平线。于我而言,地平线的最高价值是:让我永远追随时代的脚步,不断向前、向前、向前。这地平线是我的理想、信念和使命。

这一连已快60年了,尽管后35年不是在校园里连着,而是在教育管理的机关里,在教育科学研究所里,在家里,可是那根线一直没有断,相反,那情怀越来越浓,那情思越来越深。那地平线还是那么遥远,我却始终向着地平线。用那根线,把我牵引到可知又不可知的未来,但未来肯定美好。

我感恩伟大的祖国,感恩伟大的时代,赤子之浪永远忘不了那大海的依托。我要向祖国交出地平线报告。

一

我，1941年12月生，出生在启东的吕四渔场，长在大海边，那里似乎离地平线很近。海水无私地养育了我，望不到边的彼岸让我有永远的想象。但大海没有给我足够的勇气，也没有给我足够的底气，因为六七岁的时候我就离开了它，来到了南通城里。那时，南通城狭小，也显得陈旧，可那里有条濠河，环绕着城市，清澈，淙淙流淌，不声不响，像条玉带。更可喜的是，濠河连着通吕大运河，而大运河又连着大海。总之，我没有离开过水。大海没给我足够的勇气，却给了我说不清的情怀和无限的期许；没有给我足够的底气，却给了我慧心慧根和内心的坚韧。

更为重要的是，那濠河旁是我的三所母校：南通师范学校第一附小、南通中学、南通师范学校。通师一附小，在解放后第二年就接纳了我，而且整整六年没收我一分钱，无论是学费，还是杂费，还是书本费——50年代初，我就享受了免费的义务教育。没有新中国，我能进小学读书吗？能有我的今天吗？南通中学，南通地区最好的中学，英才辈出。我在那读了三年初中，永远忘不了诗人校长、化学家副校长、数学家老师，还有复旦大学毕业那年就写出《郁达夫论》的青年才俊……南通师范，这所全国第一所独立建制的中等师范，战争年代南通的第一个党支部，照亮了我的心灵，为我铺就了一条教师之路。

大海、濠河、濠河旁的三所母校，培育了我爱教的情怀，铸就了我为师的品格，锻炼了我从教的能力。这一切都闪耀着新中国的光芒，祖国的新生让我这穷人家的孩子享受到最好的教育。就在那时候，《歌唱祖国》激励着我。我的生命要为祖国歌唱："五星红旗迎风飘扬，胜利歌声多么响亮，歌唱我们亲爱的祖国，从今走向繁荣富强……"歌声已镌刻在我的心灵深处。

二

1962年，中师毕业了，面临着工作分配。可是60年代，三年严重困难，还有之前的"大跃进"，国家极度贫困，就业面临着极大的困难。

一直到暑假结束，快开学了，我才接到了南通师范学校第二附属小学任教报到的通知。其他同学分到了哪里呢？在哪些学校当老师？到了二附小才知道，这一届四个班的毕业生只分配了几个人当教师，我班有两人，其中有我，其他的分配到企业，不能当教师，还有的在家待岗、待业。这，我根本没有想到。是谁推荐了我？心里疑惑，但无法打听，后来有人告诉我，是校长和老师们集体讨论的。那时候哪有什么"走后门"一说啊，我又没什么背景，出生在一个穷人家，清贫、穷困，老母亲为别人洗衣服、敲铺马路的小石子，哪有什么关系啊？可是幸运之神就这么落到我头上。清明，风气正，这是新中国，是社会主义啊！我感慨无限，感恩我的祖国，我没分担"海"的忧愁，却分享了"海"的幸福与欢乐！心里冒出一个强大的声音：把所有的一切给孩子，献给教育，献给祖国。

共产党是领导我们事业的核心力量。祖国渡过了难关。随着祖国前进的步伐，我走上了讲台，第一年就教六年级毕业班。可我什么都不会，懵懵懂懂，跌跌撞撞，磕磕碰碰。校长说：年轻，没经验，没关系，学校相信你。又说：担任毕业班班主任，一开始就教毕业班语文，是挑重担，是难得的经历、难得的考验，也是难得的机会。那年代我们的价值理念是：甘愿当一颗螺丝钉，该安哪里就安哪里，祖国的需要就是我的需要，工作的安排就是我的任务，一切服从学校决定。这一价值理念并没有淹没人的个性，螺丝钉是闪亮的，至今仍继续放光。

清楚地记得，大概是期中以后，教导主任通知，校长、主任和老教师要听我的语文课。我当然答应。教的是一篇议论文，毛泽东著作的节选，课文题目是编者所加：《桃子该由谁摘》，说的是躲在山上的蒋介石，抗战胜利后下山来摘胜利的果实。我向师范学校的恩师羌以任先生请教，他从问题的提出（观点）、问题的研究（论证）、问题的解决（结论）这三方面分析，帮助我设计教学。我心领神会，教学过程实施顺当，自我感觉不错。事后才听说，听课的教师啧啧称赞，给我大大的肯定，大大的鼓舞。那时起我记住了：教学需要设计，设计需要研究，研究要下功夫。我也记住了：年轻人应当有虎犊之气，勇于探索，成长之路就在脚下。地平线在召唤我。当然现在回过头来看，螺丝钉不只是一个标准件，它也有个性。是螺丝钉总会起作用，总有它的价值。我也知道，那年代同样倡导教学艺术，教学风格、教师的创造性永远是可贵的。

三

"文化大革命"开始了。

停课了,叫"停课闹革命";后来复课了,叫"复课闹革命"。就在停课、复课之间,我们都没有停下教育的步伐,首先"复"了我教书的心愿。我们组织了"红小兵宣传队",在街头演出节目,歌唱中国共产党,歌唱领袖毛泽东,歌唱祖国。就在那时候,我学会了写剧本,排练节目,学会了拉手风琴。我的作品常常获奖,后来,进了南通市文艺创作班,接受了文学艺术创作的洗礼。一次话剧团的导演对我说,你写的剧本理性多了,感性少了,激情少了。从此,我知道,感性应是灿烂的,激情可以成就一个剧本,成就剧中的一些人物,也会成就一个好教师。我写剧本,排演节目,是在激扬生活,不是教学生在舞台上表演,而是教学生在舞台上生活。也许正是这一认知,让我后来对同事李吉林的情境教育有感觉,向她学习,也支持她。

生活不会欺骗我们,日子总是我们的老师。"文革"十年我没有荒废,我对党始终忠诚,对祖国始终信任,对教育始终热爱。心中有那股情感,有那条地平线在。我和我的祖国永不分离,赤子之心永不改变,浪花永远在大海之上欢跃,地平线永远在闪光。

四

"文革"结束了,教育教学走上了正轨。

恢复学校秩序,这是教育教学的基础和保障。让上课正常起来,是我们要做的第一件事,但与此同时,我们还应该做什么呢?

李吉林,这位从小学教师里走出来的教育家,不同凡响之处就在她有更高的追求,也正因为此,她才成为教育家。她对我说"我要克服一个女人的弱点",又说"要把丢失的时间重新捡回来"。一个女人承认自己的弱点,而且要克服,可见她有一种"大丈夫精神",那就是"富贵不能淫,贫贱不能移,威武不能屈";一个教师要在反思中捡回丢失的时间,可见有一种意志,有一种信念,坚持自己的理想,有大视野,有大格局,有大境界。而这两句话,后来她又演绎为两个生动的比喻："我是一个竞走运动员""我又是一个跳高运动员"。事实为李吉林作了最有力的判断和证明，情境教育之花开在中国大地上，又在国外受到关注。

我和李吉林老师在一起，参与她的研究，"文革"后的情境教育研究有六年多的时间，当然，即使1984年调往省教育厅工作后，仍参与研究，这是我的黄金时期。这六年，让我重新认识、发现了教育，教育是有规律可循的，而规律需要探索、发现、把握，这就离不开研究，教育研究不在教育之外，不是硬加上去的，也不是硬贴上去的，就在教育本身，是教育的题中之意；一个好教师，不仅要爱教育，还要研究教育，抑或说，教育研究是对教育最为深沉的爱，好教师之好，有诸多要求，教育研究是不可或缺的"好"，要做一个研究型的教师，努力做一个学者型的教师；研究，不能离开教学，不能离开儿童，要凝聚为一个使命——教书育人。这一信念与使命一直伴随着我。

记得一次李老师对情境教育之"情"有一些新的想法。情境教育只讲"情"不讲"理"吗？"情"与"理"相悖吗？"情"与"理"如何融合？她邀我去高校请教教授，有华东师大的杜殿坤教授，上海师大的吴立岗教授，南通师专的徐应佩、周涌泉教授等。多少次的拜访，多少次的讨论，多少次的梳理，已记不清了。其中一次在南通的南公园宾馆，是晚上，杜教授作了讲解；一次是在无锡，我们向吴教授追问个性发展问题；一次是在校园里，徐应佩、周涌泉二位教授侃侃而谈，而忘了在路上来来往往的人与自行车……这一切都让我发生一次次的转换与提升。于此，一颗种子悄然播在我心中，逐渐长成一棵树，根深植地下：做学者型的教师，以研究的方式做教师，以研究的方式做事。无论身在何处，地平线总是向我发出深情的召唤。

五

人生总有一些机遇。

我坚定地认为：机遇不是外来的，是镶嵌在生命之中的；机遇是人创造的，否则，机遇在你面前，你都会茫然；正因为此，机遇时时都存在，生活本身就是机遇的另一种表述。

我人生有三次重要的机遇。

第一个机遇：1984年江苏省教育厅调我去幼教初教处任副处长。我是一位小学校长，极为普通。1983年底的一天，市教育局秦同局长通知我，说市委组织部要找我谈话。去了之后才知道，江苏省教育厅要调我去工作，征求我的意见。突如其来，过去丝毫没有这样的想法，连想都没想过，连想都不敢想。后来才知道有三个背景：一是干部要年轻化、专业化，要从基层调一批老师进行政机关；二是"文革"后省厅决定要办好一批小学，省厅派出视导组，专门到我所任的学校视导，组长是周尔辉副厅长（周恩来总理的亲侄子），他们看上了我。三是我在省委、省政府召开的全省教育大会上，代表学校发言，讲怎么提高教学质量。我又一次惊讶，命运为什么如此垂青于我？这要感谢我们的祖国，感谢这个伟大的时代，因为一位老人家在南海边画了一个圈，从此中国人讲起了"春天的故事"。其实，这个圈画在每一个中国人的心中！当然，我也知道，我在学校里工作是十分认真、积极、负责的，是有成就的，没有个人的努力，机遇不会来邀请你。当你认真工作、奉献时，机遇就会看上你。

第二个机遇：南京师范大学的学习。到了省里后视野开阔了，机会多了，平台也高了。1985年，南京师范大学教育系举办第一届本科函授班。我以同等学力报考。此前，我利用所有的星期天、节假日、工作结束后的时间，几乎用上了所有的时间恶补专业课，政治、哲学、大学语文、教育学、心理学，不分昼夜。在去苏北最穷的地区工作的长途汽车上，我捧着书，啃着、背着、写着，大雪从窗外飘进车厢，双手双脚冻到麻木，但内心却很亮堂。一次在路上遇到一个熟人，他看着我，"啊"了一声，再没说下去，我知道他想说的是：啊！你变形了，你太苦了。命运不忘苦心人，我终于被录取了。整整三年，我比较系统地学了教育理论，同时这三年锻炼了我的读书习惯与品质，也改变了我的思维方式。我补上了大学这一课，理论为我打开了另一扇窗，深知专业上的提升是多么重要。

第三个机遇：教育部两次基础教育课程改革的参与。1985年开始，当时的教育部启动基础教育课程改革（被称为国家第七次课改），要从江苏省教育厅调一位干部去参与，工作一年。厅长选派了我，除了行政工作需要服从的规矩外，我同意了。乐意前往，还有一个重要原因：去学习，去增长见识。以往，我只有"教学"的概念，而无"课程"的意识，课程、课改于我，一片空白。这一年，跟着分管的中教司副司长马立调研、拜访专家学者，讨论、论证、修订，后来，在课程方案中第一次提出"国家安排课程""地方安排课程"等。这是国家课程方案设计，是国家级的政策与制度设计，对我而言无疑是一次高级别的进修，也无疑当了回课程论专业的研究生。记得在甘肃会宁县，红军会师的地方，我亲身体验到了什么叫缺水，什么叫苦读，什么叫知识可以改变命运；在北师大，拜访启功先生，我知道了什么叫大师，什么叫知识渊博、学问高深；在人民教育出版社，向叶立群先生请教，知道了什么叫课程大家，什么叫深度谋划，什么叫文化与格调。参加的第二次课改，始于2001年，在王湛部长、朱慕菊司长的领导下，参加了目前正在进行着的基础教育课程改革，其间发生的重大事情更多：课标研制、教材审查、统编教材使用、学生发展核心素养、立德树人、西部教学改革支持项目等。这些工作进一步提升了我，在更高的时代站位上，在更高的价值立意上，在更大的视野与格局上，我都有满满的收获，有更深层次的掘进，说是一次跃升是不过分的，说离地平线又近了一步，也是不过分的。

我常想，如果用王国维《人间词话》里说的集大成者的三重境界来解说机遇，可不可以呢？当然可以。"昨夜西风凋碧树，独上高楼，望尽天涯路"，"衣带渐宽终不悔，为伊消得人憔悴"，"众里寻他千百度，蓦然回首，那人却在灯火阑珊处"。这是对机遇、对地平线最美的诠释和最生动、最深刻的写照。请别忘记，这一切都是改革开放的伟大时代赋予我们的，是新时代照亮了我们。一个人是渺小的，祖国才是伟大的，时代才是宏阔神圣的。浪花永远离不开大海的巨大依托。当一行白鹭上青天的时候，去回望那无边无际翻滚浪花的大海吧，大海给你力量给你希望，而地平线似乎就在大海的彼岸。

六

2002年底，我正式从江苏省教育科学研究院退休了，2003年1月就不去上班了。我躲回老家一个多星期，想有个过渡期，主要是心理方面。

一个星期的沉静与思考，我对退休作出了个性化的解读：退休只不过是办公室的搬迁，只是把办公桌改成家里的书桌，或者说把家里的那张书桌放得更大。

退休又遇上了党的十八大、十九大的召开，与新时代相遇了。我们正在新时代中，我们已融入新时代了。新时代，新使命，都要回归到初心上去。我的初心是做一个好教师，做一个学者型的教师；我的使命是教书育人，是立德树人。我给自己列了几大课题："做中国立德树人的好教师""学科育人""儿童美学研究""论国家课程"等。我正在学习、思考中，有的已有了初步思考，但要做的事还太多，慢慢来吧。

我是 40 年代出生的教师，在祖国的大地上已经走过了近 80 个年头了。路还在脚下，我向着前方的那条地平线走去，想交出又一份地平线报告，献给伟大的祖国，献给中华人民共和国建国 70 周年。其实，这份地平线报告已不知有多少次多少次写在我的心里了。

教育科研的出发与风格追求

十分相信一条格言：故事让时间人格化。

从几十年的时间的流淌中，我渐渐领悟了这一格言的深刻性，因为教育科研像雕刻刀塑造着自己的生命和人格。

雕刻刀是关于风格的隐喻，而风格是关于人的。由此，自然联想到教育科研的风格。教育科研的风格这一命题，至少包含两层意思：教育科研本身应是有风格的，并提倡风格主张的独特性与表达的多样性。教育科研能帮助教师追求并形成教学风格，并让教学风格走向深处。这一命题，正是在时间的流淌中，教育科研意义和意蕴的生成。我深以为，教育科研的风格，关涉教育科研多彩的生态，也关涉学术的进步与繁荣。当然，自己也有一种警惕：别让"灿烂的感性"（杜夫海纳语）遮盖教育科研深刻的理性，但是，假若不敢提出一种似乎离教育科研稍远一点的新见解，科研怎能发展呢？因此，从某种角度看，追求风格是一次新的出发。感性的方式常常用想象来描述，想象这一"伟大的潜水者"本身就内蕴着深刻的理性。回望几十年的教育科研，我想以"出发与风格"为主题，来讲述自己的故事。

一、从斜坡上开始攀登——所谓的"半路出家"

教科研的风格常与出发的方式联系在一起。

我的第一学历是中师，我是小学教师出身。在我们那个时代，中师里的教育理论课几乎没有开设，即使开设，授课的教师也只是照本宣科，讲得枯燥无味，我们听起来不知所云，因此我的教育科学理论基础是"零"。进入小学当教师后，我发现有的教师将"健康心理"几个字常常写成"健康心里"，他们不知道"心理"这个概念。"教育理论"这样的词语听都没听过。我有自知之明,从不回避,也从不因此而自卑,相反,我坦然。回想1999年,当时省教委主任送我去省教科所任所长和大家见面时,我对同事们说的第一句话就是:我是中师生,小学教师出身,搞教育科研、当所长,连半路出家都算不上,真诚地向大家学习。

事实从来都不会找借口,而是让你袒露真相。不过,现实是可以改变的。对我而言,所有的改变只能是一种"半路出家"。现在回想起来,第一次"出家",是师范毕业的第一年担任小学六年级语文教师,校长、教导主任要听我的语文课。我清楚地记得教的是毛泽东的一篇文章。备课时我向恩师羌以任求教,他从论文的三大要素——提出论点、进行论证、得出结论帮助我分析课文。我在此基础上进行教学设计,并用板书清晰地呈现出来。据说,这堂课给大家以惊喜,听课的领导与老教师给予极高的评价——我尝到了研究的甜头。其实,这哪里是什么"出家"啊,解读文本,设计教学,让学生读懂、学会、会学,这本身就是"看家"的本领。如果连"家"都看不好,怎能做个好教师呢?自此,我懵懵懂懂地领悟到一个道理:教学即研究。

第二次"出家"是和李吉林老师一起研究情境教学。李老师每次备课,都会约上我,其实我也帮不上她什么忙,不过至少可以成为讨论的参与者。记得一次她教《月光曲》,李老师不只是从语文的角度去解读文本,把握贝多芬的人格特征,而且要从音乐专业的视野去了解贝多芬的人生。于是,她又一次约上我,去找专家帮助,其中包括去拜访南通歌舞团的音乐指挥。那是一个炎热的中午,酷暑难当,汗流浃背,指挥家捧出一叠资料,并就语文教材中的内容进行讲解。资料和讲解一下子让贝多芬的形象丰满起来。当然,这些后来在教学中并没有全部呈现,但它们却在背后隐藏着并滋润着、支撑着教学,学生沉浸在审美化的情境中,课堂里洋溢着美学的空气。现在想起来,早在20世纪70年代,李吉林就开始了课程整合实验,引导学生跨界学习。教学即研究,教学需要多种学科视野,这样的理念又一次在我的脑海里激荡。

第三次"出家"是我在省教育厅幼教初教处任副处长时。为了减轻学生过重的课业负担,全面提高教学效率,江苏省教委决定在传承复式教学的基础上，进行低年级包班教学实验，即一个教师在同一班级中既教语文又教数学，有的还要教体育、音乐、美术等学科。我领受了这一任务，在当时的邗江实验小学、江阴周庄中心小学进行包班教学实验。坚持了两年多的时间，有了长足的进展和可贵的进步，无论是实践还是理论都有显著的成果。用现在的观念来看，包班教学正是当下的课程整合。与当下不同的是，包班教学有一个更宏大的视角和整体性机制，即从教学组织形式和教学体系来切入，用教学制度来推动并保障课程、教学的整合。无疑，这次改革实验是有突破的，是理论与实践相统一的，而且是用行政的力量来推动的。后因多种复杂的原因，该项研究未能坚持下去。这次"出家"既有成功之处，又有亟待深化的地方，颇感遗憾。

1999 年，我调任江苏省教育科学研究所所长，从行政部门到了专门的研究机构，身份改变了，成为专门研究的"家"了，但直至今天，我仍然没有成为专家，要说是专家，只是半路出家的那个"专家"。我把这一转变称作"从斜坡上开始的攀登"。斜坡上的攀登可能起跳更艰难，一不小心就会跌落万丈深渊，却可以看到别样的风景。所以，我以为，不必以"半路出家"而羞愧，而自卑，也不应轻视那些"半路出家"的人。"半路"并非歧路，"斜坡"并非"邪坡"，"家"原本就在教师的生命中。要相信，坚持就会有进展，有进步，有收获。

二、傍晚的起飞——时间绝不应成为问题

众所周知，黑格尔曾有个精彩的比喻：智慧女神的猫头鹰总是在夜晚起飞。他其实用"密涅瓦的猫头鹰在黄昏中起飞"来比喻哲学，即哲学就像密涅瓦河的猫头鹰一样，不是在晨曦中迎日而飞，也不是在午后的蓝天白云间自由飞翔，而是在黄昏降临的时候才悄然起飞。黑格尔用这个比喻来说明，哲学是智慧之学，阴暗的环境容易产生思想；哲学用反思来为我们提供对整个世界普遍规律的正确认识。这正是哲学的品格和风格。

我当然不是哲学家，只是读点哲学，即使读也只是懂得一鳞半爪，触及哲学的一点点皮毛。我之所以喜欢这一比喻，是因为我真正进入教育科学研究是

在退休以后，是在人生的晚年，那时"夕阳无限好，只是近黄昏"。这状况如猫头鹰在黄昏时才起飞，无声无息，悄悄然的。不过，在迎着夕阳起飞时，少了惆怅，也少了喧哗，少了光彩，也少了浮躁和功利，一切都在黄昏时展开，为时不晚，美景不减，夕阳真的无限好啊。

退休整整18年了。18年来，我只是把办公桌搬回家里，成了书桌；家里的书橱比办公室多了几倍；报纸杂志多达10余种，全是自费订阅。退休的那天，我对自己说：退休了，会落后，但千万注意别太落后。这是大实话，退休了肯定会落后，不太落后就谢天谢地了。其实，落后不落后，不在于退休不退休，也不在于清晨起飞还是黄昏起飞，而在于自己的心理状态、精神状态和行为。我有几大行动，不妨叫作"黄昏起飞行动计划"吧。

行动一，阅读。每天早上我有一个专门的读书时间，读经典，以哲学、教育学、文化学、课程论、教学论等为主。一天中，写作空隙（休息时间）为读报时间，我把报纸上的重要文章剪下来，专心研究，《光明日报》《文汇报》《中国教育报》《报刊文摘》是必读的、重点阅读的。新杂志收到时，是我的读刊时间，《新华文摘》《教育研究》《中国教育学刊》《课程·教材·教法》《人民教育》让我获益良多。我自己发明了一种阅读方法：猜想式阅读，或称关联性阅读。这种阅读方法基于一种阅读观：阅读是凭借别人的思想建构自己的思想，而不是成为别人思想的跑马场。

行动二，课改。主要是参与教育部基础教育课程改革，研制"地方课程指南"；审查教材，并参与修改；参与"落实立德树人根本任务"的文件研讨与修改；参与学生发展核心素养的研讨，大中小学德育一体化研究，等等。这是一些很高的平台。每次参加，我都是以十分认真的态度，虚心听取意见，深入思考，把专家们的真知灼见纳入自己的认知范畴，并拓展、丰富原有框架，以至突破原有框架，建构新的框架。宏观层面课改的参与，让自己逐渐有了更高的站位、更高的价值立意、更高的格调，也渐渐有了更大的视域、更大的坐标、更大的格局。我特别注意将宏观改革与微观改革结合起来，将改革落实在一个地区、一所学校，落实在学科和教学中。这就是我所认定的人生打开的最美方式：向上飞扬，向下沉潜。

行动三，写作。写作几乎是我每天的任务，在节假日更是我必修的功课。

我对自己的要求是，短的、长的都要写，尽量把短的写出独特的色彩来，体现灵动性；把长的写出深度来，体现出体系化、结构化。卷首语、点评、随笔、论文都要写，卷首语写出灵魂来，点评写出精粹来，随笔写出思想来，论文写出分量来、写出影响来。在表达风格上，我坚持一条：美是用感性来表达理念。黑格尔的判断几近成了我所追求的写作风格。开始的时候，我写了一些卷首语，一位厅领导不屑一顾，说这些都是"有感而发"，意思是小玩意儿、没意思。我听了一笑了之，心底有个信条：坚持自己的风格，"有感而发"总比"无感而发"好，更比"无病呻吟"好，比说官话、说大话、说教条的话好。"成尚荣教育文丛"正是在这样坚持的基础上，汇集、梳理并使之结构化而形成的。

行动四，沙龙主持。彭钢任江苏省基教所所长时，在基地学校活动，常邀我主持校长、教师沙龙。一次又一次，我从不拒绝，相反，我认为这是个平台，是个学习的好机会。如何让沙龙具有研究性、学术性，如何让沙龙具有现场感、生成性，如何调动参加者的积极性，营造活跃的氛围，同时把握好节奏，让台上台下互动起来，一直是我琢磨的问题。正是一次次沙龙主持让我站到了另一个层面。由此，我不认为教育科研在方式方法上有什么高下之分，有什么值得不值得之别。但是有一条很重要：所谓研究，所谓学术，不应只是在书斋里，不应只是在论文写作上，而应在生动活泼的现场，在大家的讨论中。价值就是在各种行动中生成、彰显的。

的确，起飞时间的早晚不是问题，起飞可以在任何时间，在任何年纪；只要起飞，就会有进步、有提升。那句话，在我看来，最好要改成"因为近黄昏，夕阳无限好"。

三、刺猬与狐狸——教育科研的精与博，都要指向人，尤其要聚焦儿童研究

我曾主持江苏省"十二五"重大课题："苏派教育的理论与实践研究"。研究流派，必定要研究主张与风格。关于风格，英国当代思想史家伯林，将西方思想家和作家分为刺猬型和狐狸型两类，前者有一套思想体系和大理论框

架，结构完整；后者文笔精美，观察入微，无所不包。这一妙喻来自古希腊谚语——"狐狸多机巧，刺猬仅一招"。狐狸型追求多元论的思想，刺猬型则追求一元论的思想。伯林用狐狸与刺猬来比喻思想的两极。

经过思考，我认为狐狸型与刺猬型之分不是绝对的，其实大部分人都在其间摇摆与挣扎，很难说自己是哪种类型的，用它来比喻风格的多样性可能更合适。同时，这一比喻又有方法论的启迪，指向读书、研究、做学问方法的不同类型，可以精，也可以博，当然完全可以两种类型兼而有之。同样，这两种类型也没有什么好坏之分，在价值上是相等的。因此，我们应当提倡多种学习方法，提供多种风格，不应非此即彼，更不应相互排斥，而应互相交融，取长补短，共生共荣。

我多次想过，我是属于哪种类型，更倾向于哪种风格呢？自我感觉更倾向于狐狸型。归于这一类，倒不是因为机巧、多变，而是想追求更广泛地涉猎。好比是开河与掘井，开河在于河床的开阔，流水的丰富与流长；而掘井在于深度，让地下的水涌流，发现深层的秘密。其实水是相通的，河水、井水都在水系之中，都有个源头，它们从源头出发，相互交流，最终融为一体。这源头是什么呢？这源头是生活，是生活中的人。

毋庸置疑，狐狸型与刺猬型都要研究人，离开对人的研究，教育就缺失了根本目的，狐狸型、刺猬型也就无任何价值可言。于是，对"苏派教育的理论与实践研究"，从一开始我就将研究的方向确立为苏派教育人的研究，要概括、提炼苏派教育家、名师的教学主张，描述他们的教学风格，形成一片苏派教育的思想丛林。到了后期，我们更是聚焦于人的研究，明确提出，苏派教育研究的实质是关于人的研究，人既是教学流派的享用者、体验者，更是流派的创造者；教学流派的基本规定性，从特定的角度看，是关于人的发展的基本规定性；人永远是目的，让人在教学流派研究中激发内在需求，获取成长的力量，变革成长的方式。同时，苏派教育家、名师中，既有狐狸型的，又有刺猬型的，也有处在中间状态的。苏派教育的发展，根本原因是有包容性的文化环境，有鼓励多元的文化生态。

孙孔懿先生认为"风格是特殊的人格"。由此，我得到的启发是，教育科研就是要引导教师以人格塑造人格。在这个过程中，一定要让学生参与到教师教学风格的追求与形成中去，没有学生的参与，教学风格便成了面具，成了炫技。教育科研要聚焦儿童研究，儿童研究是教育研究的母题，一切研究要从儿童出发，发现儿童、发展儿童。

回忆还可以继续。故事让时间人格化的过程还将延伸。

斜坡上的起飞

一

曾看到散文家李晓君的一篇文章《呵护写作，以农夫的耐心》[①]。文中，李晓君把散文比作一道斜坡，在其上空，有诗歌的闪电；在其背后，小说的高峰耸立；在其侧旁，影视的河流惊涛拍岸。但是，正因为倾斜，散文才获得不断滑行、飞翔的立足点。接着他说，一个写作者必须有农夫的耐心和艰辛。

李晓君说的是散文，但我自然而然地将其迁移到教师的专业写作上来。我想，如果把教师的专业写作也比作一道斜坡，是不是也可以把教师的专业写作当作教师"不断滑行、飞翔的立足点"呢？是不是教师的专业写作也"必须有农夫的耐心和艰辛"呢？这是一种联想，而联想基于事物间的本质联系，所以，以上这些设问，答案都应当是肯定的。

说实话，教师专业写作是一个常常困扰教师，让教师困惑和苦恼的问题。我们要理解和同情教师。教师忙于日常教学，忙于提高教学质量，忙于学生的管理和教育，忙于和家长的沟通和协调，忙于各种表格的填写，忙于各种检查、验收和评比……怎一个"忙"字了得！其中，有两个问题是必须厘清的：领导和校长对教师的要求可以"少"一点，教师就不那么"忙"了。但是校长也有许多无奈和痛苦，同样值得理解和同情。这是其一。其二，教师面对如此现状，如何善于安排、充分利用时间，如何让内心有写作的激情和冲动……如此种种，正是对教师智慧的挑战。这样看来，教师的专业写作有一种在夹缝里求生存的感觉。不过，夹缝是可以改变的，夹缝可以变得很大。美国作家约

[①] 李晓君.呵护写作，以农夫的耐心[N].光明日报，2012-03-27.

翰·厄普代克说，人的心理皱褶处有一个细微的景象：空当儿。他说的是人与人之间不可弥合的"空当儿"，我理解，人自己内心也是有"空当儿"的。"空当儿"是无限可能之处，对教师的专业写作而言，也同样如此。因此，我的感悟是，引导教师"忙里偷闲"是对教师具有积极意义的同情。

此外，我们是不是也可以换一种思维，获得另一种视角呢？当然是可以的。教师可以把"忙"当作自己写作的机会，因为大部分的"忙"还是忙在专业上。把"忙"转化为专业写作的机会和平台，教师就会有更丰富的写作灵感和源泉，有更深切的体悟和思考，也会有更精彩和更有深度的表达。我们应当把这些自喻为"农夫的耐心和艰辛"。

二

教师为什么要进行专业写作，除以上阐释外，还可以列出诸多理由，但我不想罗列了。因为我不说，教师也知道，也认同。对教师而言，比知道写作的理由更重要的是，要有写作的激情。我始终认同一位美国教育学者的观点：激情可以成就教师。徐志摩曾说过，他一生的周折都在寻找感情这根线索，激情是他行动的指南，冲动是他前行的风。而激情不是天生的，激情来自一个人不懈的追求。爱因斯坦说过这样的话：一个人骑单车要保持平衡，必须一直向前。哲人尼采说，新荣耀不是在他所来之处，而在他将要前往的那个地方。追求应当是教师专业生活的主旋律，重点不在于追求到什么，而在于有没有追求。有追求的教师应当把专业写作当作"反思型实践家"的专业追求。"反思型实践家"是日本教育学者佐藤学对教师的一个"再定义"。当今的教师，追求专业发展的教师，应当依据这一"再定义"，把专业写作作为专业发展的内涵和重要标志。"再定义"，让我们内心充溢教育的理想和激情。激情推动我们写作，为教育的理想而写作，就会有一种责任感。

在我看来，激情和兴趣是分不开的。英国作家毛姆说，一打威士忌抵不过一个兴趣。有了兴趣，写作就不是一种无奈的应付，也不会成为一种不堪的负担。相反，兴趣会让人觉得写作有意思、很"好玩"。兴趣是可以培养的，兴趣可以因责任而产生，可以由成功的体验而产生。有追求的教师要在一次次的写作中获取成功的喜悦，由成功走向成功。因此，教师决不能以无兴趣为由而拒绝写作。

三

什么是专业写作呢？对教师的专业写作还未有个明确的界定。依我看来，教师的专业写作是为了教书育人的写作，是基于教书育人的写作，是在教书育人中的写作。这样的写作具有鲜明的专业特征。为了教书育人而写作，这是教师专业写作的目的，是为了提升自己教书育人的认识和水平，为了更科学更艺术地教书育人。专业写作有可能让教师成为作家，但更为重要的是让自己成为会写作、会表达的优秀教师。基于教书育人的写作，是教师专业写作的基础。教书育人是座最丰富的宝藏，可供我们不断开发、利用。基于教书育人，教师的写作才会有根基，才会贴近地面，才会言之有物、言之有情、言之有理。正因如此，教师有写作的最丰富的资源和明显的优势，最有资格成为优秀的写作者。在教书育人中写作，是教师专业写作的过程和方式。在很大程度上，教书育人和教师专业写作在本位上是一致的，甚或可以说，在一定条件下，教师专业写作的过程正是教书育人的过程，专业写作的方式正是教书育人的方式。反之亦然，教书育人的过程可以成为专业写作的过程，教书育人的方式可以成为专业写作的方式——当然这里的"方式"具有策略的意义。教书育人与专业写作的互相"投射"、互相影响，使二者融合在一起。无论是教书育人，还是专业写作，都是"田野式"的，更具现场感、鲜活感，这就是教师写作向生活的回归。

四

其实，原本教师就生活在"田野"中，但是，种种原因使教师不在"田野"，不在现场。如果深究原因，无非两个因素：应试教育的干扰和教师的价值取向。应试教育是最不道德的教育，以知识为中心，以考试分数为目的，以灌输、简单的训练为基本方式，学生与教师远离了生活，被抽象化、符号化，成了知识的奴仆、训练的工具，哪还有作为人的尊严，哪还有生命的活力，哪还有生活的多彩？随之丧失的是对生活的热爱，对理想的渴求，当然也消解了写作的激情。教师的专业写作向生活回归，必须向素质教育回归。素质教育以人为本，以学生发展为本，以教师与学生共同成长为本。教育有了人的在场、心的在场、生活的在场，写作才会在无限的田野里看到无限的风光和风采。

再谈教师的价值取向。教师的教书育人既有理念价值取向，也有技术价值取向，二者缺一不可。值得注意的是，实践中，教师往往只注重技术而忽略理念，误以为缺的不是理念而是技术。其实，理念无处不在，无时不起作用。目光投向技术，兴奋点在技术，势必会在技术的包围下而难以实现教育理念的突围，也难以实现教学改革的突破。这种技术化的生存，消解的也是教师心灵的丰盈和智慧的生长，无形中，生活被边缘化了。教师的专业写作向生活回归，必须在理念价值和技术价值的双向建构中实现，以理念引领技术，以理念和技术的统一、结合去创造更为丰富的生活。在这样的生活场景和状态中，教师才会获取写作的灵感和源泉，生长写作的激情和智慧。

在初步梳理了这两个方面的主要原因后，我们要形成向生活回归的自觉。教师应当确定这样的信念：教书育人就是专业生活，要有生活的情趣；要成为自己生活的主人，和学生一起创造生活；要丰富自己的生活，打开视界，向日常生活回归；向生活回归，就是向美回归，审美的日常生活化，为我们打开了生活美的图景。由此，写作的激情定会渐渐燃烧起来。

五

向生活回归的另一种意义是向研究的自觉回归。因为生活有着广阔的研究空间，教书育人的生活需要用研究来改善和提升。无论是佐藤学的"反思型实践家"，还是"教师即研究者"的命题，都把研究作为教师的专业素养，研究已成为现代教师的重要特征；同时，教师研究也是专业写作的另一重要基础和保证，没有研究作基础和保证的写作是平庸、肤浅的，缺失深度和新意，缺失普遍规律的揭示和普遍意义的推广；此外，写作是研究的题中应有之义，研究的过程和结果需要通过写作来表达，只有研究而无写作，研究往往丧失了意义和价值，写作是对研究的反思、完善和提升。

向研究的自觉回归，要求我们在教书育人中，对以下一些问题展开研究，用研究的结果来证明、说明、解释教书育人的过程与结果，并修正和提升原有的教育理念、方式。

要自觉研究课程。以往我们只有教学的概念，而无课程意识，教学只在狭窄的路上行走。课程改革把教师带到了课程领域，看到世界课程改革的图景，开始与东西方的课程研究者对话，这是一个巨大的历史进步。以往，我们也只是把课程看作跑道，而且又将对这一经典比喻的认识，窄化为跑道本身，忽略了跑的过程。教师应该更多地关注、研究在跑道上的跑。仅有这样的认识还不够，还应当把对课程的理解从跑道提升到机会，即课程更多的是给予一种机会。有什么样的课程就给学习者什么样的机会，就会给学习者带来什么样的影响和什么样的发展。用这样的课程理念去审视现行的课程，就不难发现，现行的课程给学生的机会很少，如何丰富课程，给学生更多的选择，就成为研究的一个重要内容。还要关注的是，在小学阶段，机会是蕴涵在课程的基础性和综合性中的，亦即越为基础的课程越具有再生性、可持续发展性，也就越具有各种发展的机会。同样，越具有综合性的课程越能为学生提供创造、创新的可能性，因为创新往往发生在综合地带和边缘世界，而综合性提供了这样的地带。以上这些问题值得教师关注、研究，如果通过写作表达出来，那无疑既具新意，又具深度。

要自觉研究教学。华东师范大学的施良方教授认为课程实施是课程改革中具有实质意义的阶段，而教学是课程实施的基本方式与途径。当下的教学存在什么问题，我们要去研究才会发现。比如，有效教学，究竟什么叫有效教学？有效教学的理论基础是什么？追求效率就是有效教学吗？诸如此类，大家的认识还是模糊的。更为重要的是，有效教学是教学改革的根本吗？如果不是，那么教学怎么从有效教学走向教学的根本性变革呢？理论与实践早已告诉我们，根本性的教学改革要以学生的学习为核心，为学而教，以学定教。但是，这一核心如何实现，可以有多种策略，形成多种模式。唯此，教学才会丰富多彩，才会从实际出发，而不会千篇一律、"千课一面"。再往深处拓展，以学生的学习为核心，教师的教该怎么办？教学始终是教与学的统一，而且我坚定地认为，教师的教一定要"高"于学生的学。问题是教师该"高"在哪里，以什么样的方式来呈现"高"，教师的"高"究竟为了什么。这些问题是客观存在的，遗憾的是我们没有去发现，更没有去研究。假若我们把研究的目光投向这些问题，毫无疑问，研究与写作的价值会得到更高的认同。

要自觉研究儿童。我们并没有真正认识和发现儿童。对儿童，我们似乎熟悉，其实很陌生。如果我们不能真正认识儿童，教育还有什么成功可言呢？教师有自己的学科专业，有没有一种专业是超越学科的？有。我把超越学科的专业称为"第一专业"，这就是儿童研究。"第一"无非是言其更为重要。我们没有发现儿童的最伟大之处——可能性。当前，教师更多地关注、研究学生的现实性。现实性研究固然是重要的，但可能性研究更为重要和紧迫，因为可能性揭示了儿童发展的方向，在可能性观照下的现实性研究才更具方向感，更具积极意义和长远的战略价值。问题还在于，我们必须确立完整的儿童观，既不能只看到儿童的"一无是处"，也不能把儿童看得"洁白无瑕"。如果儿童是天使，还需要教师，还需要教育吗？当下，这两种现象都是存在的，都可能成为一种倾向。怎么完整、深刻、准确地理解儿童，需要我们去研究，并通过研究来表达我们的观点、经验和建议。

写到这儿，我顿生无限感慨：教师的研究与写作，这是一个幸福的"斜坡"。这片幸福的"斜坡"将给教师带来专业的快乐和幸福。让我们站在"斜坡"上开始新的攀登吧！

建构中国特色的教育学

我们每个人都有自己的教育学，是中国的教育学。这是中国的一种自信，是中国的骨气，是中国的底气，是中国的志气。

在伟大的时代，我们大家要共同创造中国特色的教育学，这本中国特色的教育学是什么呢？

我想它的名字应该叫"立德树人教育学"，中国特色的立德树人教育学。

第一，它要坚守中华民族育人的初心。第二，这本中国特色的教育学要真正实现教育人的教育学。第三，这本教育学要概括，要解答，用自己的话语来诠释教育学的四个基本论域：培养什么样的人、怎样培养人、为谁培养人以及谁来培养人，这些教育学中基本的论域，我们这本教育学是要解决、要回答的。第四，这本中国特色的教育学要有道德的力量。第五，这本中国特色的教育学要将真善美融合在一起。

总之，这是一本具有中国特色的教育学，这本教育学要坚守中华民族育人初心，要立德树人，那是中华民族文化的思想精髓，是两个重要的文化符号。

一

立德是中华民族文化的精髓，是我们重要的文化符号。

我们要立德，要明德，要树德，要崇德，要重德，把道德的种子播撒在中国大地上，播撒在孩子们心里。同时树人也是我们中华文化的精髓。一年之计莫如树谷，十年之计莫如树木，百年之计莫如树人。树人像树木一样，但是树人比树谷、树木漫长得多。立德和树人这两个思想精髓早就融合在一起，如今它们再一次牵起手来，款款地向我们走来，走进新时代，成为立德树人。

中央提出立德树人是教育改革根本任务，它是长在中华民族文化土壤里的，它是中华民族育人的初心。

二

中国特色的教育学是真正实现以人为本的教育学，是人学的一本教育学。

以人为本，以民为本，办人民满意的教育，将个人发展和社会发展需求统一起来，这是中国教育改革发展的追求。这本教育学围绕着人的发展，围绕着培养担当民族复兴大任的时代新人来构建我们的教育学。这种担当民族复兴大任的时代新人是有理想的，有理想就是有核心价值观的，它是在社会主义核心价值观照耀下的；它是有本领的，因为它是有关键能力的；它也是有担当的，说明它是有必备品格的。

有理想，有本领，有担当，培养社会主义的建设者接班人，是我们这本中国特色教育学要真正实现的目标。

三

我讲的中国特色教育学，它要解决四个问题，这四个问题是教育学四个学术论域：培养什么样的人，怎样培养人，为谁培养人，谁来培养人。

培养什么样的人？

于漪老师说要有中国心，要有中国情，要有中国味，要有中国魂。

谁来培养人？

中国教师。我们中国教师来共同担当起立德树人根本任务，共同写就这本中国特色教育学。

四

道德是一种力量，赫尔巴特讲，在普通意义上，道德是社会的最高目标，也是教育最高目标。杜威也讲道德教育是教育的最高目的，是教育最根本的目的。

其实在中国文化传统中，伦理道德是我们中华文化的底色和亮色，它铸造了中华民族的精神结构，那就是伦理结构。我们用伦理道德来构造我们的教育学，因为在中华文化传统中，"国无德不信，人无德不立"。

道德关乎着教育核心目的，道德关乎着教育智慧，道德也关乎着法制教育，当然也关乎着我们的法，我们的社会主义核心价值观。它是照亮学生前进道路上的一个光源，是一种可爱的力量，这种可爱的力量是一种伟大的力量。

五

以德育为先，立德树人应该成为中国特色教育学的一个重要亮点。

在中华文化传统中，真善美是一个整体。它们是相互联系，相互渗透，相互影响，相互促进的。从伦理的角度来讲，美就是一种善；从美学的角度讲，善就是一种美。中华文化善和美，真善美都是联结在一起的，是互相支撑的。

让"真善美"这个重要的命题，在中国特色教育学当中得到比较好的回答，来回应我们东方的智慧，也回应世界改革的潮流。

六

我们中国这本教育学当然是一个开放的系统，这个开放的系统是把传统和现代结合起来，中华传统只有经过时代的解释，才能从过去时变成现在时，又变成未来时。这本中国教育学是扎根中国大地，瞭望世界的。

谁来完成，怎么完成？

我想是两个扎根。

扎根在中华传统文化中，找到我们中国特色教育学的血统，从中华民族文化当中找到中国特色教育学的学术性标志概念。

这本中国特色的教育学有它的教育目的论：有教无类，有教无类是我们的目的，也是我们中华民族文化教育的信念。

这本中国特色的教育学有它的办学观："大学之道，在明明德，在亲民，在止于至善"。

这本中国特色的教育学有它的教育观:"尊德性而道问学,致广大而尽精微,极高明而道中庸"。

这本中国特色的教育学有它的课程论:宽著期限,紧著课程;小立课程,大做工夫。这是一个宽泛的课程概念,其中包括六艺的课程,伦理的课程,还包括日常生活的课程。它是有课程的文化底蕴的,它是具有普遍意义的。

这本中国特色的教育学有它的教学观:因材施教,循循善诱;有它的学习观,"三人行,必有我师焉",发愤而忘食,乐学而忘忧,老之将至而不知。

这本中国教育学还有许多学术性、标志性的概念,这种标志性的概念让我们这本中国特色教育学建构起自己的学术体系。学术的观念,学术的思想,它将基本问题和前瞻性的根本问题有机地统一结合在一起。

这本中国教育学是有中国气象的,是有中国品质的,是有中国气派的。

我们既要扎根在中国文化大地上,同时也要扎根在新时代实践当中。

新时代的实践那么丰富多彩。我们今天把这些实验研究的成果梳理、整合、概括,它为我们新时代的这门中国特色教育学打下了基础。

站在这个讲台瞭望世界,是顺应世界改革的潮流,中华民族文化从来不是封闭的文化,当然中国特色的教育学也是一个开放的,能用人类一切文明成果丰富自己的一种文化。

这本教育学的确是具有世界普遍意义的,它不是某一个人写成的,它不是在书斋里写成的,它是写在田野中的,写在实践中的,是写在每个人心中的。

后 记

惊蛰过后，万物复苏，当春乃发生，从枝头到心头，处处洋溢着春的气息，充满着新生的喜悦和希望。阴霾终将过去。

回首49天的居家生活，让我在众志成城的抗疫战争中，心潮澎湃。那些不灭的灯光，那些天使般的身影，那些发生在血肉之躯上的故事，那些发生在我们无比热爱的土地上的故事……让我多了一种思考，也让我多了一份责任感与使命感，总想在这非常时期做些什么，总想在春天到来之前，也写下一些什么故事。

我决心，早先筹划的事，要提前完成：整理书稿，记录我的感想，写下我的心愿，尽快出书。我将书名定为《做中国立德树人好教师》，以和抗疫战士的医者仁心相呼应；师者，仁心，教书育人也。

立德树人，是教育改革、发展的根本任务，要解决培养什么样的人、怎样培养人、为谁培养人的三大根本问题。这三大问题，还蕴含着另外一个问题：谁来培养人。我们的回答肯定是鲜明而坚定的：做中国立德树人的好教师，培养时代新人。这一命题，让我，也让大家在特殊时期感到更紧迫，体悟也更深刻。

对书名有过斟酌：是《做中国立德树人好教师》，还是《做立德树人中国好教师》？立德树人，是中国文化中的思想精髓，是中国特色教育学的核心，书名应突出"中国"，彰显中国文化特色，所以用了现在的书名。当然，我们也有一种期盼，立德树人将成为全球教育的共同命题。

书名之所以提"好教师"，而没有强调做"名师"，是因为做好教师更具普遍意义，也更具根源性、基础性、统领性，名师要从做好教师开始，名师永远是好教师。同时，突出"好教师"也具有针对性，当下有些现象值得关注：一心向着名师奔去，价值观发生了变形，也发生了一些令人担忧、与教师身份不相符的事情。做好教师，是基本要求，也是很高的要求，甚至是一种境界。

《做中国立德树人好教师》尽管是我曾经发表文章的汇编，但也想尽量结构化、体系化。为此，我补写了十几篇文章。全书分为六部分，称为"篇"，每"篇"都有一个篇首语，以提示并诠释这一部分的主旨。书的最后，是我平日对做立德树人好教师的一些随想，是自己真实的所见、所思、所悟，还是有些灿烂的。

整理书稿的过程中，得到了叶水涛、孙孔懿、柳夕浪、周益民等专家朋友的关心、支持和指导，得到有关报刊编辑朋友的具体指导和帮助，翟毅斌老师还为我做了许多具体的收集、输入、整理的工作，在这里一并致谢。

在我交出书稿的时候，心情与枝头刚绽放的花蕊一样喜悦。我们度过了一个非常的春节和寒假，心里的理想、信念更坚定了，在未来的路上，我们将会迈出更坚实的步伐。

成尚荣
2020.3.15